Neuronale Netze selbst programmieren

Ein verständlicher Einstieg mit Python

Neuronale Netze selbst programmieren

Ein verständlicher Einstieg mit Python

Tariq Rashid

Deutsche Übersetzung von
Frank Langenau

Tariq Rashid

Lektorat: Alexandra Follenius
Übersetzung: Frank Langenau
Korrektorat: Sibylle Feldmann
Herstellung: Susanne Bröckelmann
Umschlaggestaltung: Michael Oréal, www.oreal.de
Satz: III-satz, www.drei-satz.de
Druck und Bindung: M.P. Media-Print Informationstechnologie GmbH, 33100 Paderborn

Bibliografische Information der Deutschen Nationalbibliothek
Die Deutsche Nationalbibliothek verzeichnet diese Publikation in der Deutschen Nationalbibliografie;
detaillierte bibliografische Daten sind im Internet über
http://dnb.d-nb.de abrufbar.

ISBN:
Print   978-3-96009-043-4
PDF   978-3-96010-102-4
ePub   978-3-96010-103-1
mobi   978-3-96010-104-8

Dieses Buch erscheint in Kooperation mit O'Reilly Media, Inc. unter dem Imprint »O'REILLY«.
O'REILLY ist ein Markenzeichen und eine eingetragene Marke von O'Reilly Media, Inc. und wird mit
Einwilligung des Eigentümers verwendet.

1. Auflage 2017

Copyright © 2016 by Tariq Rashid
Title of the English original: Make Your Own Neural Network
ISBN 978-1530826605

Translation Copyright © 2017 by dpunkt.verlag GmbH. All rights reserved.
Wieblinger Weg 17
69123 Heidelberg

Inhalt

Einführung IX

1 **Wie neuronale Netze arbeiten** 1
   Leicht für mich – schwer für dich 1
   Eine einfache Vorhersagemaschine 3
   Klassifizieren unterscheidet sich nicht sehr vom Vorhersagen 8
   Einen einfachen Klassifizierer trainieren 14
   Manchmal ist ein Klassifizierer nicht genug 24
   Neuronen – die Rechenmaschinen der Natur 30
   Signalen durch ein neuronales Netz folgen 39
   Matrizenmultiplikation ist nützlich – ehrlich! 44
   Beispiel: Ein dreischichtiges Netz mit Matrizenmultiplikation 51
   Gewichte von mehr als einem Knoten lernen 59
   Fehler von mehreren Ausgabeknoten zurückführen 61
   Fehler auf mehrere Schichten zurückführen 63
   Backpropagierung von Fehlern mit Matrizenmultiplikation 67
   Wie aktualisieren wir eigentlich die Gewichte? 70
   Gewichtsaktualisierung am konkreten Beispiel 88
   Die Daten vorbereiten 89
       Eingaben 90
       Ausgaben 91
       Zufällige Anfangswerte 92

2 **Do it yourself mit Python** 95
   Python 95
   Interaktives Python = IPython 96
   Ein sehr sanfter Start mit Python 97
       Notebooks 97
       Einfaches Python 99

Arbeiten automatisieren 101
Kommentare 104
Funktionen 104
Arrays 107
Arrays grafisch darstellen 110
Objekte 112
Neuronales Netz mit Python 118
Der Gerüstcode 118
Das Netz initialisieren 119
Gewichte – das Herz des Netzes 121
Optional: differenzierte Initialisierung der Gewichte 123
Das Netz abfragen 124
Der aktuelle Stand des Codes 126
Das Netz trainieren 129
Der vollständige Code für das neuronale Netz 132
Die MNIST-Datenbank mit handgeschriebenen Ziffern 133
Die MNIST-Trainingsdaten vorbereiten 141
Das Netz testen 148
Mit sämtlichen Datensätzen trainieren und testen 152
Verbesserungen: Optimieren der Lernrate 153
Verbesserungen: Mehrere Läufe 155
Die Gestalt des Netzes ändern 157
Gute Arbeit! 159
Der endgültige Code 160

3   Just for fun: Das neuronale Netz tunen 165
Ihre eigene Handschrift 165
Das Gedächtnis eines neuronalen Netzes 168
Geheimnisvolle Blackbox 168
Rückwärtsabfrage 169
Die Kennung »0« 170
Weitere Hirnscans 171
Neue Trainingsdaten erzeugen: Drehungen 173

Epilog 177

A   Eine leicht verständliche Einführung in die Analysis 179
Eine Gerade 180
Eine schräg verlaufende Gerade 182
Eine gekrümmte Kurve 184
Analysis per Hand 186
Analysis nicht per Hand 188

Analysis, ohne Graphen zu zeichnen 191
Muster 194
Funktionen von Funktionen 196
Sie können Analysis betreiben! 199

B   Das Ganze mit einem Raspberry Pi **201**
IPython installieren 202
Vergewissern, dass alles funktioniert 209
Ein neuronales Netz trainieren und testen 210
Erfolg für Raspberry Pi! 211

Index **213**

Einführung

Die Suche nach intelligenten Maschinen

Seit Tausenden von Jahren versuchen Menschen zu verstehen, wie Denkprozesse funktionieren und wie sie sich mit irgendwelchen Maschinen nachbilden lassen – als Denkmaschinen.

Wir geben uns nicht zufrieden mit mechanischen oder elektronischen Maschinen, die uns bei einfachen Arbeiten unter die Arme greifen – Feuersteine, die Feuer anzünden, Flaschenzüge, die schwere Steine heben, und Taschenrechner, die vorgegebene Rechenaufgaben lösen.

Stattdessen möchten wir anspruchsvollere und komplexere Aufgaben automatisieren, beispielsweise ähnliche Fotografien klassifizieren, kranke von gesunden Zellen unterscheiden oder sogar ein gepflegtes Schachspiel erleben. Solche Aufgaben verlangen anscheinend nach menschlicher Intelligenz oder zumindest nach einer geheimnisvollen, tiefer verborgenen Fähigkeit des menschlichen Gehirns, die man in einfachen Maschinen wie Taschenrechnern nicht findet.

Die Idee einer Maschine mit dieser menschenähnlichen Intelligenz ist so verlockend und übermächtig, dass unsere Kultur viele Fantasien und Ängste dazu entwickelt hat – man denke an den äußerst leistungsstarken, doch letztendlich bedrohlichen HAL 9000 aus dem Film *2001: Odyssee im Weltraum* von Stanley Kubrick, die verrückten *Terminator*-Roboter und das sprechende KITT-Auto mit cooler Persönlichkeit aus der klassischen TV-Serie *Knight Rider*.

Als Gary Kasparov, der damals amtierende Schachweltmeister und Großmeister, 1997 durch den IBM-Computer Deep Blue geschlagen wurde, fürchteten wir das Potenzial der Maschinenintelligenz genau so, wie wir diese historische Errungenschaft gefeiert hatten.

Unser Verlangen nach intelligenten Maschinen ist so stark, dass schon so mancher der Versuchung erlegen war, eine solche Maschine vorzutäuschen. Im berüchtigten Schachtürken, einer mechanischen Schachmaschine, war lediglich eine Person im Inneren eines Schranks versteckt!

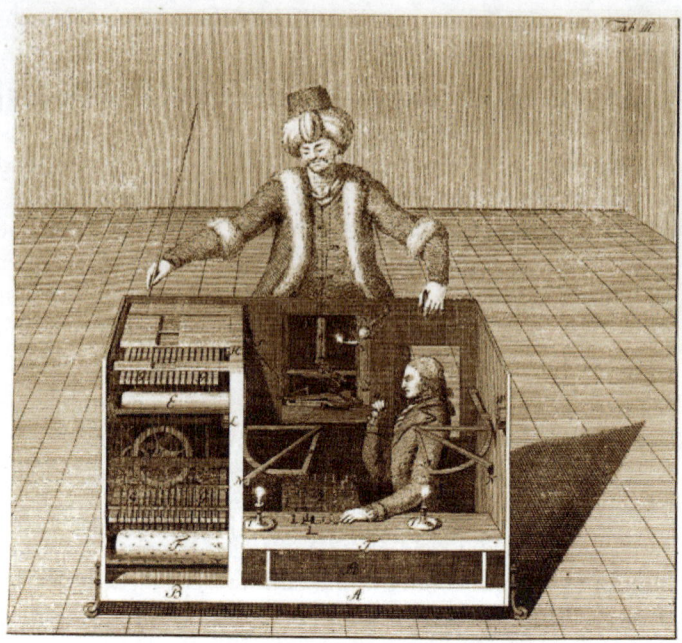

Abbildung E-1: Der Schachtürke – eine »Maschine«, die Schach spielen konnte

Ein neues goldenes Zeitalter – von der Natur inspiriert

Optimismus und Ambitionen in Bezug auf künstliche Intelligenz hatten in den 1950er-Jahren einen Höhenflug, als das Thema formalisiert wurde. Erste Erfolge zeigten sich bei Computern, die einfache Spiele beherrschten und Lehrsätze beweisen konnten. Manche waren davon überzeugt, dass innerhalb eines Jahrzehnts Maschinen erscheinen würden, die das Niveau menschlicher Intelligenz erreichten.

Doch die künstliche Intelligenz erwies sich als harter Brocken, und der Fortschritt stagnierte. Die 1970er-Jahre standen unter schlechten Vorzeichen in Bezug auf künstliche Intelligenz, begleitet von Mittelkürzungen und zurückgehendem Interesse.

Es schien so, als würden Maschinen aus kalter, fest verdrahteter Logik, die mit absoluten Einsen und Nullen arbeiten, niemals in der Lage sein, die nuancenreichen organischen, manchmal unscharfen Denkprozesse von biologischen Gehirnen zu erreichen.

Nach einer Periode ohne wesentliche Fortschritte tauchte eine sehr vielversprechende Idee auf, um die Suche nach Maschinenintelligenz aus ihrer Starre zu befreien. Warum versucht man nicht, künstliche Gehirne zu bauen, indem man kopiert, wie reale biologische Gehirne arbeiten? Reale Gehirne mit Neuronen anstelle von Logikgattern, weichere biodynamische Schlussfolgerungen anstelle von kalten, harten, schwarz-weißen, absolutistischen herkömmlichen Algorithmen.

Die Wissenschaftler wurden inspiriert von der scheinbaren Einfachheit eines Bienen- oder Taubengehirns verglichen mit den komplexen Aufgaben, die sie bewältigen konnten. Gehirne, die nur einen Bruchteil eines Gramms wiegen, sind offenbar zu komplizierten Aktionen fähig, zum Beispiel zur Flugsteuerung und Anpassung an den Wind, dazu, Nahrung und Beutetiere zu identifizieren und schnell zu entscheiden, ob gekämpft oder geflüchtet werden muss. Könnten Computer, die jetzt über massive billige Ressourcen verfügten, diese Gehirne nachbilden und verbessern? Eine Biene hat etwa 950.000 Neuronen – könnten heutige Computer mit Speicherkapazitäten im Gigabyte- und Terabyte-Bereich die Bienen übertreffen?

Doch mit den herkömmlichen Konzepten zur Problemlösung können diese Computer trotz der massiven Speicherkapazitäten und superschnellen Prozessoren nicht das erreichen, wozu die relativ winzigen Gehirne von Vögeln und Bienen in der Lage sind.

Neuronale Netze haben sich aus diesem Drang nach biologisch inspiriertem intelligentem Computing herausgebildet – und sind in der Folge zu den leistungsfähigsten und nützlichsten Methoden auf dem Gebiet der künstlichen Intelligenz geworden. Heute ist Google DeepMind zu fantastischen Dingen fähig, beispielsweise von sich aus zu lernen, wie Videospiele gespielt werden, und zum ersten Mal wurde der Weltmeister im unglaublich komplexen Spiel Go geschlagen. Als wesentlicher Bestandteil der Architektur dienen neuronale Netze. Neuronale Netze bilden bereits den Kern vieler Alltagstechnologien – wie der automatischen Nummernschilderkennung und der Decodierung von handschriftlichen Postleitzahlen auf handgeschriebenen Briefen.

Dieses Buch erläutert, was neuronale Netze sind, wie sie funktionieren und wie Sie eigene neuronale Netze erstellen können, die sich für die Erkennung von handgeschriebenen Zeichen trainieren lassen. Eine solche Aufgabe ist mit herkömmlichen Ansätzen der Rechentechnik äußerst schwer zu realisieren.

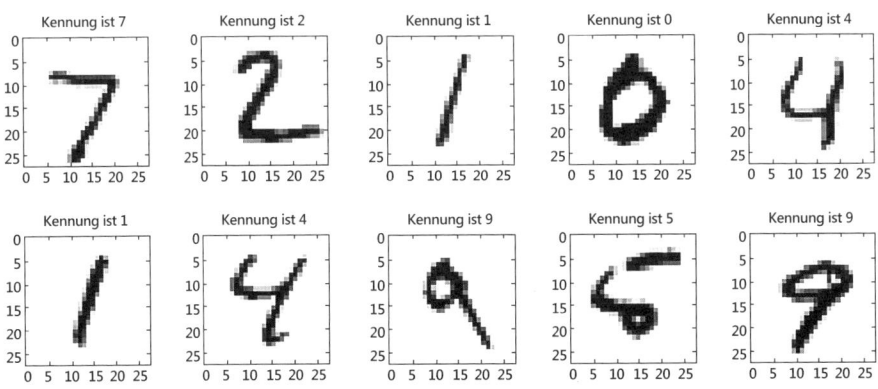

Abbildung E-2: Handgeschriebene Ziffern, die automatisch erkannt werden sollen

An wen richtet sich dieses Buch?

Dieses Buch ist für jeden gedacht, der an neuronalen Netzen interessiert ist, für jeden, der seine eigenen Netze erstellen und einsetzen möchte. Es richtet sich an alle, die sich mit den ziemlich einfachen, aber doch spannenden mathematischen Ideen, die den Kern der Arbeitsweise von neuronalen Netzen bilden, auseinandersetzen wollen.

Der Leser muss kein Experte der Mathematik oder Informatik sein. Spezielle Kenntnisse oder mathematische Fähigkeiten, die über die Schulmathematik hinausgehen, sind nicht erforderlich. Um Ihre eigenen neuronalen Netze zu erstellen, kommen Sie mit den vier Grundrechenarten aus. Die schwierigste Operation ist die Gradientenanalyse – doch selbst dieses Konzept wird erläutert, sodass es die meisten Leser verstehen können.

Interessierten Lesern oder Studenten kann dieses Buch als Ausgangspunkt dienen, um spannende Exkursionen in die Welt der künstlichen Intelligenz zu unternehmen. Hat man einmal die Grundprinzipien neuronaler Netze verinnerlicht, kann man die Kernideen auf viele unterschiedliche Probleme anwenden.

Dozenten können dieses Buch als leicht verständliche Erläuterung neuronaler Netze und ihrer Implementierung nutzen, um Studenten zu begeistern und anzuregen, künstliche Intelligenz mit nur wenigen Codezeilen einer Programmiersprache selbst zu erkunden. Die Funktionsfähigkeit des Codes wurde getestet mit einem Raspberry Pi, einem kleinen und preiswerten Computer, der in Schulen und bei Studenten sehr beliebt ist.

Schön wäre es gewesen, wenn es zu meiner Zeit ein solches Buch gegeben hätte, als ich als Teenager mühevoll herausfinden wollte, wie diese leistungsfähigen und dennoch geheimnisvollen neuronalen Netze funktionieren. Zwar konnte man ihnen in Büchern, Filmen und Zeitschriften begegnen, doch zu jener Zeit konnte ich nur schwierige akademische Artikel finden, die sich an Leute richteten, die schon Mathematiker waren oder sich zumindest in der mathematischen Ausdrucksweise auskannten.

Wenn mir doch nur jemand das Thema hätte so erläutern können, dass es ein einigermaßen neugieriger Schüler verstehen kann! Dieses Buch soll das jetzt nachholen.

Was werden wir tun?

In diesem Buch begeben wir uns auf Tour, um ein neuronales Netz zu erstellen, das handschriftliche Ziffern erkennen kann.

Wir beginnen mit sehr einfachen Vorhersageneuronen und verbessern sie sukzessive, wenn wir an ihre Grenzen stoßen. Dabei legen wir kurze Pausen ein, wenn erforderliche mathematische Konzepte eingeführt werden, um zu verstehen, wie neuronale Netze lernen und Problemlösungen vorhersagen können.

Auf unserer Tour begegnen wir vielen mathematischen Konzepten. Dazu gehören zum Beispiel Funktionen, einfache lineare Klassifizierer, iterative Verfeinerung, Matrixmultiplikation, Gradientenrechnung, Optimierung nach dem Gradientenverfahren und sogar geometrische Drehungen. Alle diese Konzepte werden aber wirklich leicht verständlich erläutert, und über einfache Schulmathematik hinaus sind weder Vorkenntnisse noch fachliche Erfahrungen erforderlich.

Nach dem erfolgreichen Aufbau unseres ersten neuronalen Netzes entwickeln wir es in verschiedene Richtungen weiter. So verwenden wir Bildverarbeitung, um unser maschinelles Lernen zu verbessern, ohne auf zusätzliche Trainingsdaten zurückzugreifen. Wir werfen sogar einen kurzen Blick in das Gedächtnis unseres neuronalen Netzes, um zu erfahren, ob es etwas von seinen inneren Lernmechanismen preisgibt – etwas, das viele Bücher nicht zeigen!

Außerdem werden wir Python, eine einfache, nützliche und beliebte Programmiersprache, kennenlernen, wenn wir unser neuronales Netz schrittweise aufbauen. Auch hierfür werden keine vorhandenen Programmierkenntnisse vorausgesetzt oder benötigt.

Wie gehen wir vor?

Dieses Buch hat vor allem das Ziel, die Konzepte hinter neuronalen Netzen möglichst vielen Menschen zugänglich zu machen. Das bedeutet, dass wir bei einem neuen Gedanken immer von etwas Bekanntem ausgehen und es in kleinen, einfachen Schritten weiterentwickeln. Auf diese Weise gelangen wie zu einem Punkt, an dem wir interessante und spannende Erkenntnisse über die neuronalen Netze mitnehmen können.

Um den Faden nicht zu verlieren, widerstehen wir der Versuchung, alles zu diskutieren, was nicht unbedingt erforderlich ist, um ein eigenes neuronales Netz zu erstellen. Es wird aber auf interessante Zusammenhänge und Berührungspunkte hingewiesen. Wenn Sie sich näher damit befassen möchten, nur zu!

Dieses Buch betrachtet nicht alle möglichen Optimierungen und Verfeinerungen an neuronalen Netzen. Es gibt viele davon, doch sie würden hier vom eigentlichen Zweck ablenken – nämlich die wesentlichen Ideen in möglichst einfacher und überschaubarer Weise vorzustellen.

Gegliedert ist dieses Buch in drei Kapitel:

- In *Kapitel 1* gehen wir behutsam die mathematischen Konzepte durch, die in einfachen neuronalen Netzen wirken. Wir verzichten zunächst bewusst auf Computerprogramme, um nicht von den Kerngedanken abzulenken.

- In *Kapitel 2* lernen wir gerade so viel Python, um unser eigenes neuronales Netz implementieren zu können. Wir trainieren es darauf, handgeschriebene Ziffern zu erkennen, und wir testen seine Erkennungsleistung.

- In *Kapitel 3* gehen wir weiter, als es für das Verständnis einfacher neuronaler Netze erforderlich ist – just for fun. Wir probieren Ideen aus, um die Leistung unseres neuronalen Netzes weiter zu steigern, und wir werfen auch einen Blick in das Innere eines trainierten Netzes, um zu erkunden, wie das Netz intern lernt und Entscheidungen für die Ausgabe trifft.

Und keine Angst: Alle hier verwendeten Softwaretools sind *kostenlos* und *Open Source*, sodass Sie dafür nichts bezahlen müssen. Zudem brauchen Sie keinen teuren Computer, um eigene neuronale Netze zu erstellen. Der gesamte Code in diesem Buch ist auf einem sehr preiswerten (ca. 5 Euro teuren) Raspberry Pi Zero getestet worden, und am Ende erläutert ein spezieller Abschnitt, wie Sie einen Raspberry Pi einsatzbereit machen.

Anmerkung des Autors

Ich hätte mein Ziel verfehlt, wenn ich Ihnen keinen Eindruck davon vermittelt hätte, wie spannend und überraschend Mathematik und Informatik sein können.

Ich hätte versagt, wenn ich Ihnen nicht gezeigt hätte, wie unglaublich leistungsstark Schulmathematik und einfache Computerrezepte sein können – indem man mit eigener künstlicher Intelligenz die Lernfähigkeiten menschlicher Gehirne nachbildet.

Ich hätte versagt, wenn ich Ihnen nicht die Zuversicht und den Wunsch mitgegeben hätte, das unglaublich umfangreiche Gebiet der künstlichen Intelligenz weiter zu erkunden.

Ihr Feedback zu diesem Buch ist mir sehr willkommen. Sie erreichen mich unter *makeyourownneuralnetwork@gmail.com* oder auf Twitter unter *@myoneuralnet*. Den Verlag O'REILLY können Sie unter *kommentar@oreilly.de* anschreiben.

Außerdem finden Sie Diskussionen zu den hier behandelten Themen unter *http://makeyourownneuralnetwork.blogspot.co.uk*. Dort wird auch eine Errata-Liste mit Korrekturen zum Buch veröffentlicht.

Den im Buch verwendeten Code finden Sie auf GitHub unter:

- *https://github.com/makeyourownneuralnetwork/makeyourownneuralnetwork*

## KAPITEL 1

Wie neuronale Netze arbeiten

»Lass dich von all den kleinen Dingen um dich herum inspirieren.«

Leicht für mich – schwer für dich

Computer sind im Grunde nichts weiter als Rechenmaschinen. Arithmetische Aufgaben können sie äußerst schnell ausführen.

Damit sind sie prädestiniert für Aufgaben, die vor allem mit Rechnen zu tun haben – Zahlen addieren, um den Umsatz zu ermitteln, Prozentwerte bilden, um die Umsatzsteuer zu berechnen, Diagramme vorhandener Daten zeichnen usw.

Selbst beim Ansehen von Catch-up-TV oder beim Streamen von Musik hat der Computer nicht viel mehr zu tun, als immer und immer wieder einfache arithmetische Anweisungen auszuführen. Es mag Sie überraschen, doch auch die über das Internet übertragenen Videos, die aus Einsen und Nullen bestehen, werden mit arithmetischen Operationen rekonstruiert, die nicht komplexer sind als die Grundrechenarten, die wir in der Schule gelernt haben.

Zahlen wirklich schnell zu addieren – Tausende oder sogar Millionen pro Sekunde –, ist sicherlich eindrucksvoll, doch das hat nichts mit künstlicher Intelligenz zu tun. Einem Menschen erscheint es vielleicht schwer, schnell große Summen zu bilden, doch ist hierzu kaum Intelligenz erforderlich. Es genügt vollauf, die einfachsten Anweisungen zu befolgen, und genau das ist es, was die Elektronik in einem Computer realisiert.

Drehen wir nun den Spieß um und tauschen wir die Rolle mit dem Computer!

Sehen Sie sich die folgenden Bilder an und versuchen Sie, zu erkennen, was sie enthalten:

Abbildung 1-1: Bilderkennung – einfacher für den Computer oder für den Menschen?

Wir können ein Bild mit menschlichen Gesichtern, einer Katze und einem Baum sehen und erkennen. Praktisch sind wir dazu sehr schnell in der Lage und noch dazu mit einer ziemlich hohen Genauigkeit. Nur in wenigen Fällen liegen wir falsch.

Die recht großen Informationsmengen, die die Bilder enthalten, können wir sehr erfolgreich verarbeiten, um den Bildinhalt zu erfassen. Derartige Aufgaben sind für Computer nicht so einfach lösbar – es ist sogar unglaublich schwierig.

Tabelle 1-1: Wer kann was besonders gut verarbeiten?

Problem	Computer	Mensch
Tausende großer Zahlen schnell multiplizieren	Leicht	Schwer
Gesichter auf einem Foto mit einer Menschenmenge heraussuchen	Schwer	Leicht

Wir ahnen, dass für die Bilderkennung menschliche Intelligenz erforderlich ist – etwas, das Maschinen fehlt, egal wie komplex und leistungsfähig wir sie gebaut haben, weil es eben keine Menschen sind.

Doch es sind genau solche Probleme, die wir dem Computer übertragen möchten – denn Computer arbeiten schnell und werden nicht müde. Um derartige Probleme geht es bei der künstlichen Intelligenz.

Da Computer immer auf Elektronik basieren, besteht die Aufgabe der künstlichen Intelligenz darin, neue Rezepte bzw. *Algorithmen* zu finden, die auf neuartige Weise versuchen, derart schwierigere Probleme zu lösen. Selbst wenn das nicht perfekt gelingt, dann immerhin noch gut genug, um einen Eindruck von einer menschenähnlichen Intelligenz in der Praxis zu geben.

Kernideen

- Manche Aufgaben sind für herkömmliche Computer leicht, für Menschen aber schwer, beispielsweise das Multiplizieren von Millionen Zahlenpaaren.
- Andererseits sind manche Aufgaben für herkömmliche Computer schwer, für Menschen jedoch leicht, beispielsweise das Erkennen von Gesichtern auf einem Foto einer Menschenmenge.

Eine einfache Vorhersagemaschine

Wir beginnen supereinfach und bauen Schritt für Schritt darauf auf.

Stellen Sie sich eine simple Maschine vor, die eine Frage entgegennimmt, etwas »nachdenkt« und eine Antwort ausgibt. Das läuft genau wie im obigen Beispiel ab, in dem wir selbst die Eingaben über die Augen aufnehmen, mit unserem Gehirn die Szene analysieren und daraus ableiten, was die Objekte in dieser Szene bedeuten. Abbildung 1-2 stellt dies schematisch dar.

Abbildung 1-2: Schema einer einfachen Vorhersagemaschine

Computer denken nicht wirklich, sie sind lediglich bessere Taschenrechner. Deshalb wollen wir die Vorgänge mit treffenderen Worten beschreiben (siehe Abbildung 1-3).

Abbildung 1-3: Alternative Beschreibung der Vorhersagemaschine

Ein Computer nimmt eine Eingabe entgegen, führt bestimmte Berechnungen aus und liefert dann eine Ausgabe. Das folgende Beispiel soll das veranschaulichen. Es wird eine Eingabe von »3 x 4« verarbeitet. Das geschieht möglicherweise dadurch, dass die Multiplikation in einen einfacheren Satz von Additionen überführt wird. Die ausgegebene Antwort lautet »12«.

Abbildung 1-4: Beispiel für die Verarbeitung einer Multiplikation

Vielleicht denken Sie jetzt: »Was soll daran beeindruckend sein?« Das stimmt schon. Wir verwenden hier einfache und vertraute Beispiele. Damit veranschaulichen wir die Konzepte, die auf die interessanteren neuronalen Netze angewendet werden, die wir uns später ansehen.

Fahren wir die Komplexität jetzt eine winzige Stufe höher.

Stellen Sie sich eine Maschine vor, die Kilometer in Meilen umrechnet (siehe Abbildung 1-5).

Abbildung 1-5: Umrechnung von Kilometern in Meilen

Nun nehmen wir an, dass wir die Formel für die Umrechnung zwischen Kilometern und Meilen nicht kennen. Wir wissen lediglich, dass die Beziehung zwischen beiden *linear* ist. Wenn man also die Anzahl der Meilen verdoppelt, wird die gleiche Entfernung in Kilometern ebenfalls verdoppelt. Das ist intuitiv verständlich. Das Universum wäre ein seltsamer Ort, sollte dies nicht gelten!

Diese lineare Beziehung zwischen Kilometern und Meilen liefert uns einen Anhaltspunkt über diese geheimnisvolle Berechnung – sie muss die Form haben: Meilen = Kilometer × c, wobei c eine Konstante ist. Den Wert dieser Konstanten c kennen wir aber noch nicht.

Die einzigen anderen Anhaltspunkte liefern einige Beispiele, die Kilometer und Meilen paarweise angeben. Diese sind wie Beobachtungen der Wirklichkeit, mit denen man wissenschaftliche Theorien überprüft – sie sind Beispiele für die Wahrheit der echten Welt.

Tabelle 1-2: Wertepaare für die Umrechnung zwischen Kilometern und Meilen

Wahrheitsbeispiel	Kilometer	Meilen
1	0	0
2	100	62,137

Was sollten wir tun, um die fehlende Konstante c zu ermitteln? Setzen wir einfach einmal einen zufälligen Wert ein und probieren wir es aus! Versuchen wir es mit c = 0,5 und schauen wir, was passiert.

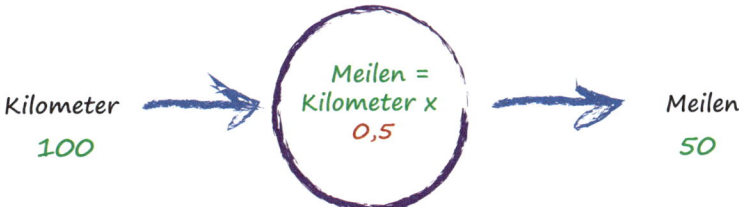

Kilometer
100

Meilen =
Kilometer x
0,5

Meilen
50

Abbildung 1-6: Zufällig gewählte Konstante c

Hier haben wir `Meilen = Kilometer × c`, wobei `Kilometer` gleich 100 und `c` unsere derzeitige Schätzung 0,5 sind. Damit erhalten wir 50 Meilen.

Nun gut. Das ist gar nicht mal so schlecht unter dem Aspekt, dass wir c = 0,5 zufällig ausgewählt haben! Doch wir wissen, dass das Ergebnis nicht genau ist, weil das Wahrheitsbeispiel Nummer 2 uns sagt, dass die Antwort 62,137 sein sollte.

Wir liegen um 12,137 daneben. Das ist der *Fehler*, die Differenz zwischen unserer berechneten Antwort und der tatsächlichen Wahrheit aus unserer Beispielliste. Das heißt,

```
Fehler = wahr - berechnet
= 62,137 - 50
= 12,137
```

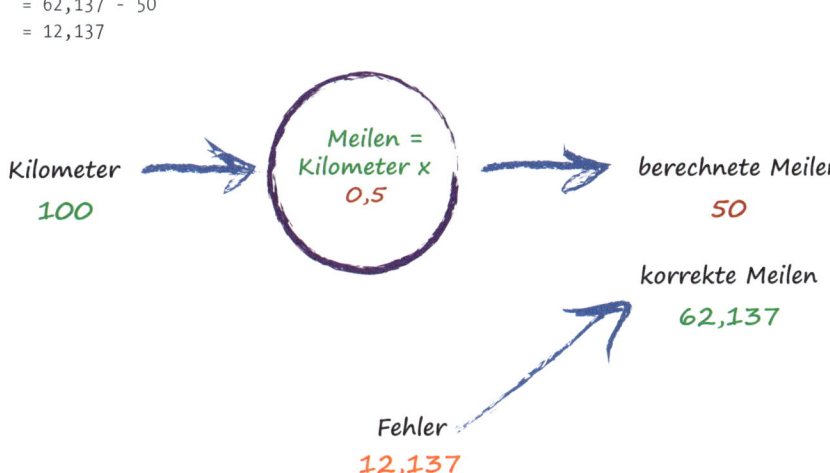

Kilometer
100

Meilen =
Kilometer x
0,5

berechnete Meilen
50

korrekte Meilen
62,137

Fehler
12,137

Abbildung 1-7: Der Fehler bei unserer ersten Schätzung

Was kommt als Nächstes? Wir wissen, dass wir falsch liegen und wie groß die Abweichung ist. Anstatt nun aufgrund dieses Fehlers zu verzweifeln, nutzen wir ihn, um zu einer zweiten, besseren Schätzung für c zu gelangen.

Sehen Sie sich diesen Fehler noch einmal an. Wir haben 12,137 zu wenig geschätzt. Da die Formel für die Umrechnung von Kilometern in Meilen eine lineare

Beziehung darstellt (Meilen = Kilometer × c), wissen wir, dass bei einer Erhöhung von c auch der Ausgabewert größer wird.

Wir erhöhen c von 0,5 auf 0,6 und sehen uns das neue Ergebnis an. Wenn c also auf 0,6 gesetzt ist, erhalten wir Meilen = Kilometer × c = 100 × 0,6 = 60. Das ist besser als die vorherige Antwort 50. Zweifellos haben wir einen Fortschritt gemacht!

Der Fehler ist nun mit 2,137 viel kleiner. Es könnte sogar ein Fehler sein, mit dem wir durchaus leben können.

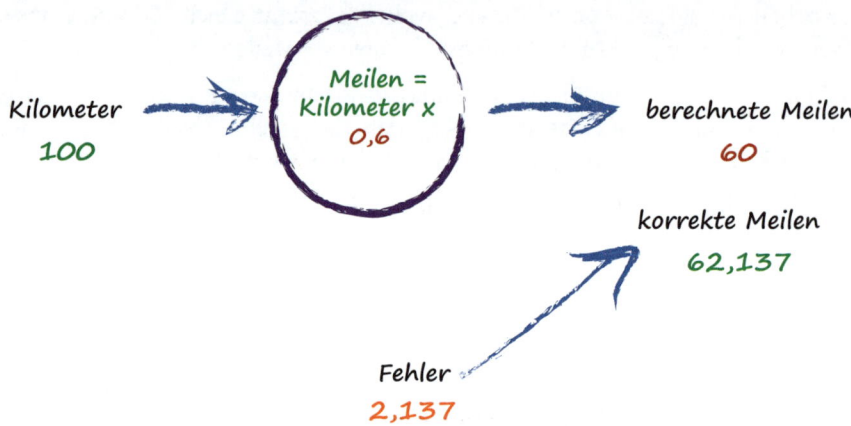

Abbildung 1-8: Die zweite Schätzung ergibt einen kleineren Fehler.

Wichtig ist hier, dass wir uns bei der Entscheidung, um wie viel der Wert von c angehoben werden soll, am Fehler orientiert haben. Wir wollten die Ausgabe 50 vergrößern, also haben wir c ein wenig erhöht.

Anstatt zu versuchen, den genauen Wert zu ermitteln, um den c sich ändern muss, fahren wir mit diesem Verfahren der Verfeinerung von c fort. Wenn Sie davon nicht überzeugt sind und meinen, es sei doch einfach genug, die genaue Antwort zu ermitteln, sollten Sie daran denken, dass vielen der interessanteren Probleme keine so einfache Formel zugrunde liegt, die Ausgabe und Eingabe in Beziehung bringt. Deshalb brauchen wir raffiniertere Methoden – wie zum Beispiel neuronale Netze.

Fahren wir also fort. Die Ausgabe von 60 ist immer noch zu klein. Wir schrauben den Wert von c ein weiteres Mal nach oben, und zwar von 0,6 auf 0,7.

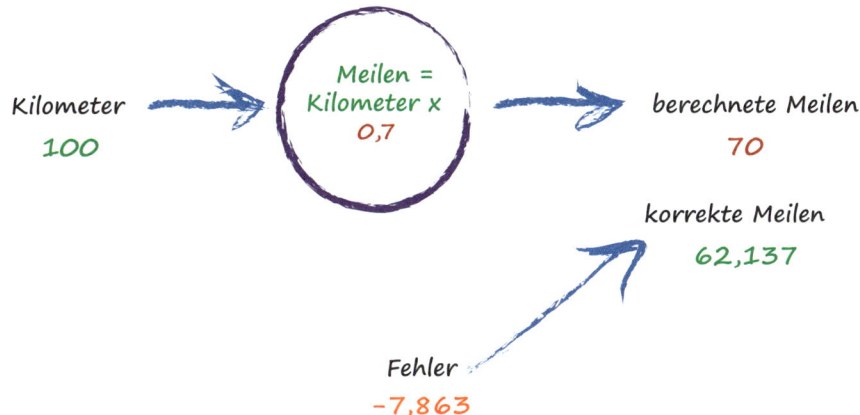

Abbildung 1-9: Die nächste Schätzung liefert einen negativen Fehler.

Oh, nein! Wir sind zu weit gegangen und über die korrekte Antwort hinausgeschossen. Der vorherige Fehler war 2,137, nun liegt er aber bei −7,863. Das Minuszeichen besagt lediglich, dass wir den Zielwert überschritten statt unterschritten haben. Denn der Fehler ergibt sich als `korrekter Wert` - `berechneter Wert`.

Da nun c = 0,6 besser als c = 0,7 war, könnten wir uns mit dem kleinen Fehler von c = 0,6 zufriedengeben und diese Übung jetzt beenden. Doch wir wollen noch ein wenig weitergehen. Wir könnten c doch auch in kleineren Schritten verändern, beispielsweise von 0,6 auf 0,61.

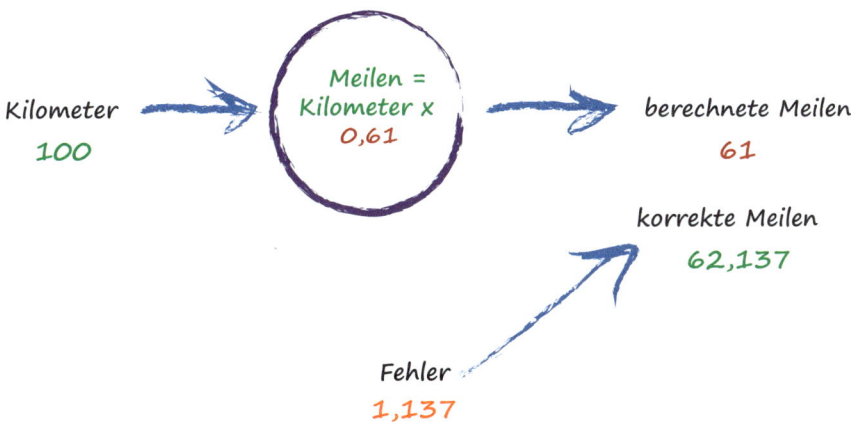

Abbildung 1-10: Die Konstante c wird jetzt in kleineren Schritten verändert.

Das ist schon viel besser als vorher. Wir haben einen Ausgabewert von 61, der nur 1,137 vom exakten Wert 62,137 abweicht.

Dieser letzte Versuch hat uns also gelehrt, dass wir den Wert von c moderat verändern sollten. Wenn die Ausgaben der korrekten Antwort näher kommen – d. h. der Fehler kleiner wird –, sollte man die veränderbare Komponente nicht so stark anheben. Auf diese Weise lässt sich vermeiden, dass über den richtigen Wert hinausgeschossen wird, wie es weiter oben passiert ist.

Ohne uns nun dadurch ablenken zu lassen, wie denn c im Detail ermittelt wird, bleiben wir beim Konzept der sukzessiven Verfeinerung und wählen als Korrekturwert einen bestimmten Bruchteil des Fehlers. Das ist intuitiv richtig – ein großer Fehler bedeutet, dass eine größere Korrektur erforderlich ist, und ein winziger Fehler heißt, wir brauchen die kleinsten Anpassungsschritte für c.

Ob Sie es glauben oder nicht, wir sind gerade den prinzipiellen Lernprozess in einem neuronalen Netz durchgegangen – wir haben die Maschine trainiert, damit sie immer besser dabei wird, die richtige Antwort zu geben.

Es lohnt sich, kurz innezuhalten und darüber nachzudenken – wir haben ein Problem nicht in einem einzigen Schritt genau gelöst, wie wir es oftmals in der Schulmathematik oder bei wissenschaftlichen Problemen tun. Stattdessen haben wir einen gänzlich anderen Weg eingeschlagen, indem wir eine Antwort ausprobiert und sie wiederholt verbessert haben. Man spricht auch von *iterativ* und meint damit, dass eine Antwort wiederholt Stück für Stück verbessert wird.

Kernideen

- Alle nützlichen Computersysteme übernehmen eine Eingabe und liefern eine Ausgabe, wobei dazwischen bestimmte Berechnungen stattfinden. Neuronale Netze unterscheiden sich hiervon nicht.
- Wenn wir nicht genau wissen, wie etwas funktioniert, können wir versuchen, es mithilfe eines Modells abzuschätzen, dessen Parameter wir anpassen können. Hätten wir nicht gewusst, wie wir Kilometer in Meilen umrechnen, könnten wir eine lineare Funktion mit einem anpassbaren Gradienten als Modell verwenden.
- Eine gute Möglichkeit, dieses Modell zu verfeinern, besteht darin, die Parameter anzupassen, und zwar basierend darauf, wie falsch das Modell verglichen mit bekannten wahren Beispielen ist.

Klassifizieren unterscheidet sich nicht sehr vom Vorhersagen

Die obige einfache Maschine bezeichnen wir als *Prädiktor*, weil sie eine Eingabe übernimmt und eine Vorhersage darüber trifft, wie die Ausgabe sein sollte. Um diese Vorhersage zu verfeinern, haben wir einen internen Parameter angepasst.

Dabei haben wir uns an dem Fehler orientiert, der gegenüber dem korrekten Wert bei einem bekannten wahren Beispiel auftritt.

Sehen Sie sich nun die Darstellung in Abbildung 1-11 an, die Messungen der Breite und Länge von Insekten zeigt.

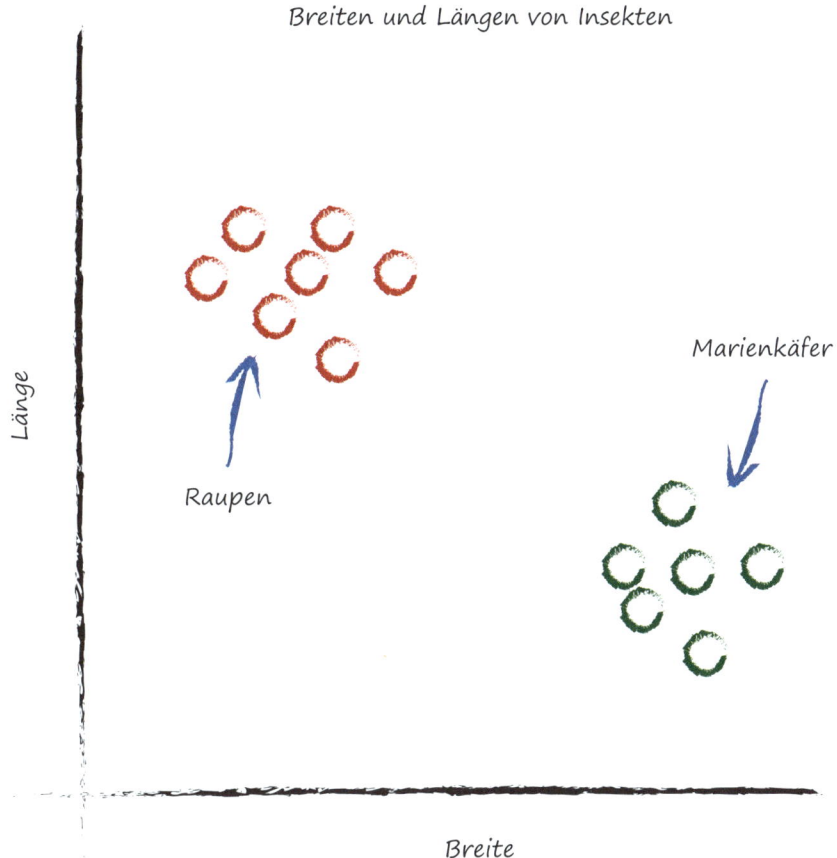

Abbildung 1-11: Diagramm mit Messdaten für die Breite und Länge von Raupen und Marienkäfern

Es lassen sich ganz klar zwei Gruppen ausmachen. Die Raupen sind dünn und lang, die Marienkäfer breit und kurz. (Um das Prinzip zu verdeutlichen, haben wir hier etwas nachgeholfen, Marienkäfer sind natürlich nicht ganz so breit).

Erinnern Sie sich noch an den Prädiktor, der versucht hat, die richtige Anzahl von Meilen für eine gegebene Anzahl von Kilometern herauszufinden? Dieser Prädiktor bestand im Kern aus einer anpassbaren linearen Funktion. Wie Sie wissen, ergeben lineare Funktionen gerade Linien, wenn man ihre Ausgabewerte über den Eingaben als Diagramm darstellt. Der anpassbare Parameter c hat den Anstieg dieser Geraden verändert.

Was passiert, wenn wir über diese Punkte eine gerade Linie legen?

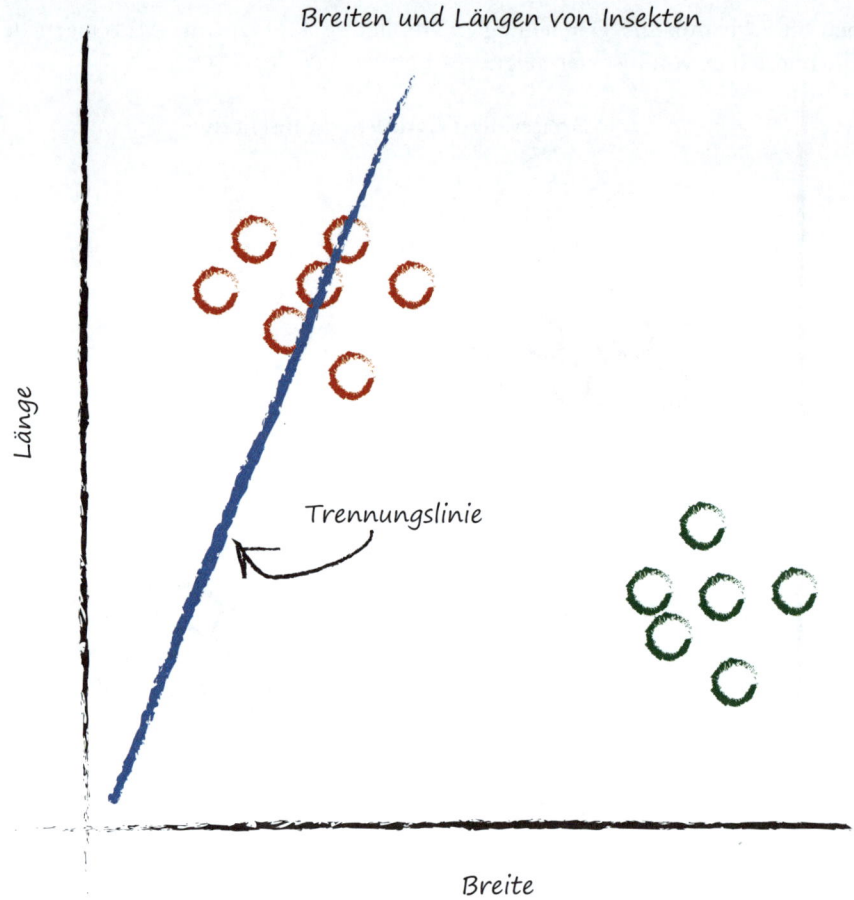

Abbildung 1-12: Trennungslinie durch eine Punktwolke von Messdaten

Die Linie können wir nicht in der gleichen Weise wie zuvor verwenden – um eine Zahl (Kilometer) in eine andere (Meilen) zu konvertieren –, doch vielleicht können wir die Linie nutzen, um verschiedene Arten von Dingen zu trennen.

Wenn die Linie in der obigen Punktdarstellung die Raupen von den Marienkäfern trennen würde, könnte man sie verwenden, um anhand der Messwerte ein unbekanntes Insekt zu *klassifizieren*. Die in Abbildung 1-12 eingezeichnete Linie leistet das noch nicht, da die Hälfte der Raupen auf derselben Seite der Trennungslinie wie die Marienkäfer liegt.

Probieren wir eine andere Linie aus, indem wir wieder den Anstieg der Geraden anpassen, und sehen wir uns die Wirkung an (siehe Abbildung 1-13).

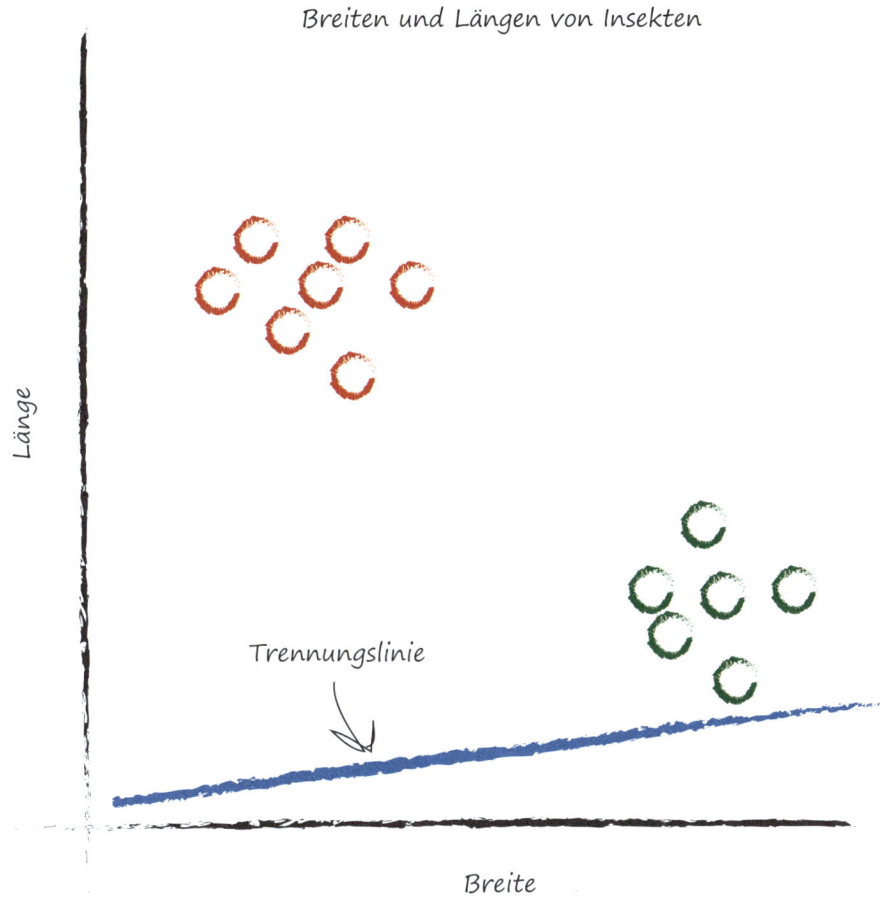

Abbildung 1-13: Trennungslinie mit anderem Anstieg

Dieses Mal ist die Trennungslinie sogar völlig unnütz! Sie trennt die beiden Insektenarten überhaupt nicht.

Abbildung 1-14 zeigt einen weiteren Versuch.

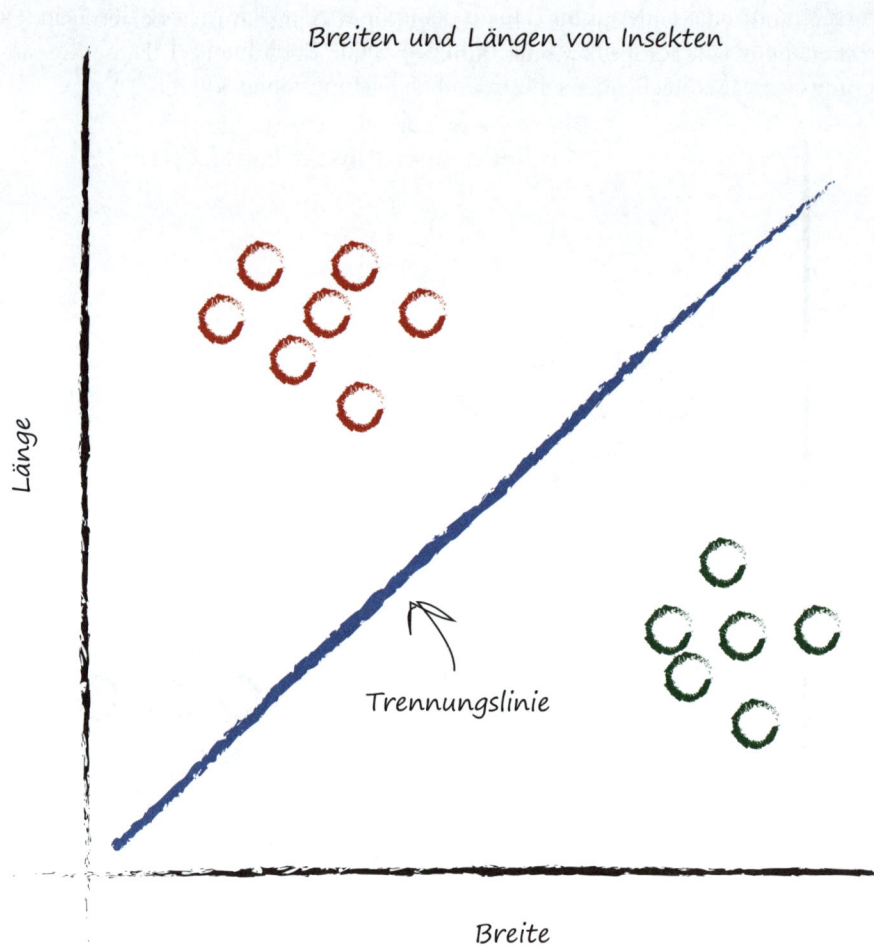

Abbildung 1-14: Dieses Mal ist die Trennungslinie brauchbar.

Das ist wesentlich besser! Diese Linie trennt die Raupen ganz sauber von den Marienkäfern. Jetzt können wir diese Linie als *Klassifizierer* von Insekten verwenden.

Wir nehmen hier an, dass es in unserer Welt nur zwei Arten von Insekten gibt – doch das ist fürs Erste in Ordnung, denn wir wollen lediglich das Konzept eines einfachen Klassifizierers veranschaulichen.

Stellen wir uns als Nächstes vor, dass sich unser Computer mit einem Roboterarm ein neues Insekt greift, seine Breite und Höhe misst und es dann mithilfe der obigen Linie korrekt als Raupe oder Marienkäfer klassifizieren kann.

In Abbildung 1-15 wurden die Daten für ein unbekanntes Insekt eingetragen. Es ist zweifelsfrei eine Raupe, weil der Punkt oberhalb der Linie liegt. Diese Klassifizierung ist zwar einfach, aber schon ziemlich leistungsfähig!

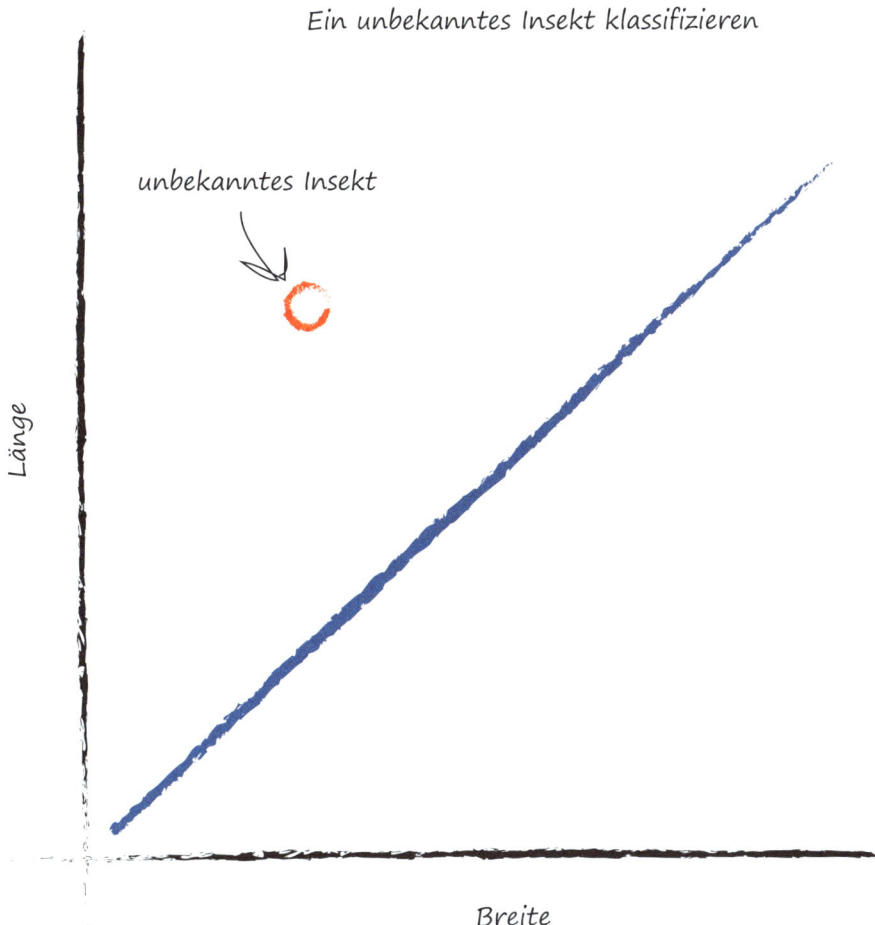

Abbildung 1-15: In das Diagramm wurden die Daten für ein unbekanntes Insekt eingetragen.

Wir haben nun gesehen, wie eine lineare Funktion innerhalb eines einfachen Prädiktors genutzt werden kann, um vorher noch nicht gesehene Daten zu klassifizieren.

Doch wir sind über ein entscheidendes Element hinweggegangen. Wie kommen wir zum richtigen Anstieg? Wie verbessern wir eine Linie, die bekanntermaßen kein guter Teiler zwischen den beiden Insektenarten ist?

Die Antwort darauf bringt uns wieder zu dem Grundprinzip, wie neuronale Netze lernen. Und das schauen wir uns als Nächstes an.

Einen einfachen Klassifizierer trainieren

Wir wollen unseren linearen Klassifizierer *trainieren*, um Insekten richtig als Marienkäfer oder Raupe klassifizieren zu können. Wie wir oben gesehen haben, ist dazu lediglich der Anstieg der Trennungslinie anzupassen, um die beiden Gruppen von Punkten in einem Diagramm mit großer Breite und Höhe zu trennen.

Wie bewerkstelligen wir das?

Anstatt im Voraus irgendeine mathematische Theorie zu entwickeln, wollen wir uns durch Versuche vorantasten. Auf diese Weise werden wir die Mathematik besser verstehen.

Wir brauchen einige Beispiele, um daraus zu lernen. Tabelle 1-3 zeigt lediglich zwei Beispiele, um diese Übung einfach zu halten.

Tabelle 1-3: Zwei Beispiele, um daraus zu lernen

Beispiel	Breite	Länge	Insekt
1	3,0	1,0	Marienkäfer
2	1,0	3,0	Raupe

Wir haben ein Beispiel für ein Insekt, das 3,0 breit und 1,0 lang ist und das uns als Marienkäfer bekannt ist. Außerdem haben wir ein Beispiel für ein Insekt, das mit 3,0 länger und mit 1,0 dünner ist und das wir als Raupe kennen. (Die Maße sind in Längeneinheiten angegeben, die von den automatischen Messsensoren gemeldet werden. Bei Bedarf können Sie sie in Millimeter oder Zoll umrechnen.)

Bei diesem Beispieldatensatz wissen wir, dass er die Wahrheit widerspiegelt. Anhand solcher Beispiele lässt sich der Anstieg der Klassifizierungsfunktion verfeinern. Wahre Beispiele für die Lernphase eines Prädiktors oder Klassifizierers werden als *Trainingsdaten* bezeichnet.

Wir tragen die beiden Trainingsdaten in ein Diagramm ein (siehe Abbildung 1-16). Oftmals ist es sehr hilfreich, Daten zu visualisieren, um sie besser zu verstehen und ein Gefühl für sie zu bekommen. Wenn man sich lediglich eine Liste oder Tabelle mit Zahlen ansieht, ist das nicht so einfach zu erreichen.

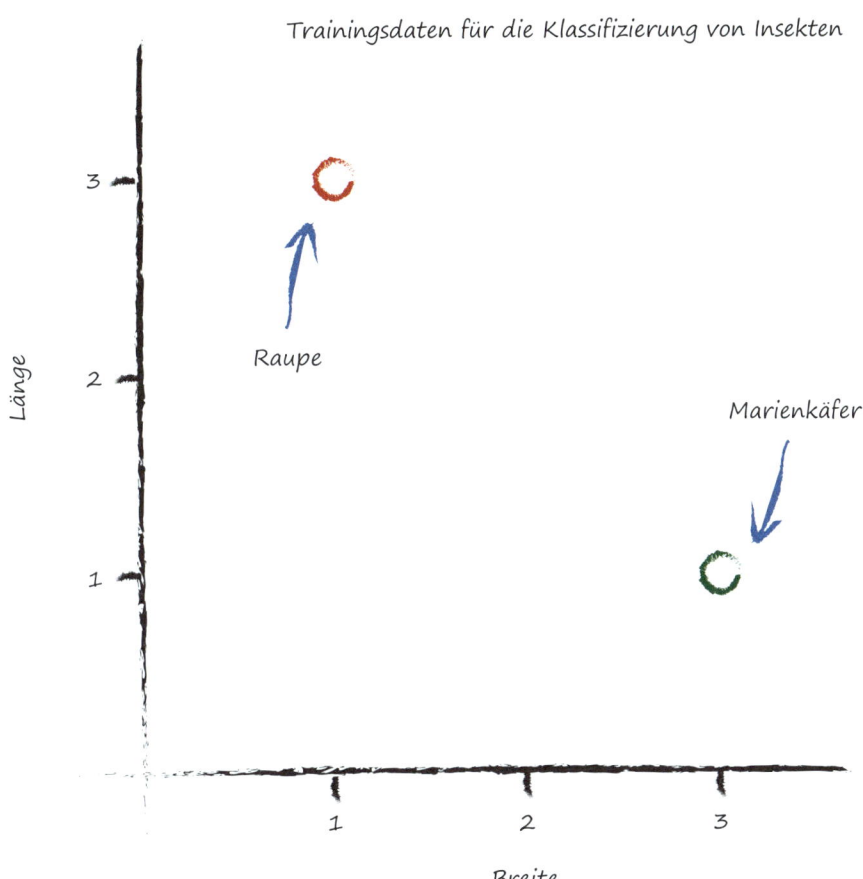

Abbildung 1-16: *Sichere Messwerte für zwei Arten von Insekten, die als Trainingsdaten dienen*

Wir beginnen mit einer zufälligen Trennungslinie, nur um irgendwo anfangen zu können. Bei unserem Prädiktor für die Umrechnung von Kilometern in Meilen hatten wir eine lineare Funktion, deren Parameter wir anpassten. Hier können wir genauso vorgehen, weil die Trennungslinie eine Gerade ist:

```
y = Ax
```

Wir haben bewusst die Namen y und x anstelle von Länge und Breite verwendet, weil hier die Linie genau genommen kein Prädiktor ist. Sie konvertiert nicht Breite in Länge, wie sie weiter oben Kilometer in Meilen umgerechnet hat. Stattdessen ist sie eine Trennungslinie, ein Klassifizierer.

Außerdem haben Sie sicherlich bemerkt, dass dieses y = Ax einfacher ist als die vollständigere Form einer Geraden: y = Ax + B. Dieses Szenario für Insekten haben wir absichtlich so einfach wie möglich gehalten. Lässt man für B einen Wert ungleich null zu, heißt das nur, dass die Gerade nicht durch den Ursprung des Diagramms geht, was in unserem Szenario nichts Brauchbares beisteuert.

Wie bereits zu sehen war, steuert der Parameter A den Anstieg der Geraden. Je größer A ist, desto größer ist der Anstieg.

Für den Anfang wählen wir A = 0,25. Die Gleichung der Trennungslinie lautet dann y = 0,25x. Diese Linie tragen wir in das Diagramm der Trainingsdaten ein, wie Abbildung 1-17 zeigt.

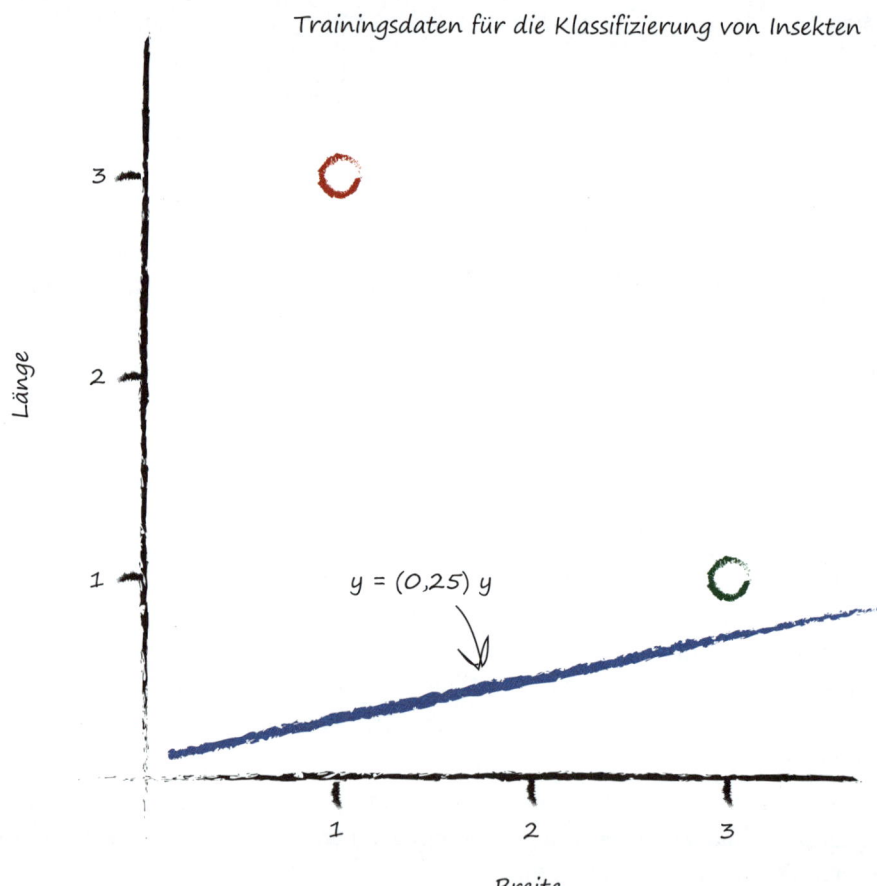

Abbildung 1-17: Trainingsdaten mit der anfänglichen Trennungslinie

Es ist auf einen Blick zu sehen, dass die Linie y = 0,25x ohne weitere Berechnungen noch kein guter Klassifizierer ist. Die Gerade teilt die beiden Insektenarten nicht. Wir können nicht sagen: »Wenn das Insekt oberhalb der Linie liegt, ist es eine Raupe«, weil auch der Marienkäfer über der Linie liegt.

Es liegt also nahe, die Linie etwas nach oben zu verschieben. Wir widerstehen der Versuchung, das zu tun, indem wir mit einem Blick auf das Diagramm eine geeignete Linie zeichnen. Wir wollen ja schließlich sehen, ob wir für dieses Vorgehen ein wiederholbares Rezept finden, d. h. eine Reihe von Computerbefehlen, die der Informatiker als *Algorithmus* bezeichnet.

Sehen wir uns das erste Trainingsbeispiel an: Für einen Marienkäfer beträgt die Breite 3,0 und die Länge 1,0. Wenn wir die Funktion y = Ax mit diesem Beispiel testen, wobei x gleich 3,0 ist, erhalten wir:

```
y = (0,25) * (3,0) = 0,75
```

Die Funktion, bei der der Parameter A auf den zufällig gewählten Anfangswert 0,25 gesetzt ist, legt nahe, dass für ein Insekt mit der Breite 3,0 die Länge 0,75 betragen sollte. Wir wissen aber, dass das zu klein ist, weil aus dem Trainingsdatenbeispiel hervorgeht, dass es eine Länge von 1,0 haben muss.

Wir haben also eine Differenz, einen *Fehler*. Genau wie zuvor beim Prädiktor »Kilometer in Meilen« können wir uns an diesem Fehler orientieren, wenn wir den Parameter A anpassen.

Doch bevor wir das tun, sollten wir noch einmal über den Wert von y nachdenken. Wenn y gleich 1,0 ist, verläuft die Gerade direkt durch den Punkt (x, y) = (3,0; 1,0), an dem der Marienkäfer sitzt. Wir wollen das eigentlich nicht, die Linie soll oberhalb dieses Punkts verlaufen. Warum? Weil die Punkte für Marienkäfer unterhalb der Linie liegen sollen und nicht auf ihr. Die Gerade soll eine Trennungslinie zwischen Marienkäfern und Raupen sein, kein Prädiktor für die Länge eines Insekts bei gegebener Breite.

Probieren wir also, auf y = 1,1 abzuzielen, wenn x = 3,0 ist. Es ist lediglich eine kleine Zahl über 1,0; wir hätten auch 1,2 oder sogar 1,3 wählen können, doch wir wollen keine größere Zahl wie zum Beispiel 10 oder 100, weil die Gerade dabei höchstwahrscheinlich sowohl oberhalb der Marienkäfer als auch oberhalb der Raupen liegen würde, was eine Trennungslinie ergäbe, die überhaupt nicht brauchbar ist.

Der gesuchte Sollwert ist also 1,1, und der Fehler E beträgt:

```
Fehler = (Sollwert - Istwert)
```

Damit erhalten wir

```
E = 1,1 - 0,75 = 0,35
```

Legen wir eine kurze Pause ein und machen wir uns klar, was der Fehler, der Sollwert und der berechnete Istwert visuell bedeuten.

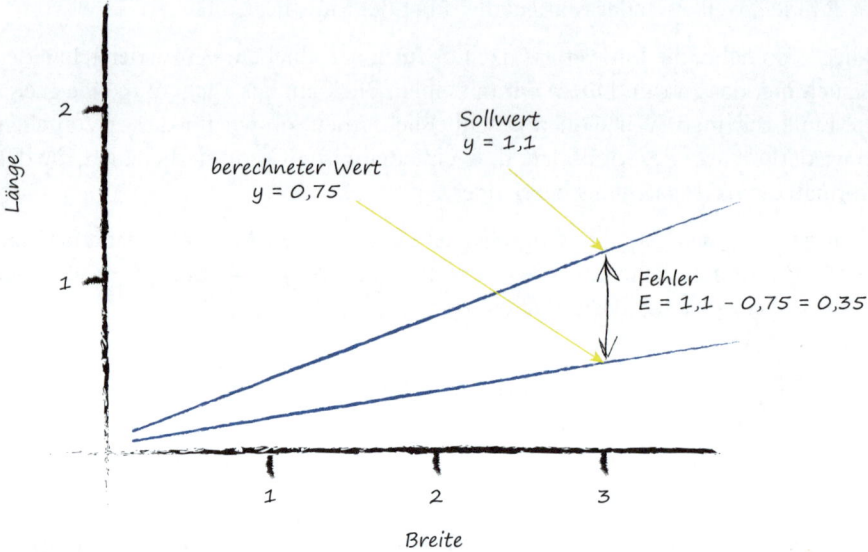

Abbildung 1-18: Visualisierung von Fehler, Sollwert und berechnetem Istwert

Was stellen wir nun mit diesem E an, um zu einem besseren, verfeinerten Parameter A zu gelangen? Das ist die entscheidende Frage.

Überlegen wir noch einmal. Wir wollen den Fehler, den wir E nennen, in y verwenden, um die erforderliche Änderung für Parameter A zu liefern. Dazu müssen wir
wissen, wie die beiden miteinander in Beziehung stehen. Wie steht A in Beziehung
zu E? Wenn wir das wüssten, könnten wir auch verstehen, wie sich die eine Änderung auf die andere auswirkt.

Beginnen wir mit der linearen Funktion für den Klassifizierer:

$y = Ax$

Wir wissen, dass dies bei anfänglichen Schätzungen von A die falsche Antwort für
y ergibt, was der Wert entsprechend den Trainingsdaten sein sollte. Die Korrektur
zum Sollwert nennen wir t für *target value* (Sollwert). Um diesen Wert t zu erhalten, müssen wir A um einen geringen Betrag anpassen. Mathematiker verwenden
den griechischen Großbuchstaben Δ in der Bedeutung »eine kleine Änderung in«.
Ausgeschrieben, sieht das so aus:

$t = (A + \Delta A)x$

Bildlich lässt sich das Ganze viel einfacher veranschaulichen. In Abbildung 1-19 ist
der neue Anstieg $(A + \Delta A)$ zu sehen.

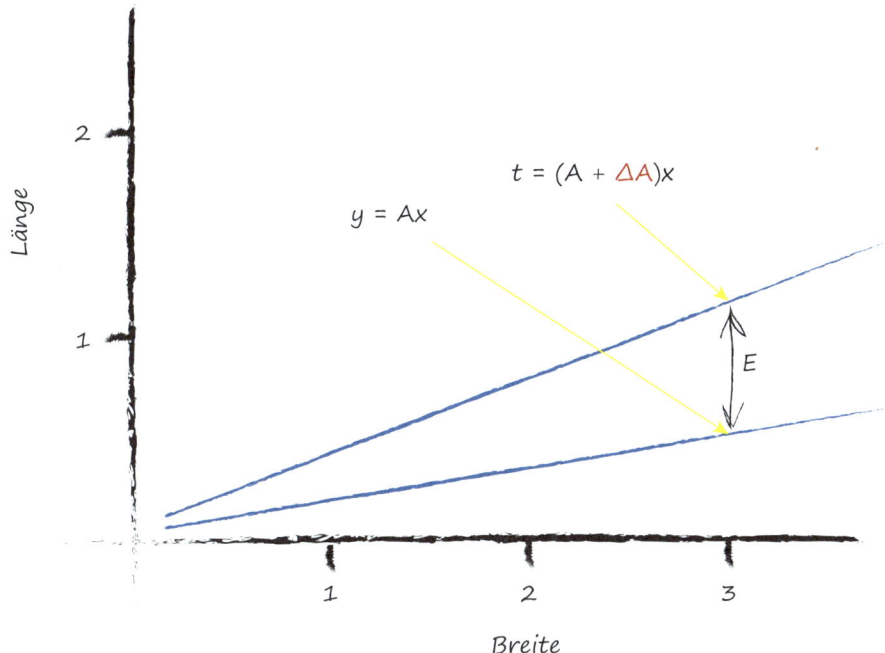

Abbildung 1-19: Neuer Anstieg für die Trennungslinie

Denken Sie daran, dass der Fehler E die Differenz zwischen dem korrekten Soll-wert und dem Wert ist, den wir basierend auf unserer aktuellen Schätzung für A berechnet haben. Das heißt, dass E gleich t - y ist.

Um das deutlich zu machen, schreiben wir wie folgt:

```
t - y = (A + ∆A)x - Ax
```

Wir erweitern die Terme und vereinfachen:

```
E = t - y = Ax + (∆A)x - Ax
E = (∆A)x
```

Das ist bemerkenswert! Der Fehler E ist mit ∆A ganz einfach verknüpft. Und zwar so einfach, dass ich zunächst glaubte, falsch zu liegen – doch es stimmt tatsächlich. Auf jeden Fall macht uns diese einfache Beziehung das Leben leichter.

Bei dieser Algebra kann man leicht durcheinanderkommen oder abgelenkt werden. Erinnern wir uns daran, was wir von dem Ganzen erwarten, und zwar in Umgangssprache.

Wir wollten wissen, um welchen Betrag A anzupassen ist, sodass die Linie durch den geänderten Anstieg ein besserer Klassifizierer wird. Diese Berechnung soll auf Basis des Fehlers E geschehen. Dazu stellen wir einfach die letzte Gleichung nach ∆A um:

```
∆A = E / x
```

Genau das ist es! Das ist der magische Ausdruck, nach dem wir gesucht haben. Anhand des Fehlers E können wir den Anstieg A der Klassifizierungslinie um einen Betrag ΔA verfeinern.

Los geht's – aktualisieren wir diesen anfänglichen Anstieg.

Der Fehler hatte einen Wert von 0,35, und x war 3,0. Damit machen wir ΔA = E / x zu 0,35 / 3,0 = 0,1167. Das heißt, wir müssen den aktuellen Anstieg A = 0,25 um 0,1167 ändern. Für den neuen, verbesserten Wert A ergibt sich also (A + ΔA) und somit 0,25 + 0,1167 = 0,3667. Tatsächlich ist der berechnete Wert von y mit diesem neuen Anstieg A von 1,1 – wie zu erwarten – der gewünschte Zielwert.

Geschafft! Nach der ganzen Arbeit haben wir eine Methode in der Hand, um den Parameter A zu verfeinern, und zwar gesteuert vom aktuellen Fehler.

Legen wir nach.

Ein erstes Trainingsbeispiel haben wir durchgenommen, nun wollen wir vom nächsten lernen. Hier haben wir eine bekannte wahre Paarung von x = 1,0 und y = 3,0.

Was passiert, wenn wir x = 1,0 in die lineare Funktion einsetzen, die jetzt den aktualisierten Wert A = 0,3667 verwendet? Wir erhalten y = 0,3667 × 1,0 = 0,3667. Das liegt nun gleich gar nicht in der Nähe des Trainingsbeispiels mit y = 3,0.

Mit der gleichen Argumentation wie zuvor – die Gerade sollte nicht die Trainingsdaten kreuzen, sondern unmittelbar darüber oder darunter verlaufen – können wir den Sollwert auf 2,9 setzen. Auf diese Weise liegt das Trainingsbeispiel einer Raupe unmittelbar über der Linie und nicht auf ihr. Der Fehler E beträgt (2,9 – 0,3667) = 2,5333.

Der Fehler ist größer als zuvor. Doch wenn man es recht bedenkt, hatten wir für die lineare Funktion nichts weiter zum Lernen als ein einzelnes Trainingsbeispiel, was zweifellos den Verlauf der Linie in Bezug auf dieses einzelne Beispiel verzerrt.

Wir aktualisieren A erneut, genau wie wir es zuvor getan haben. Die Änderung ΔA ist E / x, was 2,5333 / 1,0 = 2,5333 bedeutet. Das heißt, dass sogar der neuere Anstieg A gleich 0,3667 + 2,5333 = 2,9 ist. Und das bedeutet, dass die Funktion für x = 1,0 den Wert 2,9 als Antwort liefert, was dem Sollwert entspricht.

Das ist schon eine ganze Menge, was wir uns erarbeitet haben. Legen wir also eine Pause ein und stellen wir grafisch dar, was wir getan haben. Das Diagramm in Abbildung 1-20 zeigt die anfängliche Gerade, die Gerade nach dem Lernen aus dem ersten Trainingsbeispiel und die letzte Gerade nach dem Lernen aus dem zweiten Trainingsbeispiel.

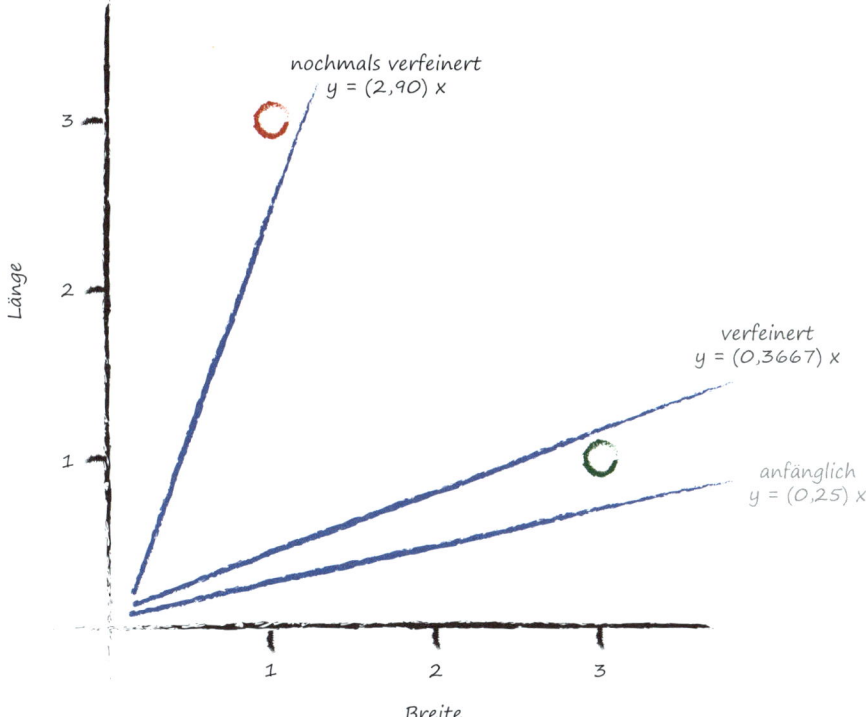

Abbildung 1-20: Trennungslinien mit anfänglichem, verfeinertem und nochmals verfeinertem Anstieg

Moment mal! Was ist passiert? Wie das Diagramm zeigt, haben wir den Anstieg nicht in der Weise verbessert, wie wir es gehofft hatten. Die Trennungslinie hat den Bereich zwischen Marienkäfern und Raupen nicht ordentlich geteilt.

Nun, wir haben das bekommen, was wir verlangt haben. Die Linie wird aktualisiert, um jeden Sollwert für y zu liefern.

Was ist daran falsch? Wenn wir weiter so verfahren und den Anstieg für jedes Trainingsbeispiel aktualisieren, kommt am Ende die letzte Aktualisierung lediglich dem letzten Trainingsbeispiel so nahe wie möglich. Mit allen vorherigen Trainingsbeispielen hätten wir uns gar nicht herumzuschlagen brauchen. Praktisch verwerfen wir alle Lernerfolge, die vorherige Trainingsbeispiele möglicherweise erzielt haben, und lernen nur noch aus dem letzten Beispiel.

Wie bringen wir das in Ordnung?

Ganz leicht! Und dies ist ein wichtiges Konzept im *maschinellen Lernen*. Wir *moderieren* die Aktualisierungen. Das heißt, wir beruhigen sie ein wenig. Anstatt enthusiastisch zu jedem neuen A zu springen, nehmen wir nur einen Bruchteil der

Änderung ΔA und nicht die gesamte Änderung. Auf diese Weise bewegen uns wir in die Richtung, die das Trainingsbeispiel nahelegt, aber eher zurückhaltend, wobei wir etwas vom vorherigen Wert beibehalten, zu dem wir über möglicherweise viele vorherige Trainingsdurchläufe gelangt sind. Dieses Konzept der Moderation unserer Verfeinerungen haben wir schon weiter oben gesehen – bei dem einfacheren Prädiktor »Kilometer in Meilen«, bei dem wir den Parameter c als Bruchteil des tatsächlichen Fehlers verändert haben.

Diese Moderation hat einen anderen leistungsfähigen und nützlichen Nebeneffekt. Wenn man den Trainingsdaten selbst nicht vollkommen vertrauen kann und die Daten Fehler oder Rauschen beinhalten – was in realen Messungen normal ist –, kann die Moderation den Einfluss der Fehler oder des Rauschens dämpfen. Die Moderation glättet diese Effekte.

Also das Ganze noch einmal, doch dieses Mal bauen wir eine Moderation in die Aktualisierungsformel ein:

$$\Delta A = L \ (E \ / \ x \ )$$

Der Moderationsfaktor wird oftmals *Lernrate* genannt, hier mit dem Buchstaben L gekennzeichnet. Als akzeptablen Wert zum Einsteig wählen wir L = 0,5. Das heißt, wir aktualisieren nur halb so viel wie ohne Moderation.

Wenn wir alle Schritte noch einmal durchlaufen, haben wir einen anfänglichen Wert A = 0,25. Das erste Trainingsbeispiel liefert uns y = 0,25 × 3,0 = 0,75. Für den Sollwert von 1,1 berechnet sich der Fehler zu 0,35. Setzt man die Werte in die Formel ΔA = L (E / x) ein, ergibt sich 0,5 × 0,35 / 3,0 = 0,0583. Der aktualisierte Anstieg A beträgt somit 0,25 + 0,0583 = 0,3083.

Mit dem neuen Anstieg A erhalten wir für das Trainingsbeispiel bei x = 3,0 den Wert y = 0,3083 × 3,0 = 0,9250. Die Gerade liegt nun auf der falschen Seite des Trainingsbeispiels, weil der Zielwert kleiner als 1,1 ist, doch ist das Ergebnis nicht schlecht, wenn man es als ersten Verfeinerungsschritt von vielen weiteren Schritten betrachtet. Immerhin ging die Verschiebung in die richtige Richtung – weg von der Anfangslinie.

Machen wir mit dem zweiten Trainingsdatenbeispiel bei x = 1,0 weiter. Mit A = 0,3083 haben wir y = 0,3083 × 1,0 = 0,3083. Für den Sollwert 2,9 ergibt sich ein Fehler von (2,9 – 0,3083) = 2,5917. Setzt man die Werte in die Formel ΔA = L (E / x) ein, erhält man 0,5 × 2,5917 / 1,0 = 1,2958. Der erneut geänderte Anstieg A beträgt jetzt 0,3083 + 1,2958 = 1,6042.

Wir visualisieren wieder die anfängliche, die verbesserte und die letzte Gerade, um festzustellen, ob moderierte Aktualisierungen zu einer besseren Trennungslinie zwischen den Bereichen für Raupen und Marienkäfer führen (siehe Abbildung 1-21).

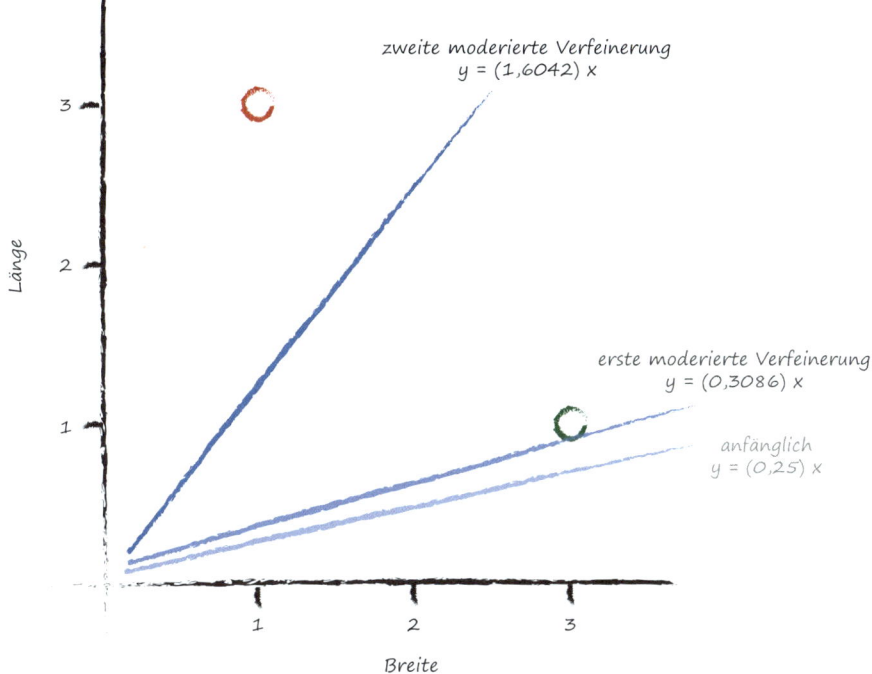

Abbildung 1-21: *Trennungslinien mit moderierten Aktualisierungen*

Das sieht wirklich gut aus!

Selbst mit diesen beiden simplen Trainingsbeispielen und einer relativ einfachen Aktualisierungsmethode, die eine moderierende Lernrate verwendet, sind wir ziemlich schnell bei einer guten Trennungslinie der Form y = Ax angekommen, wobei der Anstieg A gleich 1,6042 ist.

Wir wollen unsere Errungenschaften nicht kleinreden. Wir haben eine automatisierte Lernmethode entwickelt, um anhand von Beispielen zu klassifizieren. Angesichts des äußerst einfachen Konzepts ist die Methode bemerkenswert effektiv.

Brillant!

Kernideen

- Mit einfacher Mathematik sind wir in der Lage, die Beziehung zwischen dem Ausgabefehler eines linearen Klassifizierers und dem anpassbaren Parameter für den Anstieg zu verstehen. Das ist gleichbedeutend mit dem Wissen, um wie viel der Anstieg anzupassen ist, um diesen Ausgabefehler zu beseitigen.

- Ein Problem bei diesen naiv vorgenommenen Anpassungen ist, dass das Modell aktualisiert wird, um nur dem letzten Trainingsbeispiel zu entsprechen, wobei die Ergebnisse aus allen vorherigen Trainingsbeispielen ignoriert werden. Dies lässt sich korrigieren, wenn man die Aktualisierungen mit einer Lernrate moderiert, sodass ein einzelnes Trainingsbeispiel den Lernprozess nicht dominieren kann.
- Trainingsbeispiele aus der realen Umgebung sind in der Regel mit Fehlern oder Rauschen behaftet. Moderierende Aktualisierungen helfen, den Einfluss dieser fehlerbehafteten Beispieldaten zu begrenzen.

Manchmal ist ein Klassifizierer nicht genug

Die einfachen Prädiktoren und Klassifizierer, mit denen wir bislang gearbeitet haben – die eine Eingabe übernehmen, eine Berechnung durchführen und eine Antwort ausgeben –, sind zwar ziemlich effektiv, genügen aber nicht für interessantere Aufgaben, auf die wir neuronale Netze anwenden wollen.

Wir werden jetzt die Grenze eines linearen Klassifizierers mit einem einfachen, aber einleuchtenden Beispiel veranschaulichen. Warum wollen wir so vorgehen und nicht direkt in die Behandlung von neuronalen Netzen einsteigen? Der Grund liegt darin, dass sich ein wesentliches Entwurfsfeature von neuronalen Netzen auf das Verständnis dieser Grenze stützt – es lohnt sich also, hier etwas Zeit zu investieren.

Wir wenden uns von den Insekten ab und betrachten *boolesche* Logikfunktionen genauer. Falls Ihnen das wie Kauderwelsch vorkommt – keine Angst. George Boole war Mathematiker und Philosoph. Sein Name ist mit einfachen Funktionen wie UND und ODER verbunden.

Boolesche Logikfunktionen ähneln verknüpften Bedingungen, die wir umgangssprachlich etwa wie folgt ausdrücken: »Du darfst deinen Pudding nur essen, wenn du dein Gemüse gegessen hast UND wenn du trotzdem noch hungrig bist.« Diese Aussage enthält die boolesche UND-Funktion. Das boolesche UND ist nur wahr, wenn beide Bedingungen wahr sind. Es ist nicht wahr, wenn nur eine Bedingung davon wahr ist. Wenn ich also hungrig bin, aber mein Gemüse nicht gegessen habe, dann darf ich meinen Pudding nicht essen.

Ähnlich sieht es aus, wenn wir sagen: »Du kannst im Park spielen, wenn Wochenende ist ODER du Urlaub genommen hast.« Hier verwenden wir die boolesche ODER-Funktion. Das boolesche ODER ist wahr, wenn eine oder alle Bedingungen wahr sind. Die Bedingungen müssen nicht alle wahr sein wie bei der booleschen UND-Funktion. Wenn also kein Wochenende ist, ich aber Urlaub genommen habe, kann ich durchaus in den Park gehen und spielen.

Weiter oben haben wir eine Funktion als Maschine beschrieben, die bestimmte Eingänge übernimmt, diese Werte in bestimmter Weise verarbeitet und eine Antwort ausgibt. Typische boolesche Logikfunktionen übernehmen zwei Eingänge und geben eine Antwort aus, wie Abbildung 1-22 zeigt.

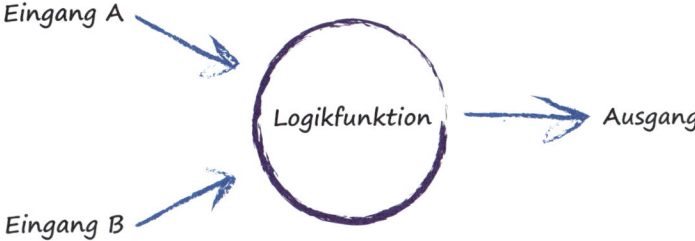

Abbildung 1-22: Eine typische boolesche Logikfunktion

Boolesche Funktionen und Wahrheitswerte

Im Deutschen sind für die booleschen Funktionen *UND*, *ODER* usw. auch die englischen Begriffe üblich. So wird statt *UND* das englische Wort *AND*, statt *ODER* das englische Wort *OR* usw. verwendet. Auch bei den Wahrheitswerten sind die englischen Wörter gebräuchlich – *false* für *falsch* und *true* für *wahr*. Im Rest dieses Buchs werden die englischen und deutschen Begriffe gleichberechtigt eingesetzt (Anmerkung des Übersetzers).

Computer stellen die Bedingung *true* oftmals durch den Wert 1 und die Bedingung *false* durch den Wert 0 dar. Tabelle 1-4 gibt die logischen Funktionen AND und OR in dieser knapperen Notation für alle Kombinationen der Eingänge A und B an.

Tabelle 1-4: Wahrheitstabellen für die booleschen Logikfunktionen AND und OR

Eingang A	Eingang B	Logisches AND	Logisches OR
0	0	0	0
0	1	0	1
1	0	0	1
1	1	1	1

Wie aus Tabelle 1-4 hervorgeht, ist die Funktion AND nur dann *true*, wenn sowohl A als auch B *true* sind. Und die Funktion OR ist *true*, wenn mindestens einer der Eingänge A oder B *true* ist.

Boolesche Logikfunktionen spielen in der Informatik eine wichtige Rolle, und in der Tat bestanden die ersten elektronischen Computer aus winzigen elektrischen Schaltungen, die diese Logikfunktionen realisierten. Selbst für arithmetische Berechnungen wurden Kombinationen von Schaltungen aus simplen booleschen Logikfunktionen verwendet.

Stellen Sie sich einen einfachen linearen Klassifizierer vor, der anhand der Trainingsdaten lernen soll, ob die Daten von einer booleschen Logikfunktion stammen. Das ist ein natürliches und nützliches Instrument für Wissenschaftler, die kausale Zusammenhänge oder Korrelationen zwischen verschiedenen Beobachtungsmengen finden wollen. Zum Beispiel: Gibt es mehr Malariafälle, wenn es regnet UND wenn es wärmer als 35 Grad ist? Gibt es mehr Malariafälle, wenn eine dieser Bedingungen wahr ist (boolesches OR).

Sehen Sie sich das Diagramm in Abbildung 1-23 an, das die beiden Eingänge A und B für die logische Funktion als Koordinaten eines Graphen zeigt. Wie aus der Abbildung hervorgeht, ist der Ausgang nur dann *true* (grün dargestellt), wenn beide Eingänge *true* sind (d. h. den Wert 1 besitzen). Ausgänge mit dem Wert *false* sind rot dargestellt.

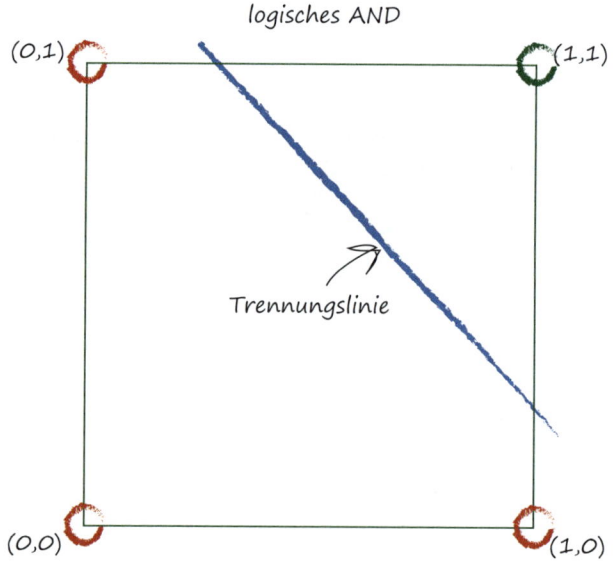

Abbildung 1-23: Trennungslinie für die boolesche Logikfunktion AND

Im Diagramm ist außerdem eine Gerade eingezeichnet, die die roten von den grünen Bereichen trennt. Diese Gerade ist eine lineare Funktion, die ein linearer Klassifizierer lernen kann, genau wie wir es bereits weiter oben kennengelernt haben.

Wir gehen hier nicht die numerischen Details durch, wie es oben geschehen ist, weil sie in diesem Beispiel nicht grundsätzlich anders aussehen.

Praktisch gibt es viele Variationen dieser Trennungslinie, die genauso gut funktionieren, doch hier geht es vor allem darum, dass ein einfacher linearer Klassifizierer der Form y = ax + b in der Lage ist, die boolesche AND-Funktion zu lernen.

Sehen Sie sich nun Abbildung 1-24 an, die eine ähnliche Darstellung für die boolesche OR-Funktion zeigt.

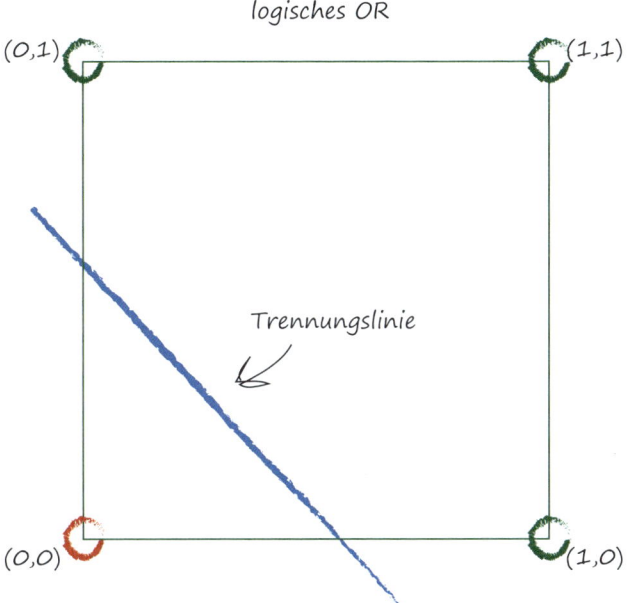

Abbildung 1-24: Trennungslinie für die boolesche Logikfunktion OR

Dieses Mal ist nur der Punkt (0,0) rot, weil er der Bedingung entspricht, dass die beiden Eingänge A und B *false* sind. Bei allen anderen Kombinationen ist mindestens einer der Eingänge A oder B *true*, sodass der Ausgang zu *true* wird. Das Schöne an diesem Diagramm ist, dass es klar zeigt, dass ein linearer Klassifizierer auch die boolesche OR-Funktion lernen kann.

Es gibt noch eine weitere boolesche Funktion namens XOR, was für eXclusive OR – ausschließendes ODER – steht. Der Ausgang dieser Funktion ist *true*, wenn nur genau einer der Eingänge A oder B *true* ist, nicht jedoch beide. Wenn also beide Eingänge *false* sind, ist der Ausgang *false*. Das gilt auch, wenn beide Eingänge *true* sind. Tabelle 1-5 fasst diese Zustände zusammen.

Tabelle 1-5: Wahrheitstabelle der XOR-Funktion

Eingang A	Eingang B	Logisches XOR
0	0	0
0	1	1
1	0	1
1	1	0

Abbildung 1-25 zeigt ein Diagramm für diese Funktion, wobei auch hier die Ausgänge farblich gekennzeichnet sind.

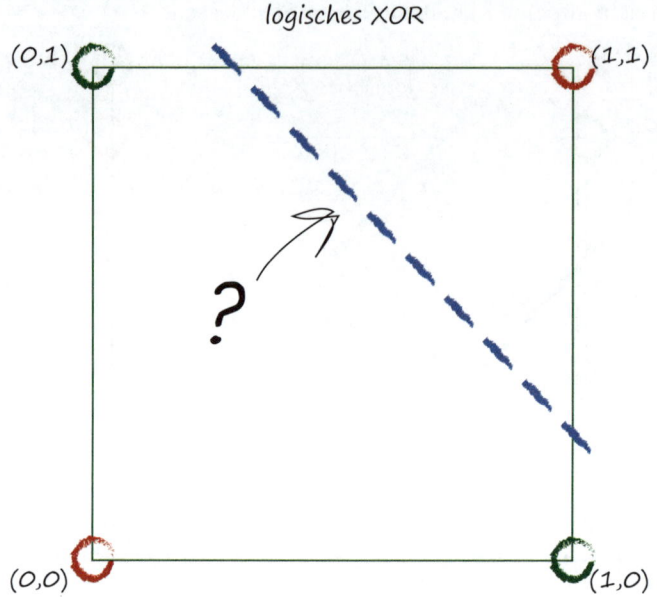

Abbildung 1-25: Diagramm der XOR-Funktion mit einer Trennungslinie

Das ist eine Herausforderung! Offenbar können wir die roten von den blauen Bereichen nicht mit einer einzigen Geraden voneinander trennen.

Es ist tatsächlich unmöglich, mit einer einzigen Geraden die roten von den blauen Bereichen der booleschen XOR-Funktion erfolgreich zu trennen. Das heißt, ein einfacher linearer Klassifizierer kann die boolesche XOR-Funktion nicht lernen, wenn die Trainingsdaten von der XOR-Funktion stammen.

Wir haben hier lediglich eine wesentliche Beschränkung des einfachen linearen Klassifizierers veranschaulicht. Ein einfacher linearer Klassifizierer ist nicht brauchbar, wenn das zugrunde liegende Problem nicht durch eine Gerade trennbar ist.

Neuronale Netze sollen jedoch für sehr viele Aufgaben nützlich sein, bei denen das zugrunde liegende Problem nicht linear separierbar ist – wo uns also eine einzelne Gerade nicht weiterhilft.

Wir brauchen deshalb eine Lösung.

Glücklicherweise ist die Lösung leicht. In der Tat lässt sich aus dem Diagramm in Abbildung 1-26, das die verschiedenen Bereiche mit zwei Geraden trennt, die

Lösung ableiten – wir verwenden mehrere Klassifizierer, die zusammenarbeiten. Dieses Konzept ist Dreh- und Angelpunkt für neuronale Netze. Sicherlich können Sie sich bereits vorstellen, dass sich mit vielen Geraden selbst ungewöhnlich geformte Bereiche für eine Klassifizierung trennen lassen.

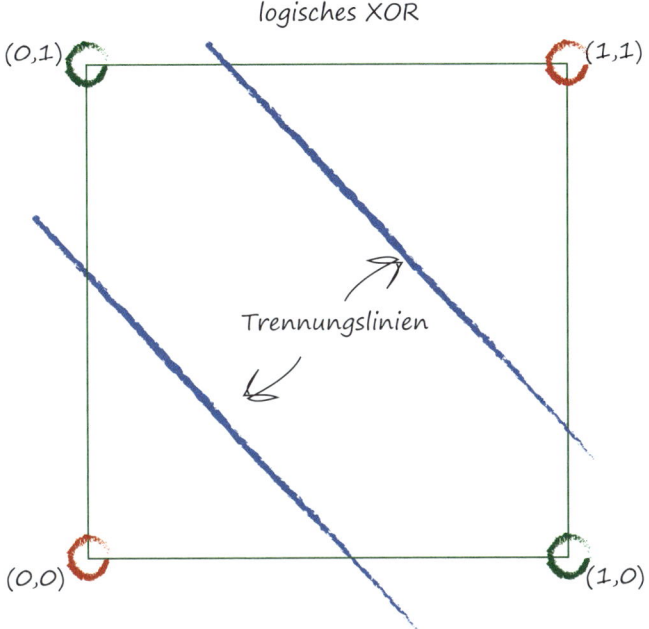

Abbildung 1-26: Diagramm für die XOR-Funktion mit zwei Trennungslinien

Bevor wir neuronale Netze, die aus vielen zusammenarbeitenden Klassifizierern bestehen, selbst erstellen, gehen wir zunächst zur Natur zurück und sehen uns die Gehirne von Tieren an, die uns zum Konzept neuronaler Netze inspiriert haben.

Kernideen

- Ein einzelner linearer Klassifizierer kann keine Daten separieren, wenn diese Daten selbst von einem einzelnen linearen Prozess stammen. Das trifft zum Beispiel auf Daten zu, die vom logischen XOR-Operator bestimmt werden.
- Die Lösung ist allerdings leicht: Man verwendet einfach mehrere lineare Klassifizierer, um Daten zu trennen, die sich nicht durch eine einzelne Gerade trennen lassen.

Neuronen – die Rechenmaschinen der Natur

Wir haben weiter oben bereits angesprochen, dass die Gehirne von Tieren die Wissenschaftler vor Rätsel stellen, weil selbst kleine Exemplare wie das Gehirn einer Taube weitaus leistungsfähiger sind als Digitalcomputer mit einer riesigen Anzahl von elektronischen Verarbeitungselementen, einem riesigen Speicherplatz und Ausführungsgeschwindigkeiten, die wesentlich höher liegen als die fleischigen, schwammigen natürlichen Gehirne.

Man hat also seine Aufmerksamkeit auf die architektonischen Unterschiede gerichtet. Herkömmliche Computer verarbeiten die Daten vor allem sequenziell und nach ziemlich konkreten Vorschriften. Bei ihren kalten, harten Berechnungen gibt es weder Unschärfe (engl. Fuzziness) noch Mehrdeutigkeit. Dagegen verarbeiten tierische Gehirne, obwohl sie offensichtlich mit wesentlich langsameren Taktgeschwindigkeiten laufen, die Signale parallel, und Fuzziness ist ein entscheidendes Merkmal ihrer Verarbeitung.

Sehen wir uns in Abbildung 1-27 die Grundeinheit eines biologischen Gehirns an – das *Neuron*.

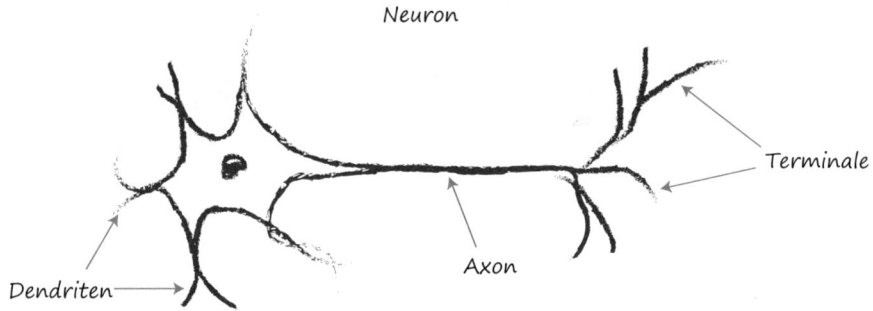

Abbildung 1-27: Neuron als Grundeinheit eines biologischen Gehirns

Es gibt zwar verschiedene Formen von Neuronen, doch übertragen sie alle ein elektrisches Signal von einem Ende zum anderen, von den Dendriten entlang der Axone zu den Terminalen. Diese Signale werden dann von einem Neuron an ein anderes übergeben. Auf diese Weise nehmen wir Licht, Töne, Druck, Wärme usw. wahr. Signale von spezialisierten Sensorneuronen werden entlang des Nervensystems zum Gehirn übertragen, das selbst wieder aus Neuronen besteht.

Abbildung 1-28 zeigt eine Skizze von Neuronen in einem Taubengehirn, das ein spanischer Neurowissenschaftler 1899 gezeichnet hat. Die wesentlichen Bestandteile – die Dendriten und die Terminale – sind deutlich zu erkennen.

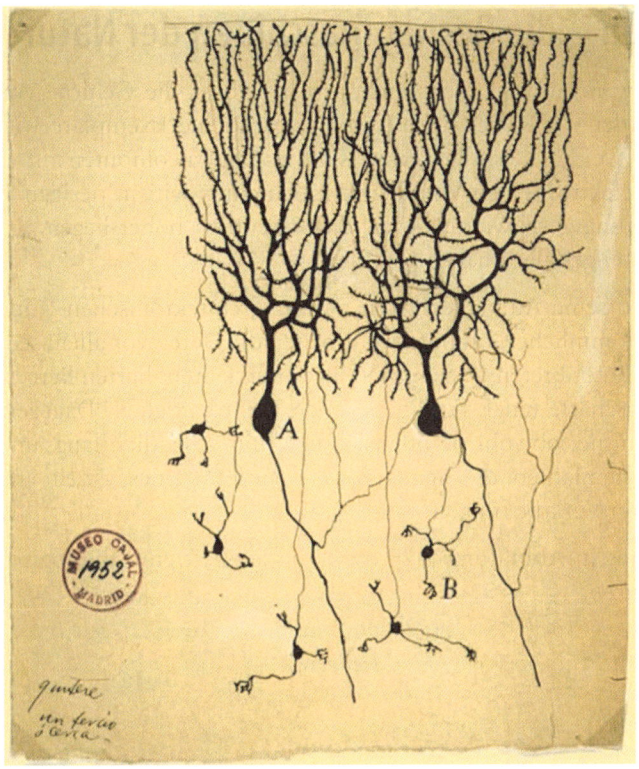

Abbildung 1-28: Skizze von Neuronen in einem Taubengehirn

Wie viele Neuronen brauchen wir, um interessantere, komplexere Aufgaben zu realisieren?

Das sehr leistungsfähige menschliche Gehirn enthält ungefähr 100 Milliarden Neuronen! Eine Fruchtfliege besitzt lediglich 100.000 Neuronen und ist damit schon in der Lage, zu fliegen, zu fressen, Gefahren auszuweichen, Nahrung zu suchen und viele andere ziemlich komplexe Aufgaben zu erledigen. Da die Anzahl von 100.000 Neuronen im Kapazitätsbereich moderner Computer liegt, könnte man doch versuchen, ein solches Gehirn nachzubilden. Ein Fadenwurm hat nur 302 Neuronen, was geradezu verschwindend gering ist, verglichen mit den Ressourcen heutiger Digitalrechner! Doch dieser Wurm kann einige recht nützliche Aufgaben bewältigen, mit denen herkömmliche Computerprogramme von viel größerem Umfang nicht zurechtkämen.

Worin liegt also das Geheimnis? Warum sind biologische Gehirne so leistungsfähig, wenn man bedenkt, dass sie – verglichen mit modernen Computern – wesentlich langsamer sind und aus relativ wenigen Verarbeitungselementen bestehen? Die vollständige Funktionsweise von Gehirnen, wie zum Beispiel des Bewusstseins, ist immer noch ein Geheimnis. Doch weiß man inzwischen genügend über Neuronen, um auf verschiedene Arten der Verarbeitung schließen zu können.

Sehen wir uns also an, wie ein Neuron funktioniert. Es übernimmt ein elektrisches Eingangssignal und gibt ein anderes elektrisches Signal aus. Dies erinnert stark an die Klassifizierungs- oder Vorhersagemaschinen, die wir weiter oben gezeigt haben und die einen Eingang übernehmen, das Signal auf bestimmte Weise verarbeiten und ein Ausgangssignal ausgeben.

Könnten wir Neuronen als lineare Funktionen darstellen, wie wir es zuvor schon getan haben? Gute Idee – funktioniert aber nicht. Ein biologisches Neuron produziert keine Ausgabe, die schlichtweg eine einfache lineare Funktion der Eingabe ist. Das heißt, seine Ausgabe hat nicht die Form Ausgabe = (Konstante * Eingabe) + (vielleicht_eine_andere_Konstante).

Beobachtungen legen nahe, dass Neuronen nicht sofort reagieren, sondern stattdessen die Eingabe unterdrücken, bis sie ausreichend groß ist, um ein Ausgabesignal auszulösen. Man kann sich dies als Schwellwert vorstellen, der erreicht sein muss, bevor irgendein Ausgabesignal entsteht. Vergleichbar ist das mit Wasser in einer Tasse – das Wasser läuft erst über, wenn die Tasse vollkommen gefüllt ist. Intuitiv ist das sinnvoll – die Neuronen sollen winzige Rauschsignale nicht durchlassen, sondern nur ausdrücklich starke, gewollte Signale. Abbildung 1-29 veranschaulicht dieses Konzept, bei dem ein Ausgangssignal nur entsteht, wenn die Eingabe ausreichend angestiegen ist, um einen *Schwellwert* zu überschreiten.

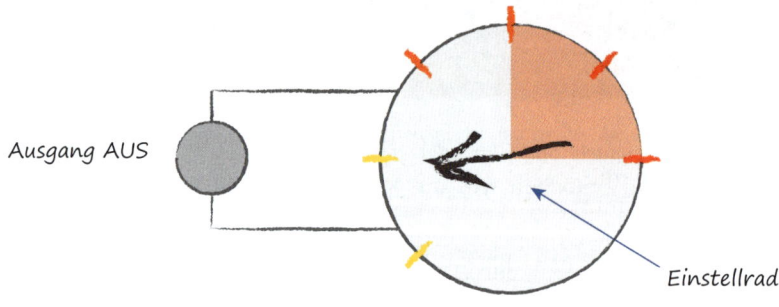

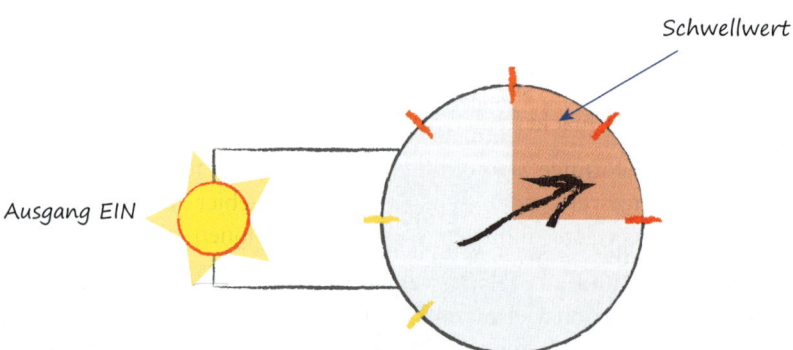

Abbildung 1-29: Ausgangssignal in Abhängigkeit von einem Schwellwert

Eine Funktion, die das Eingangssignal übernimmt und ein Ausgangssignal generiert, dabei aber eine Art Schwellwert berücksichtigt, wird *Aktivierungsfunktion* genannt. Im mathematischen Sinne gibt es viele derartige Aktivierungsfunktionen, die diesen Effekt erzielen. So ist das mit einer einfachen *Stufenfunktion* zu erreichen, wie sie Abbildung 1-30 zeigt.

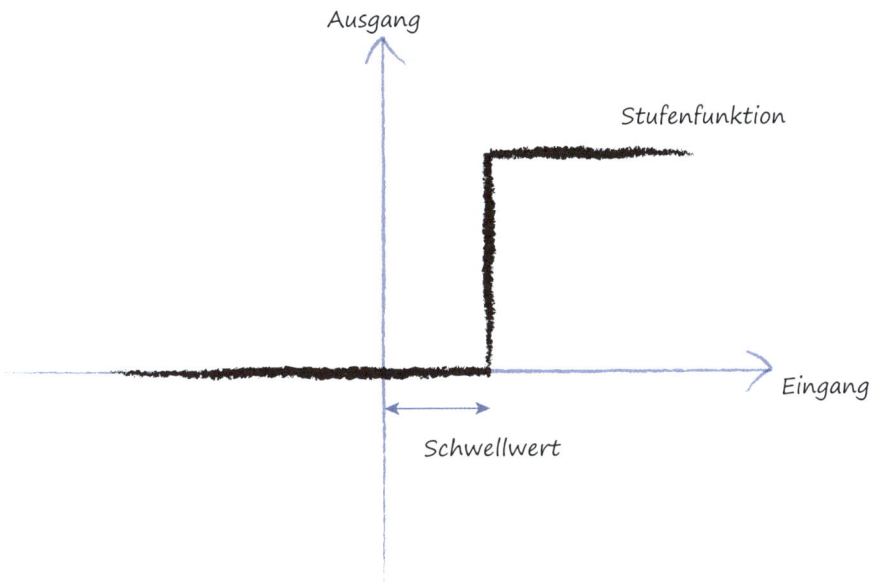

Abbildung 1-30: Eine einfache Stufenfunktion

Wie aus dem Diagramm hervorgeht, ist bei kleinen Eingabewerten die Ausgabe null. Nachdem aber die Eingabeschwelle erreicht ist, geht die Ausgabe sprunghaft nach oben. Ein künstliches Neuron, das sich so verhält, wirkt fast wie ein reales biologisches Neuron. Der von Wissenschaftlern verwendete Begriff beschreibt dieses Verhalten treffend: Sie sagen, dass Neuronen *feuern*, wenn die Eingabe den Schwellwert erreicht.

Die Stufenfunktion lässt sich noch verbessern. Die in Abbildung 1-31 dargestellte s-förmige Funktion wird als *Sigmoidfunktion* bezeichnet. Sie verläuft sanfter als die abrupte Stufenfunktion, was sie natürlicher und realistischer macht – »natura non facit saltus« (die Natur macht keine Sprünge).

Eine solche sanfte s-förmige Sigmoidfunktion werden wir fortan für unsere eigenen neuronalen Netze verwenden. Forscher auf dem Gebiet der künstlichen Intelligenz nehmen auch andere, ähnlich aussehende Funktionen, die Sigmoide ist aber einfach und tatsächlich sehr gebräuchlich, sodass wir uns in guter Gesellschaft befinden.

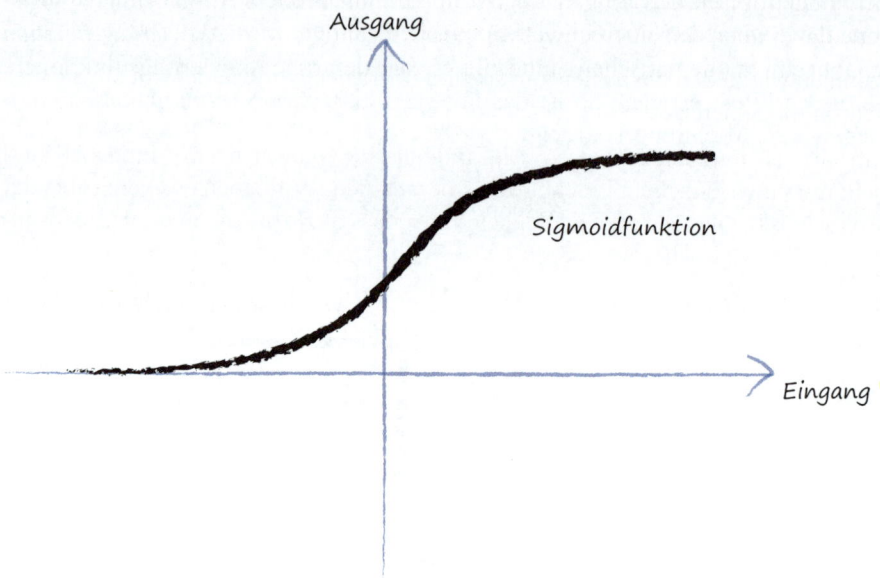

Abbildung 1-31: Sigmoidfunktion als Aktivierungsfunktion

Die manchmal auch als *logistische Funktion* bezeichnete Sigmoidfunktion sieht folgendermaßen aus:

$$y = \frac{1}{1 + e^{-x}}$$

In dieser Formel bezeichnet e die *Eulersche Zahl* 2,71828..., die nach dem Schweizer Mathematiker Leonhard Euler benannt ist. Diese Konstante spielt in vielen Bereichen der Mathematik und Physik eine zentrale Rolle. Die Punkte nach der Zahl weisen darauf hin, dass noch unendlich viele Dezimalstellen folgen, weil es sich um eine irrationale und transzendente Zahl handelt. Für unsere Zwecke kommen wir mit dem Näherungswert 2,71828 meistens ganz gut aus. Die Eingabe x wird negiert und e zur Potenz dieses -x erhoben. Zum Ergebnis addieren wir 1 und erhalten $1+e^{-x}$. Schließlich bilden wir den Kehrwert dieses Gesamtausdrucks, d. h., wir dividieren 1 durch $1+e^{-x}$. Genau dies stellt die Funktion oben mit dem Eingabewert x an, um den Ausgabewert y zu liefern. Am Ende ist der Ausdruck also gar nicht so schlimm!

Beachten Sie, dass bei x gleich null der Ausdruck e^{-x} gleich 1 ist, weil jede Zahl hoch 0 gleich 1 ist. In diesem Fall wird y zu 1 / (1 + 1) oder 1/2. Die standardmäßige Sigmoidfunktion schneidet also die y-Achse bei y = 1/2.

Es gibt noch einen weiteren sehr wichtigen Grund für die Wahl der Sigmoidfunktion gegenüber den unzähligen anderen s-förmigen Funktionen, die wir für die Ausgabe eines Neurons verwenden könnten: Mit der Sigmoidfunktion sind Berechnungen wesentlich leichter durchzuführen als mit anderen s-förmigen Funktionen, wie wir später noch in der Praxis sehen werden.

Kommen wir zu den Neuronen zurück und überlegen wir, wie sich ein künstliches Neuron modellieren lässt.

Zunächst ist festzustellen, dass reale biologische Neuronen viele Eingaben und nicht nur einen einzelnen Eingabewert übernehmen. Wir haben das bereits bei der booleschen Logikmaschine kennengelernt, sodass die Idee von mehr als einer Eingabe weder neu noch unüblich ist.

Was stellen wir mit all diesen Eingaben an? Wir kombinieren sie, indem wir sie addieren. Die resultierende Summe geht als Eingabe an die Sigmoidfunktion, die die Ausgabe steuert. Dies spiegelt die Arbeitsweise von realen Neuronen wider. Abbildung 1-32 veranschaulicht das Konzept, die Eingaben zusammenzufassen und dann die Schwellwertfunktion auf die kombinierte Summe anzuwenden.

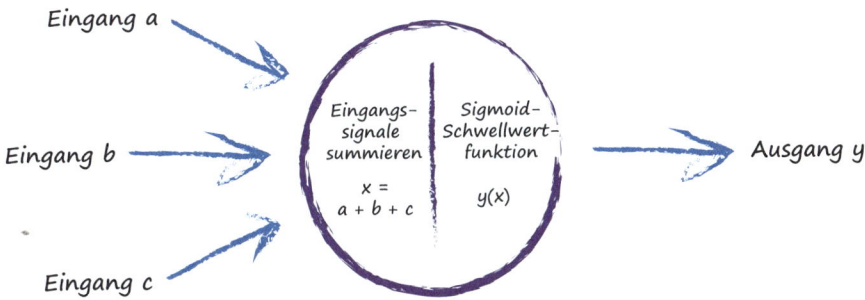

Abbildung 1-32: Modell eines künstlichen Neurons

Wenn das kombinierte Signal nicht groß genug ist, unterdrückt die sigmoidale Schwellwertfunktion das Ausgangssignal. Ist die Summe x ausreichend groß, bewirkt die Sigmoidfunktion, dass das Neuron feuert. Interessant ist Folgendes: Wenn nur einer von mehreren Eingängen groß ist und die übrigen Eingänge lediglich einen geringen Beitrag leisten, kann das bereits genügen, damit das Neuron feuert. Darüber hinaus kann das Neuron auch feuern, wenn einige der Eingänge für sich genommen ziemlich, aber nicht ausreichend groß sind, in der Summe aber ein Signal ergeben, das die Schwelle überwinden kann. Dies liefert einen ersten Eindruck von den komplexeren, in gewissem Sinne unscharfen Berechnungen, die derartige Neuronen realisieren können.

Die elektrischen Signale werden von den Dendriten gesammelt, und diese wirken zusammen, um ein stärkeres elektrisches Signal zu bilden. Wenn das Signal stark genug ist, um die Schwelle zu überwinden, feuert das Neuron ein Signal entlang des Axons zu den Terminalen, um es an die Dendriten der nächsten Neuronen weiterzugeben. Abbildung 1-33 zeigt, wie mehrere Neuronen auf diese Weise miteinander verbunden sind.

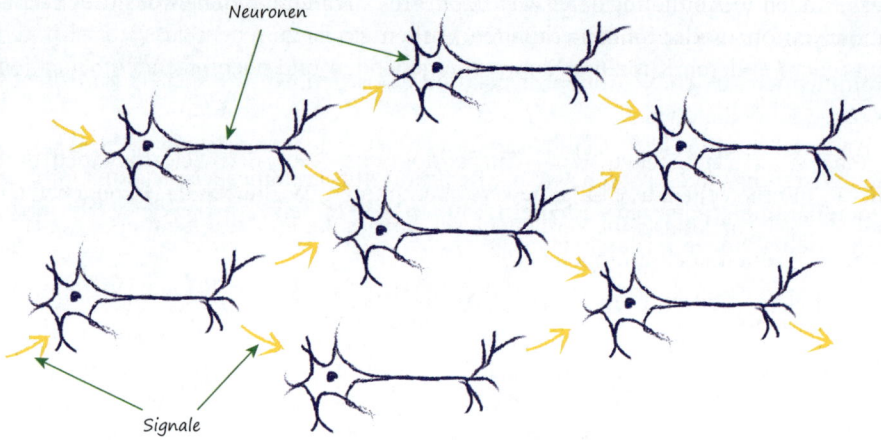

Abbildung 1-33: Mehrere Neuronen, die miteinander verbunden sind

Es zeigt sich, dass jedes Neuron die Signale von vielen Neuronen vor ihm auf-
nimmt und ebenso die Ausgangssignale an viele weitere Neuronen weitergibt, falls
das Neuron feuert.

Um dieses natürliche Vorbild in einem künstlichen Modell nachzubilden, verwendet man mehrere Schichten von Neuronen, die jeweils zu jedem anderen in der
vorhergehenden und nachfolgenden Schicht verbunden sind, wie Abbildung 1-34
veranschaulicht.

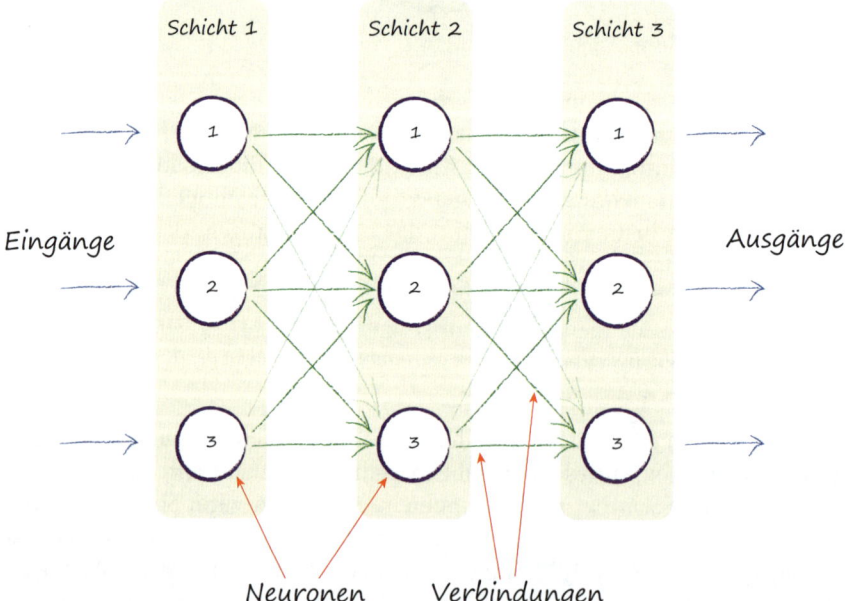

Abbildung 1-34: Modell mit mehreren Schichten von Neuronen, die jeweils mit den Neuronen
der vorhergehenden und nachfolgenden Schichten verbunden sind

Das Modell in Abbildung 1-34 besteht aus drei Schichten, die jeweils drei künstliche Neuronen oder *Knoten* enthalten. Außerdem ist zu sehen, dass jeder Knoten mit jedem anderen Knoten in den vorhergehenden und nachfolgenden Schichten verbunden ist.

Großartig! Doch welcher Teil dieser cool aussehenden Architektur ist für das Lernen zuständig? Was passen wir als Reaktion auf Trainingsbeispiele an? Gibt es einen Parameter, den wir verfeinern können, wie es beim Anstieg der weiter oben behandelten linearen Klassifizierer geschehen ist?

Es liegt nahe, die Stärke der Verbindungen zwischen den Knoten anzupassen. Innerhalb eines Knotens könnte man die Summation der Eingänge beeinflussen oder die Gestalt der Schwellwertfunktion ändern, doch ist das komplizierter, als einfach die Stärke der Verbindungen zwischen den Knoten einzustellen.

Wenn das einfachere Konzept funktioniert, bleiben wir doch dabei! Abbildung 1-35 zeigt die verbundenen Knoten, doch dieses Mal ist jeder Verbindung auch ein *Gewicht* zugeordnet! Ein geringes Gewicht schwächt ein Signal ab, ein hohes Gewicht verstärkt es.

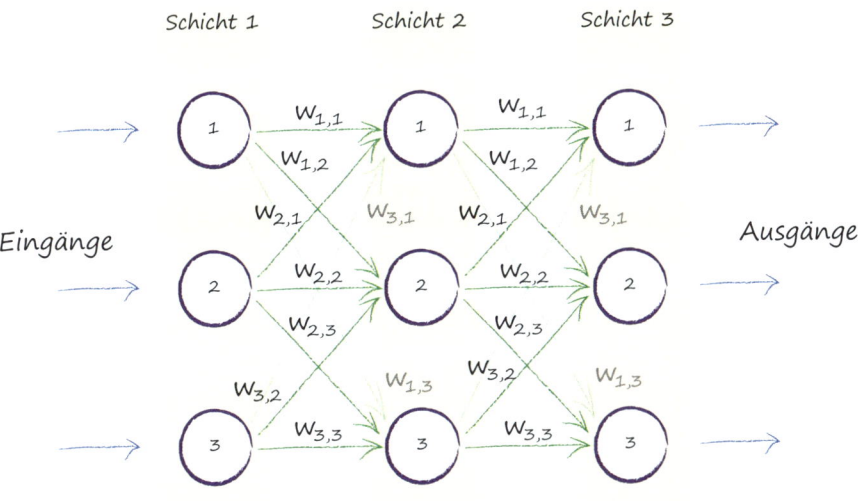

Abbildung 1-35: Schichtenmodell, in dem den Verbindungen zwischen den Knoten Gewichte zugeordnet sind

Die kleinen Zahlen neben den Gewichtssymbolen verdienen eine nähere Erläuterung. Das Gewicht $w_{2,3}$ ist dem Signal zugeordnet, das von Knoten 2 in der einen Schicht zu Knoten 3 in der nächsten Schicht übergeben wird. Somit ist $w_{1,2}$ das Gewicht, das das Signal zwischen Knoten 1 in der einen und Knoten 2 in der nächsten Schicht abschwächt bzw. verstärkt. Um dieses Konzept zu veranschaulichen, sind in Abbildung 1-36 diese beiden Verbindungen zwischen der ersten und zweiten Schicht rot dargestellt.

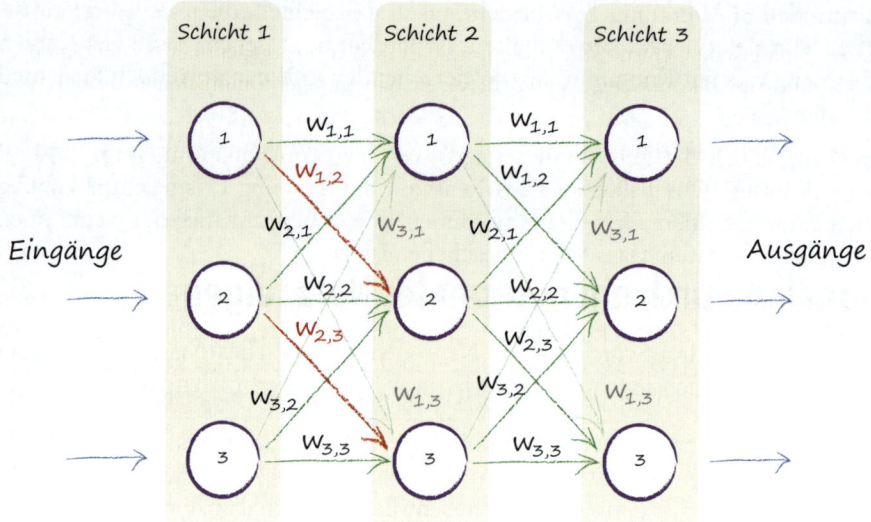

Abbildung 1-36: Die im Text beschriebenen Verbindungen sind hier rot gekennzeichnet.

Berechtigterweise könnten Sie dieses Design infrage stellen und wissen wollen, warum jeder Knoten mit jedem anderen Knoten in der vorherigen und in der nächsten Schicht verbunden sein sollte. Tatsächlich müssen die Knoten nicht alle verbunden sein; man könnte sehr kreativ sein, was die konkreten Verbindungen angeht. Bei einer vollständigen Verknüpfung ist es aber in der Praxis leichter, die Verbindungen einheitlich in einem Computerprogramm zu beschreiben. Selbst wenn es mehr Verbindungen gibt, als für eine spezifische Problemlösung absolut nötig sind, schlagen die überflüssigen Verbindungen kaum zu Buche. Der Lernprozess schwächt diese zusätzlichen Verbindungen ab, falls sie tatsächlich nicht benötigt werden.

Was wir damit meinen, ist: Manche Gewichte werden zu null oder fast zu null, während das Netz lernt, um seine Ausgänge zu verbessern, indem die Verknüpfungsgewichte innerhalb des Netzes verfeinert werden. Gewichte von null oder fast null tragen nichts zum Netz bei, weil die entsprechenden Signale an diesen Stellen nicht passieren können. Ein Gewicht null bedeutet, dass die Signale mit null multipliziert werden, was null ergibt, sodass die Verbindung praktisch unterbrochen ist.

Kernideen

- Biologische Gehirne führen anspruchsvolle Aufgaben wie fliegen, Nahrung finden, Sprachen lernen und vor Feinden fliehen scheinbar mühelos aus, obwohl sie offensichtlich weniger Speicherkapazität besitzen und wesentlich langsamer laufen als moderne Computer.

$\rightarrow$

- Biologische Gehirne sind zudem unglaublich robust gegenüber beschädigten und unvollkommenen Signalen, verglichen mit herkömmlichen Computersystemen.
- Biologische Gehirne, die aus verknüpften Neuronen bestehen, sind die Inspiration für künstliche neuronale Netze.

Signalen durch ein neuronales Netz folgen

Dieses Bild mit drei Schichten aus Neuronen, wobei jedes Neuron mit jedem anderen in der nächsten und der vorherigen Schicht verbunden ist, sieht schon erstaunlich aus.

Doch das Verarbeitungskonzept, wie Signale von den Eingängen über die Schichten weiterlaufen, um zu Ausgängen zu werden, scheint ein wenig abschreckend zu sein und auch jede Menge Arbeit zu bedeuten!

Ich gebe zu, dass der Aufwand erheblich ist, doch wichtig ist auch, die Arbeitsweise zu veranschaulichen, sodass wir immer wissen, was tatsächlich in einem neuronalen Netz passiert, selbst wenn wir später die ganze Arbeit vom Computer erledigen lassen. Deshalb versuchen wir, die Abläufe mit einem kleineren neuronalen Netz herauszuarbeiten, das nur aus zwei Schichten besteht, die jeweils zwei Neuronen enthalten (siehe Abbildung 1-37).

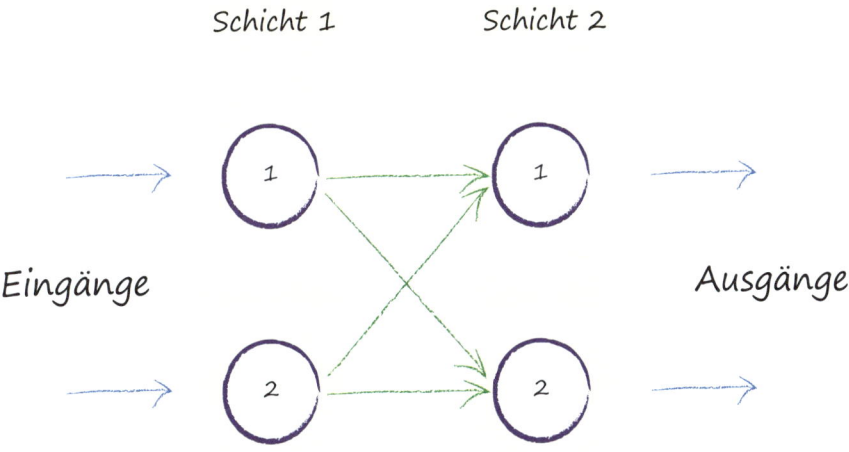

Abbildung 1-37: Einfacheres neuronales Netz

Nehmen wir an, dass an den beiden Eingängen die Werte 1,0 und 0,5 anliegen. Abbildung 1-38 zeigt das kleinere neuronale Netz mit diesen Eingaben.

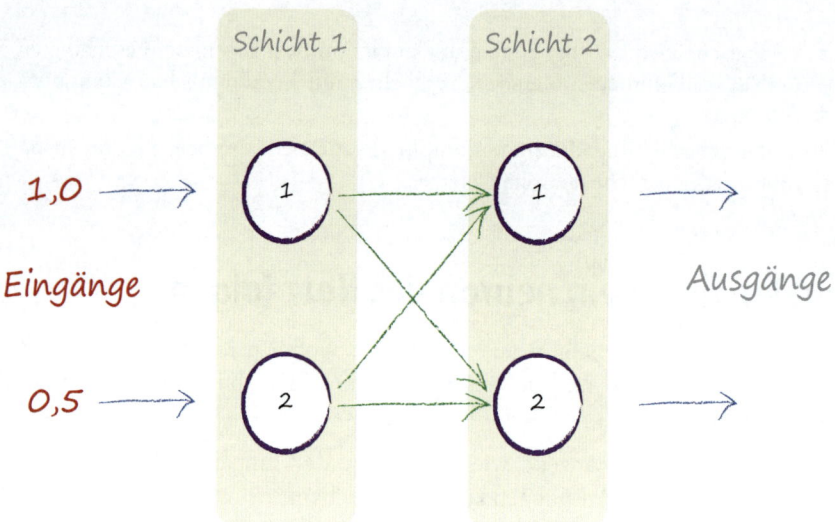

Abbildung 1-38: Neuronales Netz mit Eingabewerten

Genau wie zuvor wandelt jeder Knoten die Summe der Eingaben mithilfe einer Aktivierungsfunktion in eine Ausgabe um.

Wir verwenden auch hier die Sigmoidfunktion

$$y = \frac{1}{(1+e^{-x})}$$

die Sie weiter oben kennengelernt haben, wobei x die Summe der an einem Neuron eintreffenden Signale ist und y die Ausgabe dieses Neurons bedeutet.

Wie sieht es mit den Gewichten aus? Das ist eine sehr gute Frage – welche Werte sollten sie anfangs annehmen? Wir beginnen mit einigen Zufallswerten:

- $w_{1,1} = 0{,}9$
- $w_{1,2} = 0{,}2$
- $w_{2,1} = 0{,}3$
- $w_{2,2} = 0{,}8$

Zufällige Anfangswerte sind gar keine schlechte Idee. Wir haben auch auf diese Weise begonnen, als wir einen Anfangswert für den Anstieg des einfachen linearen Klassifizierers gewählt haben. Verbessert wurde der zufällige Wert mit jedem Beispiel, von dem der Klassifizierer gelernt hat. Das Gleiche gilt für die Verknüpfungsgewichte bei neuronalen Netzen.

In diesem kleinen neuronalen Netz gibt es nur vier Gewichte, und das sind sämtliche Kombinationen für die Verknüpfung der zwei Knoten in jeder Schicht. Im Diagramm, das Abbildung 1-39 zeigt, sind alle diese Zahlen jetzt markiert.

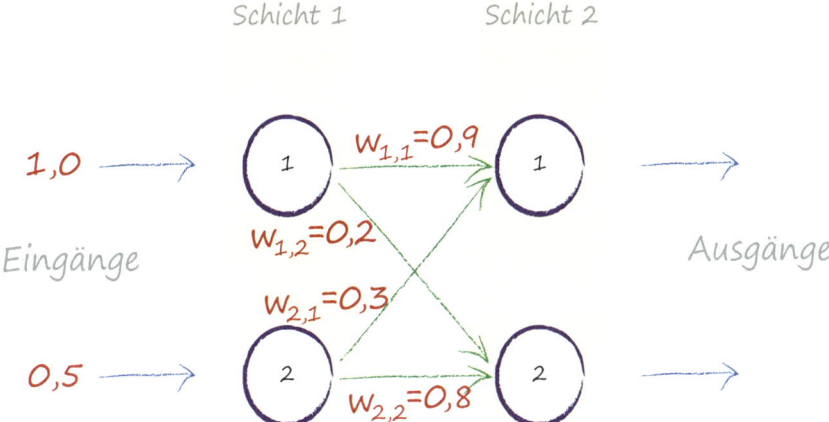

1,0

Eingänge

0,5

$W_{1,1}=0,9$

$W_{1,2}=0,2$

$W_{2,1}=0,3$

$W_{2,2}=0,8$

Ausgänge

Abbildung 1-39: Das kleine neuronale Netz, in dem die zufällig gewählten Anfangsgewichte markiert sind

Fangen wir an zu rechnen!

Die erste Schicht der Knoten ist die Eingabeschicht. Ihr fällt lediglich die Aufgabe zu, die Eingabesignale darzustellen. Das heißt, die Eingabeknoten wenden keine Aktivierungsfunktion auf die Eingabe an. Das hängt mit der Entwicklungsgeschichte der neuronalen Netze zusammen und hat sonst keinen tieferen Grund. Die erste Schicht bei neuronalen Netzen ist die Eingabeschicht, und die einzige Aufgabe dieser Schicht ist es, die Eingänge darzustellen – das war's.

Die erste Eingabeschicht 1 war leicht – hier sind keine Berechnungen durchzuführen. Als Nächstes ist die zweite Schicht an der Reihe, in der wir einige Berechnungen anstellen müssen. Für jeden Knoten in dieser Schicht müssen wir die zusammengefasste Eingabe ermitteln. Denken Sie noch an die Sigmoidfunktion?

$$y = \frac{1}{(1+e^{-x})}$$

Das x in dieser Funktion steht für das zusammengefasste Eingabesignal in einen Knoten. Diese Kombination ergibt sich aus den reinen Ausgängen von den verknüpften Knoten in der vorherigen Schicht, aber moderiert durch die Verknüpfungsgewichte. Das Diagramm in Abbildung 1-40 ähnelt dem eingangs gezeigten Modell eines künstlichen Neurons in Abbildung 1-32, gibt nun aber zusätzlich an, dass die eintreffenden Signale mit den Verknüpfungsgewichten moderiert werden müssen.

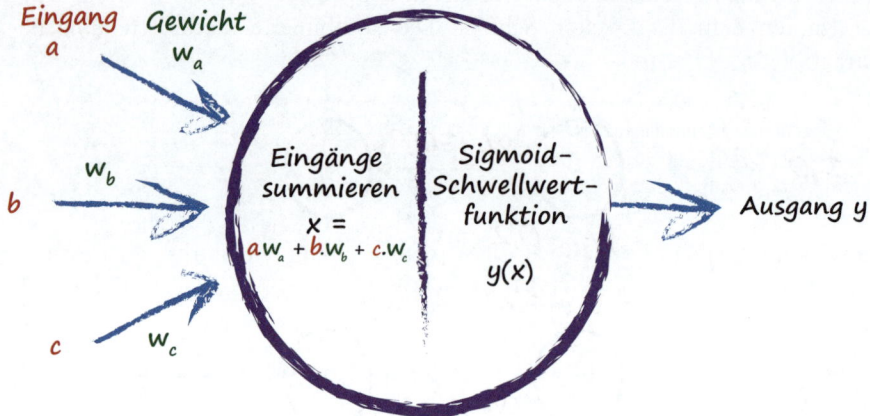

Abbildung 1-40: Erweitertes Modell eines künstlichen Neurons mit moderierten Eingangsgewichten

Konzentrieren wir uns zunächst auf Knoten 1 in Schicht 2. Beide Knoten in der ersten Eingabeschicht sind mit ihm verbunden. Diese Eingabeknoten haben die Rohwerte 1,0 und 0,5. Der Verknüpfung vom ersten Knoten ist ein Gewicht von 0,9 zugeordnet, der Verknüpfung vom zweiten Knoten ein Gewicht von 0,3. Der kombinierte moderierte Eingang berechnet sich also wie folgt:

```
x = (Ausgabe vom ersten Knoten × Verknüpfungsgewicht) +
(Ausgabe vom zweiten Knoten × Verknüpfungsgewicht)
x = (1,0 × 0,9) + (0,5 × 0,3)
x = 0,9 + 0,15
x = 1,05
```

Wenn wir das Signal nicht moderiert hätten, wäre es eine sehr einfache Addition der Signale 1,0 + 0,5, doch das wollen wir gar nicht. Es sind die Gewichte, die für das Lernen in neuronalen Netzen zuständig sind, indem sie iterativ verfeinert werden, um immer bessere Ergebnisse zu liefern.

Momentan haben wir also x = 1,05 für die kombinierte moderierte Eingabe in den ersten Knoten der zweiten Schicht bekommen. Schließlich können wir die Ausgabe dieses Knotens mithilfe der Aktivierungsfunktion

$$y = \frac{1}{(1+e^{-x})}$$

berechnen – wenn Sie wollen, mit einem Taschenrechner. Das Ergebnis lautet y = 1 / (1 + 0,3499) = 1 / 1,3499. Somit ist y = 0,7408.

Gute Arbeit! Wir haben nun eine tatsächliche Ausgabe von einem der beiden Ausgabeknoten des Netzes.

Führen wir die Berechnung noch einmal mit dem verbleibenden Knoten aus, d. h. mit Knoten 2 in der zweiten Schicht. Die kombinierte moderierte Eingabe x beträgt:

```
x = (Ausgabe vom ersten Knoten × Verknüpfungsgewicht) + (Ausgabe vom zweiten
Knoten × Verknüpfungsgewicht)
x = (1,0 × 0,2) + (0,5 × 0,8)
x = 0,2 + 0,4
x = 0,6
```

Da wir nun x haben, können wir die Ausgabe des Knotens mithilfe der Sigmoid-Aktivierungsfunktion y = 1 / (1 + 0,5488) = 1 / (1,5488) berechnen und erhalten y = 0,6457.

Das Diagramm in Abbildung 1-41 zeigt die Ausgaben des neuronalen Netzes, die wir eben berechnet haben.

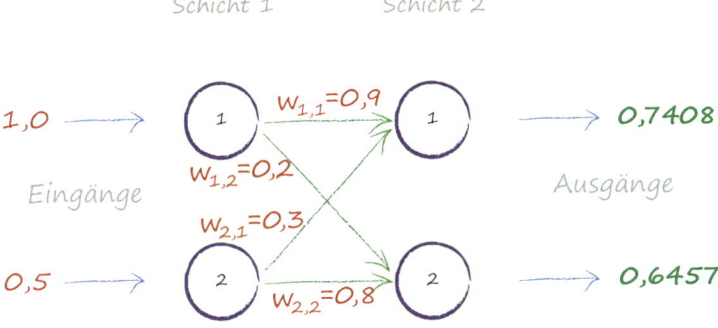

Abbildung 1-41: Das neuronale Netz mit den berechneten Ausgabewerten

Das war recht viel Arbeit, nur um zwei Ausgaben von einem sehr vereinfachten Netz zu bekommen. Für ein größeres Netz möchte ich die gesamten Berechnungen keinesfalls manuell erledigen! Erfreulicherweise sind Computer prädestiniert dafür, Unmengen von Berechnungen schnell auszuführen, ohne müde zu werden.

Dennoch bin ich nicht erpicht darauf, die Computeranweisungen für die Berechnung eines Netzes mit mehr als zwei Schichten und vielleicht mit vier, acht oder sogar Hunderten von Knoten in jeder Schicht zu schreiben. Denn selbst das Formulieren der Anweisungen ist mühselig, und ich werde höchstwahrscheinlich Fehler machen, wenn ich alle diese Anweisungen für alle diese Knoten und alle diese Schichten schreiben müsste, geschweige denn die eigentlichen Berechnungen ausführen müsste.

Zum Glück hilft uns hier die Mathematik, die erforderlichen Berechnungen für die Ermittlung der Ausgabe von einem neuronalen Netz äußerst knapp zu formulieren, selbst bei einem Netz mit wesentlich mehr Schichten und Knoten. Diese Prägnanz ist nicht nur gut für uns menschliche Leser, sondern auch hervorragend für Computer, weil die Anweisungen viel kürzer sind und die Ausführung zudem wesentlich effizienter ist.

Dieser prägnante Ansatz verwendet *Matrizen*, die wir uns als Nächstes ansehen.

Matrizenmultiplikation ist nützlich – ehrlich!

Matrizen haben einen schlechten Ruf. Sie rufen Erinnerungen wach an zähneknirschende, langweilige, mühselige und scheinbar nutzlose Stunden, die wir in der Schule mit Matrizenmultiplikation zugebracht haben.

Weiter oben haben wir bereits die Berechnungen für ein zweischichtiges Netz mit lediglich zwei Knoten in jeder Schicht manuell durchgeführt. Das war genug Arbeit, doch stellen Sie sich das Gleiche für ein Netz mit fünf Schichten zu je 100 Knoten vor. Allein das Notieren aller erforderlichen Berechnungen wäre eine riesige Aufgabe – alle diese Kombinationen von Signalverknüpfungen, die mit den richtigen Gewichten zu multiplizieren sind, das Anwenden der Sigmoid-Aktivierungsfunktion, und zwar für jeden Knoten, für jede Schicht ... auwei!

Wie also können Matrizen helfen? Sie helfen uns auf zweierlei Weise. Erstens erlauben sie uns, das Notieren aller Berechnungen in einer sehr einfachen, kurzen Form komprimiert aufzuschreiben. Das ist für uns Menschen großartig, weil wir nicht gern viel Arbeit auf uns nehmen und ohnehin zu Fehlern neigen. Der zweite Vorteil ist, dass viele Programmiersprachen von Haus aus mit Matrizen umgehen können, und da sich die eigentliche Arbeit wiederholt, erkennen sie dies und realisieren die Berechnungen sehr schnell und effizient.

Kurz gesagt, wir sind mit Matrizen in der Lage, die erforderlichen Arbeiten prägnant und einfach auszudrücken, und Computer können die Berechnungen schnell und effizient ausführen.

Nachdem klar ist, warum wir uns mit Matrizen befassen, werden wir sie – wegen der schmerzlichen Erfahrungen aus der Schulzeit – zunächst einmal demystifizieren.

Eine *Matrix* ist lediglich eine Tabelle, ein rechteckiges Raster von Zahlen. Mehr nicht. Hinter einer Matrix versteckt sich nichts Kompliziertes.

Wenn Sie bereits mit einer Tabellenkalkulation gearbeitet haben, sind Sie auch mit der Anordnung von Zahlen in einem Raster vertraut. Man kann dies als Tabelle bezeichnen, aber auch von einer Matrix sprechen. Abbildung 1-42 zeigt eine Tabellenkalkulation mit einer Tabelle aus Zahlen.

	A	B	C	D
1	3	32	5	
2	5	74	2	
3	8	11	8	
4	2	75	3	
5				
6				

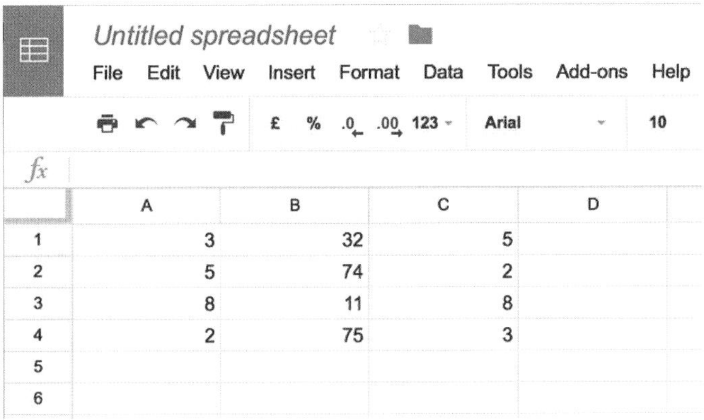

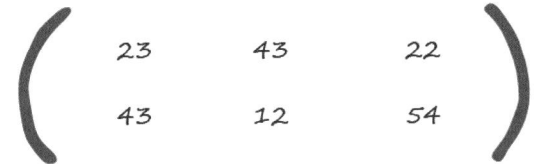

Abbildung 1-42: Eine Matrix in Form einer Tabellenkalkulation

Das ist alles, was eine Matrix ausmacht, eine Tabelle oder ein Raster von Zahlen – genau wie das folgende Beispiel einer Matrix der Größe »2 mal 3«.

$$\begin{pmatrix} 23 & 43 & 22 \\ 43 & 12 & 54 \end{pmatrix}$$

Abbildung 1-43: Eine 2 × 3-Matrix

Es hat sich eingebürgert, zuerst die Anzahl der Zeilen und dann die Anzahl der Spalten zu nennen. Die Matrix in Abbildung 1-43 ist also keine 3 × 2-, sondern eine 2 × 3-Matrix.

Außerdem ziehen es manche Menschen vor, Matrizen in eckige Klammern zu schreiben, während andere die runden Klammern wie hier im Buch bevorzugen.

Die Matrixelemente müssen nicht unbedingt Zahlen sein, sie können auch Größen sein, denen wir einen Namen geben, denen aber möglicherweise kein numerischer Wert zugeordnet ist. So zeigt Abbildung 1-44 eine Matrix, bei der jedes Element eine *Variable* ist, die eine Bedeutung und eventuell einen zugeordneten numerischen Wert besitzt, doch wir haben einfach noch nicht gesagt, was das für ein Wert ist.

$$\begin{pmatrix} \text{Längengrad des Schiffes} & \text{Längengrad des Flugzeugs} \\ \text{Breitengrad des Schiffes} & \text{Breitengrad des Flugzeugs} \end{pmatrix}$$

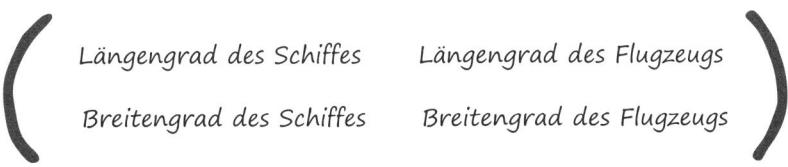

Abbildung 1-44: Eine Matrix, deren Elemente Variablen sind

Matrizen werden für uns insbesondere dann nützlich, wenn wir wissen, wie sie zu multiplizieren sind. Vielleicht erinnern Sie das noch aus Ihrer Schulzeit, doch für alle Fälle wiederholen wir hier das Verfahren.

Abbildung 1-45 zeigt ein Beispiel, um zwei einfache Matrizen miteinander zu multiplizieren.

$$\begin{pmatrix} 1 & 2 \\ 3 & 4 \end{pmatrix} \begin{pmatrix} 5 & 6 \\ 7 & 8 \end{pmatrix} = \begin{pmatrix} (1*5) + (2*7) & (1*6) + (2*8) \\ (3*5) + (4*7) & (3*6) + (4*8) \end{pmatrix}$$

$$= \begin{pmatrix} 19 & 22 \\ 43 & 50 \end{pmatrix}$$

Abbildung 1-45: Beispiel für eine Matrizenmultiplikation

Wie aus Abbildung 1-45 hervorgeht, multiplizieren wir nicht einfach die korrespondierenden Elemente miteinander. Das linke obere Element des Ergebnisses ist nicht 1 × 5, und das Element rechts unten ist nicht 4 × 8.

Stattdessen sind bei der Matrizenmultiplikation verschiedene Regeln anzuwenden. Wenn Sie wollen, können Sie sich die Regeln anhand des Beispiels in Abbildung 1-45 selbst herleiten. Für alle anderen erläutern die folgenden Ausführungen, wie das linke obere Element in der Ergebnismatrix berechnet wird.

$$\begin{pmatrix} 1 & 2 \\ 3 & 4 \end{pmatrix} \begin{pmatrix} 5 & 6 \\ 7 & 8 \end{pmatrix} = \begin{pmatrix} (1*5) + (2*7) & (1*6) + (2*8) \\ (3*5) + (4*7) & (3*6) + (4*8) \end{pmatrix}$$

$$= \begin{pmatrix} 19 & 22 \\ 43 & 50 \end{pmatrix}$$

Abbildung 1-46: Matrizenmultiplikation – das linke obere Element der Ergebnismatrix berechnen

Um das linke obere Element der Ergebnismatrix zu berechnen, folgen Sie der obersten Zeile der ersten Matrix und der linken Spalte der zweiten Matrix. Dabei multiplizieren Sie die jeweiligen Zeilen- und Spaltenelemente und bilden eine laufende Gesamtsumme. Wir beginnen mit dem ersten Element in der obersten Zeile des ersten Arrays, wo wir die Zahl 1 finden, und multiplizieren es mit dem ersten

Element in der linken Spalte der zweiten Matrix, wo wir die Zahl 5 finden. Die Multiplikation von 1 und 5 ergibt 5, was wir uns als Teilsumme merken. Dann gehen wir in der Zeile der ersten Matrix nach rechts und in der Spalte der zweiten Matrix nach unten. Wir finden die beiden Zahlen 2 und 7, was multipliziert die zweite Teilsumme 14 ergibt. Da wir das Ende der Zeile und das Ende der Spalte erreicht haben, addieren wir alle gemerkten Teilsummen, also 5 + 14 = 19. Das ist das linke obere Element der Ergebnismatrix.

Das war eine sehr wortreiche Erklärung. Es ist einfacher, den Ablauf praktisch nachzuvollziehen. Probieren Sie es selbst aus. Abbildung 1-47 und die dazugehörenden Erläuterungen zeigen, wie Sie das rechte untere Element berechnen.

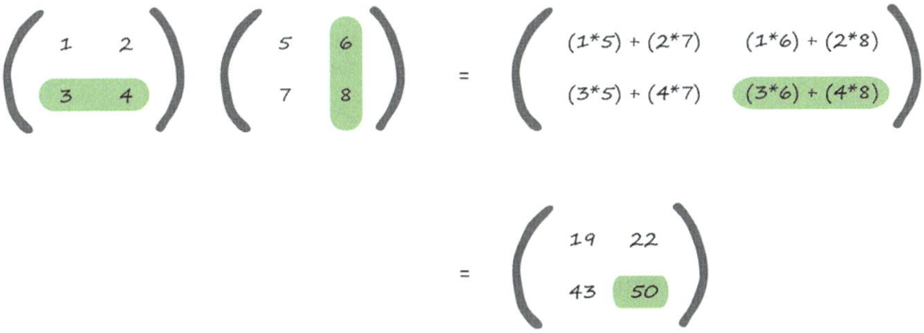

$$
\begin{pmatrix} 1 & 2 \\ 3 & 4 \end{pmatrix} \begin{pmatrix} 5 & 6 \\ 7 & 8 \end{pmatrix} = \begin{pmatrix} (1*5)+(2*7) & (1*6)+(2*8) \\ (3*5)+(4*7) & (3*6)+(4*8) \end{pmatrix}
$$

$$
= \begin{pmatrix} 19 & 22 \\ 43 & 50 \end{pmatrix}
$$

Abbildung 1-47: Matrizenmultiplikation für das Matrixelement rechts unten

Wieder folgen wir der Zeile und Spalte des korrespondierenden Elements, das wir berechnen wollen (der zweiten Zeile und der zweiten Spalte in diesem Beispiel), und erhalten (3×6) und (4×8), was $18 + 32 = 50$ liefert.

Für das linke untere Element ergibt sich $(3 \times 5) + (4 \times 7) = 15 + 28 = 43$. Und schließlich berechnen wir für das rechte obere Element: $(1 \times 6) + (2 \times 8) = 6 + 16 = 22$.

Abbildung 1-48 veranschaulicht die Regel mithilfe von Variablen anstelle von Zahlen.

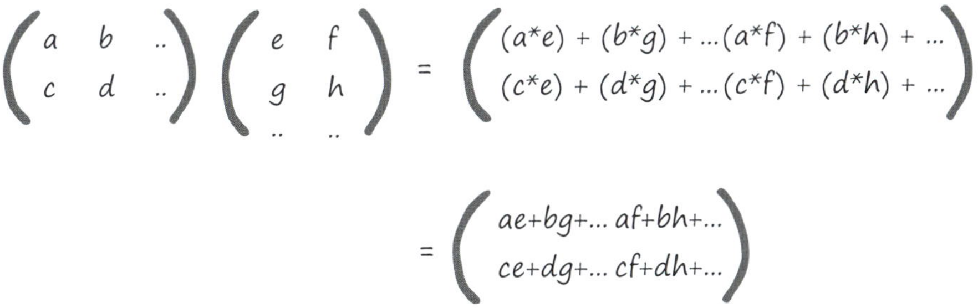

$$
\begin{pmatrix} a & b & .. \\ c & d & .. \end{pmatrix} \begin{pmatrix} e & f \\ g & h \\ .. & .. \end{pmatrix} = \begin{pmatrix} (a*e)+(b*g)+...(a*f)+(b*h)+... \\ (c*e)+(d*g)+...(c*f)+(d*h)+... \end{pmatrix}
$$

$$
= \begin{pmatrix} ae+bg+... & af+bh+... \\ ce+dg+... & cf+dh+... \end{pmatrix}
$$

Abbildung 1-48: Matrizenmultiplikation – Berechnungsregel, dargestellt durch Variablen

Dies ist lediglich eine andere Art, den Ablauf bei einer Matrizenmultiplikation zu erklären. Mithilfe von Buchstaben, die jeden beliebigen Zahlenwert annehmen können, haben wir den generischen Ansatz für die Multiplikation von Matrizen noch deutlicher gemacht. Der Ansatz ist generisch, weil er sich auch auf Matrizen unterschiedlicher Größen anwenden lässt.

Wir haben zwar gesagt, dass das Verfahren für Matrizen verschiedener Größen funktioniert, doch es gibt eine wichtige Beschränkung. Man kann nicht einfach zwei beliebige Matrizen multiplizieren, sie müssen auch kompatibel sein. Das haben Sie möglicherweise schon geahnt, als Sie den Zeilen der ersten Matrix und den Spalten der zweiten Matrix gefolgt sind. Denn wenn die Anzahl der Elemente in den Zeilen nicht mit der Anzahl der Elemente in den Spalten übereinstimmt, funktioniert die Methode nicht. Es ist also nicht möglich, eine 2×2-Matrix mit einer 5×5-Matrix zu multiplizieren. Probieren Sie es aus – Sie werden feststellen, warum es nicht klappt. Um Matrizen zu multiplizieren, muss die Anzahl der Spalten in der ersten Matrix gleich der Anzahl der Zeilen in der zweiten Matrix sein.

Manche Lehrbücher bezeichnen eine derartige Matrizenmultiplikation als *Punktprodukt* oder *inneres Produkt*. Für Matrizen sind prinzipiell verschiedene Arten der Multiplikation möglich, wie zum Beispiel das Kreuzprodukt, doch was wir hier brauchen, ist tatsächlich das Punktprodukt.

Warum sind wir hinabgestiegen in die Niederungen der gefürchteten Matrizenmultiplikation und widerwärtigen Algebra? Dafür gibt es einen sehr guten Grund ... bleiben Sie neugierig!

Sehen Sie sich an, was passiert, wenn wir die Buchstaben durch Wörter ersetzen, die für unsere neuronalen Netze aussagekräftiger sind. Die zweite Matrix ist eine 2×1-Matrix, doch das Multiplikationsverfahren ist das gleiche.

$$\begin{pmatrix} w_{1,1} & w_{2,1} \\ w_{1,2} & w_{2,2} \end{pmatrix} \begin{pmatrix} input\_1 \\ input\_2 \end{pmatrix} = \begin{pmatrix} (input\_1 * w_{1,1}) + (input\_2 * w_{2,1}) \\ (input\_1 * w_{1,2}) + (input\_2 * w_{2,2}) \end{pmatrix}$$

Abbildung 1-49: Matrizenmultiplikation – mit der Terminologie von neuronalen Netzen

Wunderbar!

Die erste Matrix enthält die Gewichte zwischen den Knoten der beiden Schichten. In der zweiten Matrix stehen die Signale der ersten Eingabeschicht. Wenn wir diese beiden Matrizen multiplizieren, erhalten wir als Antwort die kombinierten moderierten Signale, die zu den Knoten der zweiten Schicht gehen. Sehen Sie sich das genau an, um es sich klarzumachen. Für den ersten Knoten der zweiten Schicht wird der Eingang input_1 mit dem moderierten Gewicht $w_{1,1}$ zum zweiten Eingang input_2 mit dem moderierten Gewicht $w_{2,1}$ addiert. Das sind die Werte von x, bevor die Sigmoid-Aktivierungsfunktion angewendet wird.

Abbildung 1-50 verdeutlicht diesen Schritt.

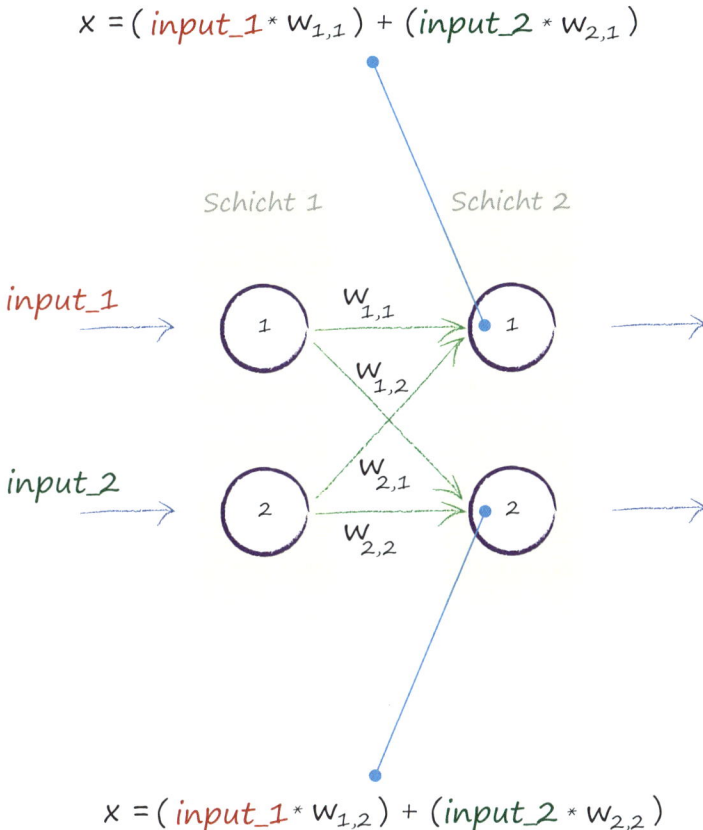

$$x = (\text{input\_1} * w_{1,1}) + (\text{input\_2} * w_{2,1})$$

$$x = (\text{input\_1} * w_{1,2}) + (\text{input\_2} * w_{2,2})$$

Abbildung 1-50: Bildung der Eingangswerte für die zweite Schicht

Dies ist wirklich sehr nützlich!

Warum? Weil wir sämtliche Berechnungen, die mit den Ausgangssignalen der ersten Schicht anzustellen sind, um für jeden Knoten der zweiten Schicht das moderierte Signal x zu bilden, durch Matrizenmultiplikation ausdrücken können. Das lässt sich kurz und bündig wie folgt formulieren:

$$\mathbf{X} = \mathbf{W} \cdot \mathbf{I}$$

Das heißt, **W** ist die Gewichtsmatrix, **I** ist die Eingabematrix, und **X** ist die resultierende Matrix der kombinierten moderierten Signale für Schicht 2. Es hat sich eingebürgert, Matrizen in Fettschrift zu schreiben, um deutlich zu machen, dass es sich tatsächlich um Matrizen und nicht nur um einzelne Zahlen bzw. Elemente handelt.

Wir brauchen uns jetzt nicht mehr so sehr darum zu kümmern, wie viele Knoten in jeder Schicht vorhanden sind. Wenn wir mehr Knoten haben, werden die Matrizen lediglich größer. Doch wir müssen nichts länger oder größer notieren. Wir können einfach **W·I** schreiben, selbst wenn **I** nur 2 Elemente oder sogar 200 Elemente enthält.

Wenn nun eine Programmiersprache die Matrixnotation versteht, kann sie die gesamte Fleißarbeit der unzähligen Berechnungen übernehmen, um **X** = **W·I** zu ermitteln, ohne dass wir Einzelbefehle für jeden Knoten in jeder Schicht angeben müssen.

Das ist toll! Ein wenig Mühe, um die Matrizenmultiplikation zu verstehen, und schon haben wir ein leistungsfähiges Tool, um neuronale Netze ohne großen Aufwand von unserer Seite aus zu implementieren.

Wie sieht es mit der Aktivierungsfunktion aus? Hier kommen wir ohne Matrizenmultiplikation aus. Wir müssen lediglich die Sigmoidfunktion

$$y = \frac{1}{(1 + e^{-x})}$$

auf jedes einzelne Element der Matrix **X** anwenden.

Es klingt fast zu einfach, doch es ist korrekt, weil wir hier keine Signale von verschiedenen Knoten kombinieren. Das ist bereits vorher geschehen – die Antworten stehen in **X**. Wie wir weiter oben gesehen haben, wirkt die Aktivierungsfunktion als Schwellwertfunktion, die den Wertebereich der Antwort staucht, sodass die Reaktion mehr wie bei biologischen Neuronen aussieht. Die endgültige Ausgabe von der zweiten Schicht lautet demnach:

```
O = sigmoid (X)
```

Dieses **O** (in Fettschrift) ist eine Matrix, die alle Ausgaben von der letzten Schicht des neuronalen Netzes enthält.

Der Ausdruck **X** = **W·I** gilt für die Berechnungen zwischen einer Schicht und der nächsten. Wenn das neuronale Netz zum Beispiel drei Schichten umfasst, führen wir die Matrizenmultiplikation einfach erneut aus, wobei die Ausgänge der zweiten Schicht als Eingänge für die dritte Schicht dienen und dort natürlich wieder kombiniert und mit weiteren Gewichten moderiert werden.

Genug der Theorie! Wir wollen uns an einem realen Beispiel ansehen, wie das Ganze funktioniert. Dieses Mal aber verwenden wir ein etwas größeres Netz mit drei Schichten, die jeweils drei Knoten enthalten.

Kernideen

- Die vielen erforderlichen Berechnungen, um ein Signal durch ein neuronales Netz zu leiten, lassen sich als Matrizenmultiplikation ausdrücken.

$\rightarrow$

- Da sich die Berechnungen als Matrizenmultiplikation ausdrücken lassen, können wir die Verknüpfungen wesentlich prägnanter formulieren, und zwar unabhängig von der Größe des neuronalen Netzes.
- Noch wichtiger ist, dass manche Programmiersprachen mit Matrixberechnungen zurechtkommen und erkennen, dass die zugrunde liegenden Berechnungen sehr ähnlich sind. Dadurch ist es möglich, diese Berechnungen effizienter und schneller auszuführen.

Beispiel: Ein dreischichtiges Netz mit Matrizenmultiplikation

Wir haben noch nicht durchgearbeitet, wie sich Signale durch ein neuronales Netz leiten lassen, wobei die Berechnungen mithilfe von Matrizen ausgeführt werden. Außerdem haben wir noch kein Beispiel mit mehr als zwei Schichten durchgenommen. Dies ist aber interessant, weil wir zeigen müssen, wie die Ausgänge der mittleren Schicht als Eingänge zur dritten und letzten Schicht zu verarbeiten sind.

Das Diagramm in Abbildung 1-51 zeigt ein Beispiel für ein neuronales Netz mit drei Schichten, die jeweils drei Knoten enthalten. Damit die Darstellung übersichtlich bleibt, sind nicht alle Gewichte angegeben.

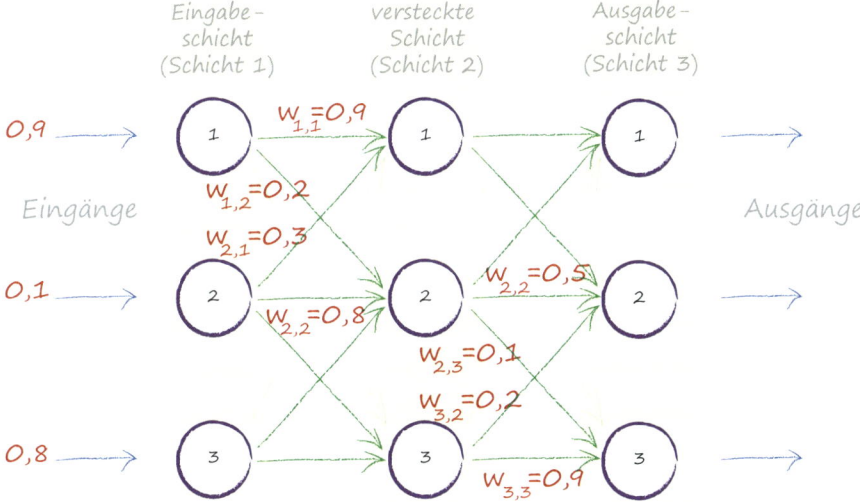

Abbildung 1-51: Beispiel für ein neuronales Netz mit drei Schichten zu je drei Knoten

Erst mal führen wir hier einige der häufig verwendeten Begriffe ein. Wie wir bereits wissen, ist die erste Schicht die *Eingabeschicht* (engl. Input Layer). Ebenfalls bekannt ist die letzte Schicht, die sogenannte *Ausgabeschicht* (engl. Output Layer). Bei der mittleren Schicht spricht man von der *versteckten Schicht* (engl. Hidden Layer). Das mag geheimnisvoll und dunkel klingen, doch leider gibt es dafür keinen geheimnisvollen dunklen Grund. Der Name hat sich einfach gehalten, weil die Ausgänge der mittleren Schicht nicht unbedingt als Ausgänge in Erscheinung treten, also »verborgen« oder »versteckt« sind. Das ist zwar wenig überzeugend, doch es gibt tatsächlich keine bessere Begründung für den Namen.

Gehen wir nun das Beispielnetz durch, das in Abbildung 1-51 dargestellt ist. Es sind drei Eingaben mit 0,9, 0,1 und 0,8 zu sehen. Die Eingabematrix **I** sieht also wie in Abbildung 1-52 aus.

$$ I = \begin{pmatrix} 0{,}9 \\ 0{,}1 \\ 0{,}8 \end{pmatrix} $$

Abbildung 1-52: Eingabematrix des Beispielnetzes

Das war leicht. Damit ist die erste Eingabeschicht fertig, denn mehr hat eine Eingabeschicht nicht zu tun – sie repräsentiert lediglich die Eingabe.

Als Nächstes kommt die mittlere oder versteckte Schicht. Hier müssen wir die kombinierten (und moderierten) Signale zu jedem Knoten in dieser mittleren Schicht verarbeiten. Wie Sie wissen, ist jeder Knoten in der mittleren, versteckten Schicht mit jedem Knoten in der Eingabeschicht verbunden, sodass er einen bestimmten Anteil jedes Eingabesignals erhält. Wir gehen jetzt nicht, wie weiter oben, die zahlreichen Berechnungen durch, sondern probieren gleich diese Matrixmethode aus.

Wie wir eben gesehen haben, lassen sich die kombinierten und moderierten Eingaben in diese mittlere Schicht mit $X = W \cdot I$ darstellen, wobei **I** die Matrix der Eingabesignale und **W** die Gewichtsmatrix ist. Wir kennen **I**, doch was ist mit **W**? Abbildung 1-51 zeigt zwar einige der (zufällig gesetzten) Gewichte für dieses Beispiel, aber nicht alle. In Abbildung 1-53 sind nun sämtliche – auch hier zufällig ausgewählten – Gewichte eingetragen worden. In diesem Beispiel ist dazu nichts weiter anzumerken.

$$ W_{input\_hidden} = \begin{pmatrix} 0{,}9 & 0{,}3 & 0{,}4 \\ 0{,}2 & 0{,}8 & 0{,}2 \\ 0{,}1 & 0{,}5 & 0{,}6 \end{pmatrix} $$

Abbildung 1-53: Gewichtsmatrix für die Verknüpfungen zwischen Eingabeschicht und versteckter Schicht

Wie Sie in der Matrix ablesen können, hat das Gewicht $w_{1,1}$ zwischen dem ersten Eingabeknoten und dem ersten Knoten der mittleren, versteckten Schicht den Wert 0,9, genau wie es die Netzdarstellung in Abbildung 1-51 zeigt. Ebenso können Sie das Gewicht für die Verknüpfung zwischen dem zweiten Eingabeknoten und dem zweiten Knoten der versteckten Schicht mit $w_{2,2} = 0,8$ ablesen, wie ebenfalls im Netzdiagramm zu sehen ist. Das Netzdiagramm in Abbildung 1-51 zeigt aber nicht das Gewicht der Verknüpfung zwischen dem dritten Eingabeknoten und dem ersten versteckten Knoten, das wir hier mit $w_{3,1} = 0,4$ gewählt haben.

Moment mal! Warum haben wir diese Matrix **W** mit »input_hidden« gekennzeichnet? Weil $\mathbf{W}_{\text{input\_hidden}}$ die Gewichte zwischen der Eingabeschicht und der versteckten Schicht enthält. Für die Verknüpfungen zwischen der versteckten und der Ausgabeschicht brauchen wir eine andere Matrix, die wir $\mathbf{W}_{\text{hidden\_output}}$ nennen.

Abbildung 1-54 zeigt diese zweite Matrix $\mathbf{W}_{\text{hidden\_output}}$ mit den eingetragenen Gewichten. Auch hier sollten Sie in der Lage sein, zum Beispiel die Verknüpfung zwischen dem dritten versteckten Knoten und dem dritten Ausgabeknoten als $w_{3,3} = 0,9$ zu erkennen.

$$\mathbf{W}_{hidden\_output} = \begin{pmatrix} 0,3 & 0,7 & 0,5 \\ 0,6 & 0,5 & 0,2 \\ 0,8 & 0,1 & 0,9 \end{pmatrix}$$

Abbildung 1-54: Gewichtsmatrix für die Verknüpfungen zwischen der versteckten und der Ausgabeschicht

Großartig, wir haben die Gewichtsmatrizen hinbekommen.

Wir wollen nun die kombinierte moderierte Eingabe für die versteckte Schicht ermitteln. Die Matrix sollte ebenfalls einen aussagekräftigen Namen erhalten, damit klar ist, dass sie sich auf die kombinierte Eingabe in der mittleren Schicht bezieht und nicht auf die letzte Schicht. Wir nennen sie $\mathbf{X}_{\text{hidden}}$.

$$\mathbf{X}_{hidden} = \mathbf{W}_{input\_hidden} \cdot \mathbf{I}$$

Wir gehen hier nicht die gesamte Matrizenmultiplikation durch, denn wir wollten ja Matrizen verwenden, um die ganze aufwendige Zahlenakrobatik dem Computer zu überlassen. Abbildung 1-55 zeigt das Ergebnis.

Diese Rechnungen habe ich mit dem Computer ausgeführt. Wie Sie das in der Programmiersprache Python realisieren können, erfahren Sie in Kapitel 2 dieses Buchs. Momentan lassen wir die Programmierung noch außer Acht, um nicht von Computersoftware abgelenkt zu werden.

$$X_{hidden} = \begin{pmatrix} 0{,}9 & 0{,}3 & 0{,}4 \\ 0{,}2 & 0{,}8 & 0{,}2 \\ 0{,}1 & 0{,}5 & 0{,}6 \end{pmatrix} \cdot \begin{pmatrix} 0{,}9 \\ 0{,}1 \\ 0{,}8 \end{pmatrix}$$

$$X_{hidden} = \begin{pmatrix} 1{,}16 \\ 0{,}42 \\ 0{,}62 \end{pmatrix}$$

Abbildung 1-55: Ergebnis der Matrizenmultiplikation für die Eingänge der versteckten Schicht

Wir haben also die kombinierten moderierten Eingaben in die mittlere (versteckte) Schicht mit den Werten 1,16, 0,42 und 0,62. Für die aufwendigen Berechnungen haben wir uns auf Matrizen gestützt. Darauf können wir stolz sein!

Wir visualisieren nun diese kombinierten moderierten Eingaben in die zweite versteckte Schicht (siehe Abbildung 1-56).

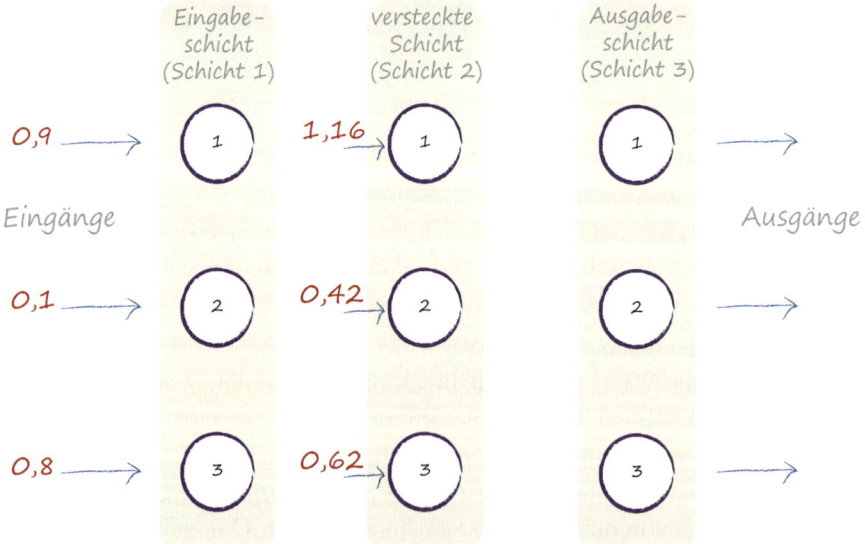

Abbildung 1-56: Die berechneten Eingaben für die versteckte (mittlere) Schicht des Beispielnetzes

So weit, so gut, doch es gibt noch mehr zu tun. Wie Sie bereits wissen, wenden diese Knoten eine Sigmoid-Aktivierungsfunktion an, damit die Antwort auf das Eingangssignal dem natürlichen Vorbild näher kommt. Also tun wir das:

O_{hidden} = sigmoid(X_{hidden})

Die Sigmoidfunktion wird auf jedes Element in X_{hidden} angewendet, um die Matrix mit den Ausgängen der mittleren (versteckten) Schicht zu erzeugen (siehe Abbildung 1-57).

$$O_{hidden} = \text{sigmoid} \begin{pmatrix} 1{,}16 \\ 0{,}42 \\ 0{,}62 \end{pmatrix}$$

$$O_{hidden} = \begin{pmatrix} 0{,}761 \\ 0{,}603 \\ 0{,}650 \end{pmatrix}$$

Abbildung 1-57: Anwendung der Sigmoidfunktion auf die Elemente der versteckten Schicht

Zur Kontrolle überprüfen wir das erste Element. Die Sigmoidfunktion lautet:

$$y = \frac{1}{(1+e^{-x})}$$

Wenn also x = 1,16 ist, wird $e^{-1,16}$ zu 0,3135. Damit ergibt sich y = 1 / (1+ 0,3135) = 0,761.

Des Weiteren ist zu sehen, dass alle Werte zwischen 0 und 1 liegen, weil diese Sigmoidfunktion keine Werte außerhalb dieses Bereichs erzeugt. Sehen Sie sich dazu noch einmal den Graphen der logistischen Funktion aus Abbildung 1-31 an.

Puh! Legen wir noch einmal eine Pause ein und sehen wir uns an, was wir getan haben. Wir haben das Signal ermittelt, wenn es die mittlere Schicht passiert hat, d. h. die Ausgänge von der mittleren Schicht berechnet. Um vollkommene Klarheit zu schaffen, stellen wir die Frage: Welche sind die kombinierten Eingänge in die mittlere Schicht, auf die dann die Aktivierungsfunktion angewendet wird? In Abbildung 1-58 ist das Beispielnetz mit diesen neuen Informationen dargestellt.

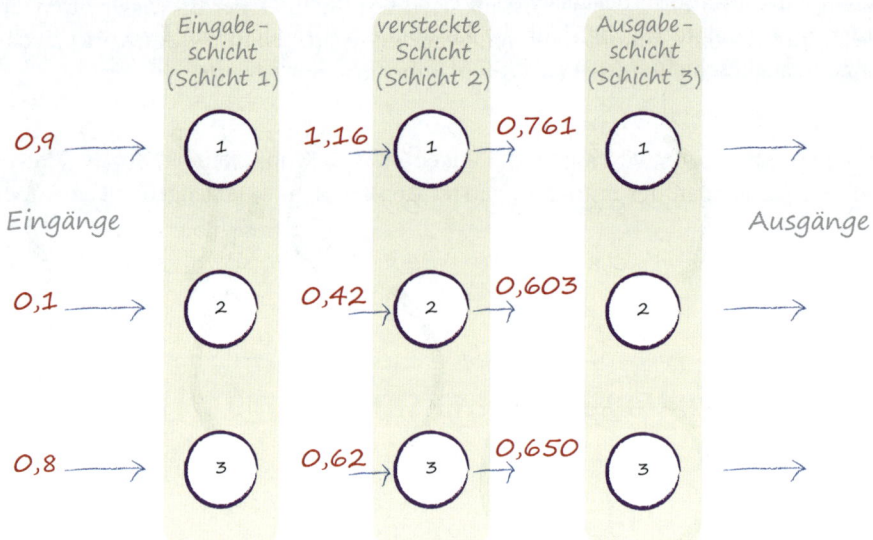

Abbildung 1-58: Das Beispielnetz mit den Werten an den Ein- und Ausgängen der mittleren Schicht

Wenn dies ein neuronales Netz mit zwei Schichten gewesen wäre, würden wir jetzt aufhören, weil die erhaltenen Werte die Ausgänge von der zweiten Schicht sind. Wir sind aber noch nicht fertig, weil es eine dritte Schicht gibt.

Wie ermitteln wir das Signal durch die dritte Schicht? Es ist der gleiche Ansatz wie bei der zweiten Schicht, ein wirklicher Unterschied besteht nicht. In der dritten Schicht sind Eingangssignale zu verarbeiten, genau wie es in der zweiten Schicht geschehen ist. Des Weiteren gibt es Verknüpfungen mit Gewichten, um diese Signale zu moderieren. Und wir haben wieder eine Aktivierungsfunktion, die das Antwortverhalten der Knoten dem natürlichen Vorbild näherbringt. Wir merken uns also, dass sich jede Schicht unabhängig von der Anzahl der Schichten wie jede andere behandeln lässt – mit Eingabesignalen, die wir kombinieren, Verknüpfungsgewichten, um die Eingabesignale zu moderieren, und einer Aktivierungsfunktion, um die Ausgabe von dieser Schicht zu erzeugen. Dabei spielt es überhaupt keine Rolle, ob wir in der 3. oder 53. oder sogar der 103. Schicht arbeiten – das Konzept ist überall gleich.

Machen wir also weiter und berechnen wir die kombinierte moderierte Eingabe in diese letzte Schicht $X = W \cdot I$, genau wie wir es schon getan haben.

Die Eingaben in diese Schicht sind die Ausgaben der zweiten Schicht, O_{hidden}, die wir eben berechnet haben. Die Gewichte sind den Verknüpfungen zwischen der zweiten und dritten Schicht W_{hidden_output} zugeordnet und nicht denjenigen, die wir eben zwischen der ersten und zweiten Schicht verwendet haben.

$$X_{output} = W_{hidden\_output} \cdot O_{hidden}$$

Wenn wir dies also in der gleichen Weise berechnen, erhalten wir das in Abbildung 1-59 gezeigte Ergebnis für die kombinierten moderierten Eingaben in die letzte Ausgabeschicht.

$$X_{output} = \begin{pmatrix} 0{,}3 & 0{,}7 & 0{,}5 \\ 0{,}6 & 0{,}5 & 0{,}2 \\ 0{,}8 & 0{,}1 & 0{,}9 \end{pmatrix} \cdot \begin{pmatrix} 0{,}761 \\ 0{,}603 \\ 0{,}650 \end{pmatrix}$$

$$X_{output} = \begin{pmatrix} 0{,}975 \\ 0{,}888 \\ 1{,}254 \end{pmatrix}$$

Abbildung 1-59: Ergebnisse für die Ausgabeschicht

Abbildung 1-60 zeigt das aktualisierte neuronale Netz, das das Signal von der anfänglichen Eingabe direkt durch die kombinierten Eingaben bis zur letzten Schicht leitet.

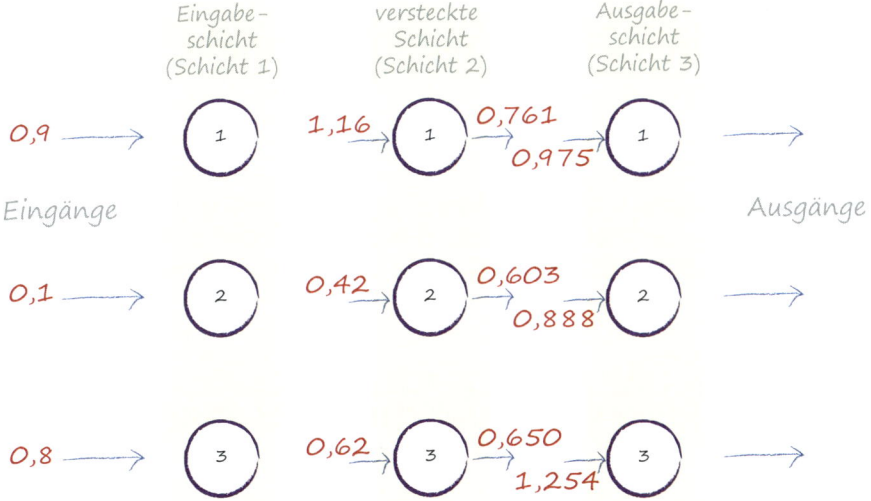

Abbildung 1-60: Das Beispiel für das neuronale Netz mit den aktualisierten Gewichten

Jetzt müssen wir nur noch die Sigmoid-Aktivierungsfunktion anwenden, was ganz einfach ist (siehe Abbildung 1-61).

$$O_{output} = sigmoid \begin{pmatrix} 0{,}975 \\ 0{,}888 \\ 1{,}254 \end{pmatrix}$$

$$O_{output} = \begin{pmatrix} 0{,}726 \\ 0{,}708 \\ 0{,}778 \end{pmatrix}$$

Abbildung 1-61: Sigmoid-Aktivierungsfunktion, angewendet auf die Knoten der Ausgabeschicht

Das war's! Wir haben die letzten Ausgaben vom neuronalen Netz. Abbildung 1-62 zeigt auch diese in der Diagrammdarstellung.

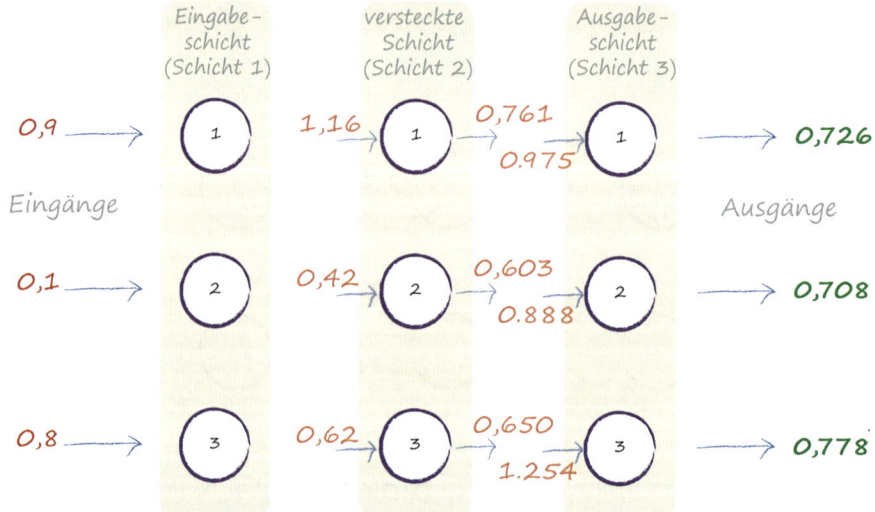

Abbildung 1-62: Die Ausgaben der letzten Schicht in der Diagrammdarstellung des neuronalen Netzes

Die letzten Ausgaben im Beispiel des neuronalen Netzes mit drei Schichten sind also 0,726, 0,708 und 0,778.

Wir haben das Signal von seinem anfänglichen Eintritt in das neuronale Netz über die einzelnen Schichten bis zum Austritt aus der letzten Schicht erfolgreich verfolgt.

Was jetzt?

Im nächsten Schritt vergleichen wir den Ausgang vom neuronalen Netz mit dem Trainingsbeispiel, um einen Fehler zu ermitteln. Anhand dieses Fehlers müssen wir das neuronale Netz selbst verfeinern, sodass es seine Ausgänge verbessert.

Dieser Schritt ist wahrscheinlich am schwierigsten zu verstehen, sodass wir ihn behutsam angehen und die Konzepte parallel dazu veranschaulichen.

Gewichte von mehr als einem Knoten lernen

Weiter oben haben wir einen linearen Klassifizierer verfeinert, indem wir als Parameter den Anstieg der linearen Funktion des Knotens angepasst haben. Gesteuert haben wir diese Verfeinerung anhand des Fehlers, d. h. der Differenz zwischen der vom Knoten erzeugten Antwort und dem, was wir als wahre Antwort kennen. Das hat sich als einfach herausgestellt, weil die Beziehung zwischen dem Fehler und der erforderlichen Anstiegsanpassung sehr einfach zu ermitteln war.

Wie aktualisieren wir nun die Verknüpfungsgewichte, wenn mehr als ein Knoten zu einem Ausgang und seinem Fehler beiträgt? Abbildung 1-63 veranschaulicht das Problem.

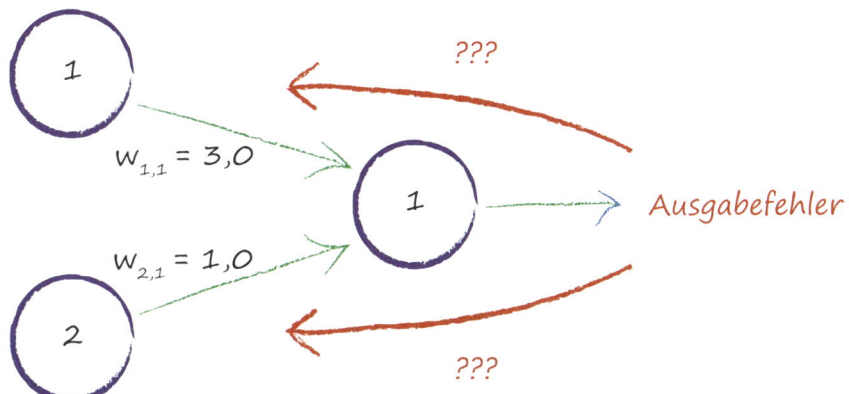

Abbildung 1-63: Problem, wenn mehrere Eingangswerte zu einem Ausgang beitragen

Die Lage wäre viel einfacher, wenn nur ein Knoten zu einem Ausgabeknoten führte. Wie nutzen wir aber bei zwei Knoten diesen Ausgabefehler?

Es ist nicht sinnvoll, mit dem gesamten Fehler nur ein Gewicht zu aktualisieren, weil dann die andere Verknüpfung und ihr Gewicht ignoriert werden. Immerhin sind für diesen Fehler mehrere Verknüpfungen verantwortlich.

Es gibt eine winzige Chance, dass der Fehler nur auf eine einzige Verknüpfung zurückzuführen ist, doch ist diese Chance verschwindend gering. Würden wir ein bereits »korrektes« Gewicht ändern, was zu einem größeren Fehler führte, würde es während der nächsten Iterationen verbessert, sodass nicht alles verloren ist.

Man könnte beispielsweise den Fehler unter allen beitragenden Knoten gleichmäßig aufteilen, wie Abbildung 1-64 zeigt.

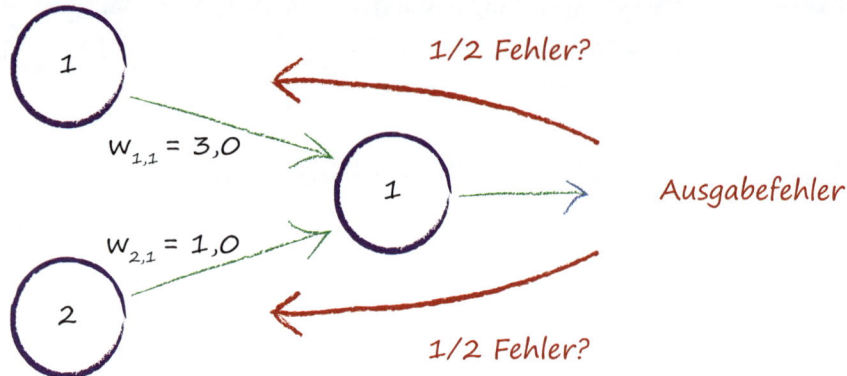

Abbildung 1-64: Den Fehler unter allen beitragenden Knoten gleichmäßig aufteilen

Eine andere Idee ist, den Fehler zwar aufzuteilen, aber nicht gleichmäßig. Stattdessen ordnen wir den Verbindungen, die größere Verknüpfungsgewichte haben, einen größeren Anteil des Fehlers zu. Warum? Weil sie mehr zum Fehler beitragen. Abbildung 1-65 veranschaulicht diesen Gedanken.

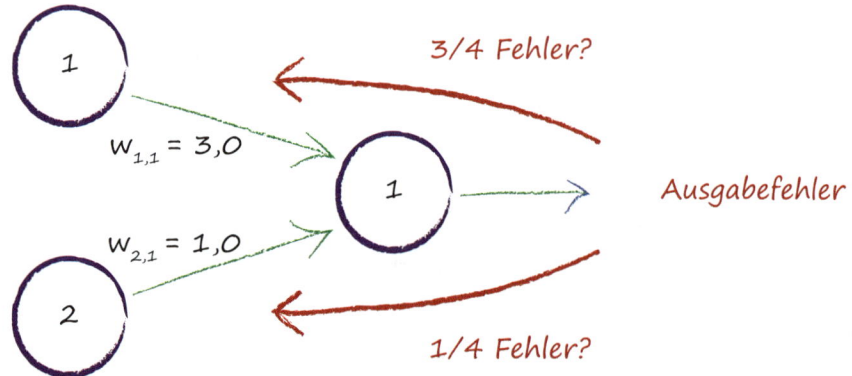

Abbildung 1-65: Den Fehler unter allen beitragenden Knoten je nach Verknüpfungsgewicht aufteilen

Im Beispiel von Abbildung 1-65 tragen zwei Knoten ein Signal zum Ausgabeknoten bei. Die Verknüpfungsgewichte sind 3,0 und 1,0. Wenn wir den Fehler proportional zu diesen Gewichten aufteilen, gehen 3/4 des Ausgabefehlers zum ersten, größeren Gewicht und 1/4 des Fehlers zum zweiten, kleineren Gewicht.

Die gleiche Idee können wir auf beliebig viele Knoten erweitern. Hätten wir 100 Knoten mit einem Ausgabeknoten verbunden, würden wir den Fehler auf die 100 Verbindungen zu diesem Ausgabeknoten aufteilen, und zwar anteilig zum Beitrag, den jede Verknüpfung zum Fehler beisteuert, was sich aus der Größe der Verknüpfungsgewichte ergibt.

Es zeigt sich, dass wir die Gewichte auf zweierlei Arten verwenden. Erstens leiten wir die Signale je nach den Gewichten von den Eingabe- zu den Ausgabeschichten in einem neuronalen Netz weiter. Daran haben wir zuvor schon ausgiebig gearbeitet. Zweitens verwenden wir die Gewichte, um den Fehler in der Gegenrichtung von der Ausgabe zurück in das Netz zu leiten. Es dürfte Sie nicht überraschen, dass diese Methode als *Backpropagation* (dt. etwa »Fehlerrückführung«) bezeichnet wird.

Hätte die Ausgabeschicht zwei Knoten, würden wir das Gleiche für den zweiten Ausgabeknoten tun. Dieser zweite Ausgabeknoten wird seinen eigenen Fehler haben, der analog auf die Verbindungsgewichte aufgeteilt wird. Das sehen wir uns als Nächstes an.

Fehler von mehreren Ausgabeknoten zurückführen

Abbildung 1-66 zeigt ein einfaches Netz mit zwei Eingabeknoten, aber auch mit zwei Ausgabeknoten.

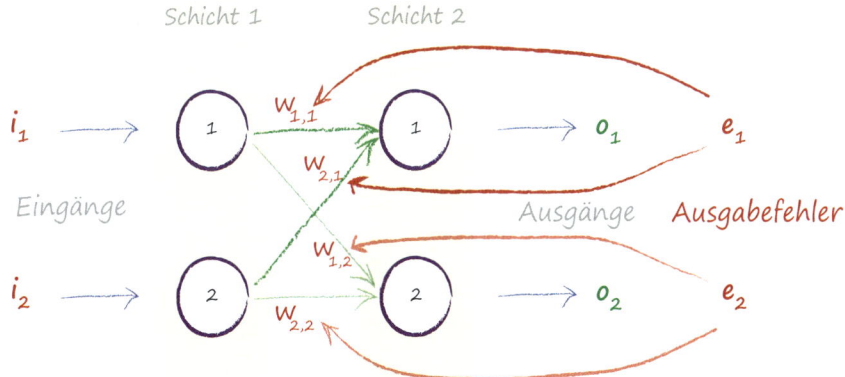

Abbildung 1-66: Beispiel für ein einfaches neuronales Netz mit zwei Eingabeknoten und zwei Ausgabeknoten

Beide Ausgabeknoten können einen Fehler haben – das ist in der Tat sogar äußerst wahrscheinlich, wenn das Netz noch nicht trainiert wurde. Man kann sehen, dass diese beiden Fehler die Verfeinerung der internen Verknüpfungsgewichte im Netz anregen müssen. Wir können den gleichen Ansatz wie zuvor verwenden, wobei wir den Fehler eines Ausgabeknotens unter den beisteuernden Verknüpfungen proportional zu ihren Gewichten aufteilen.

Durch den Umstand, dass wir mehr als einen Ausgabeknoten haben, hat sich praktisch nichts geändert. Wir wiederholen einfach für den zweiten Ausgabeknoten, was wir bereits für den ersten getan haben. Warum ist das so einfach? Weil die Verknüpfungen zu einem Ausgabeknoten nicht von den Verknüpfungen zu einem anderen Ausgabeknoten abhängen. Beide Gruppen von Verknüpfungen sind unabhängig voneinander.

Sehen Sie sich noch einmal Abbildung 1-66 an. Der Fehler am ersten Ausgabeknoten ist mit e_1 bezeichnet. Wie bereits erwähnt, ist das die Differenz zwischen der Sollausgabe, die von den Trainingsdaten t_1 vorgegeben wird, und der tatsächlichen Ausgabe o_1. Das heißt, $e_1 = (t_1 - o_1)$. Der Fehler beim zweiten Ausgabeknoten ist mit e_2 bezeichnet.

Wie aus dem Diagramm in Abbildung 1-66 hervorgeht, wird der Fehler e_1 anteilig auf die Verknüpfungen mit den Gewichten w_{11} und w_{21} aufgeteilt. Analog dazu wird e_2 proportional zu den Gewichten w_{12} und w_{22} aufgeteilt.

Wir schreiben nun auf, wie diese Teilbeträge aussehen, damit keinerlei Zweifel aufkommen. Der Fehler e_1 steuert die Verfeinerung der beiden Gewichte w_{11} und w_{21}. Er wird so geteilt, dass der Anteil von e_1 für die Aktualisierung von w_{11} gleich

$$\frac{w_{11}}{w_{11} + w_{21}}$$

ist. Analog dazu lautet der Anteil von e_1, um w_{21} zu verfeinern:

$$\frac{w_{21}}{w_{11} + w_{21}}$$

Was bewirken nun diese Anteile? Hinter all diesen Symbolen steht die ganz simple Idee, dass der Fehler e_1 aufgeteilt wird, um der Verknüpfung mit dem größeren Gewicht einen größeren Anteil zuzuordnen und der Verknüpfung mit dem kleineren Gewicht einen kleineren Anteil.

Wenn w_{11} doppelt so groß ist wie w_{21} – beispielsweise $w_{11} = 6$ und $w_{21} = 3$ –, ist der Anteil von e_1 für die Aktualisierung von w_{11} gleich $6/(6 + 3) = 6/9 = 2/3$. Damit bleibt $1/3$ von e_1 für das andere kleinere Gewicht w_{21}, was sich mit dem Ausdruck $3/(6 + 3) = 3/9$, tatsächlich also $1/3$, bestätigen lässt.

Wären die Gewichte gleich groß, machen beide Anteile erwartungsgemäß jeweils die Hälfte aus. Auch das wollen wir kontrollieren. Wenn wir $w_{11} = 4$ und $w_{21} = 4$ annehmen, ist der Anteil $4/(4 + 4) = 4/8 = 1/2$ für beide Fälle.

An dieser Stelle wollen wir einen Schritt zurückgehen und uns mit etwas Abstand ansehen, was wir getan haben. Bekannt war, dass wir den Fehler verwenden mussten, um die Verfeinerung bestimmter Parameter innerhalb des Netzes zu steuern, in diesem Fall die Verknüpfungsgewichte. Wie dabei vorzugehen ist, haben wir eben bei den Verknüpfungsgewichten gesehen, die die Signale zur letzten, zur Ausgabeschicht eines neuronalen Netzes moderieren. Außerdem haben wir erfahren, dass es kaum komplizierter wird, wenn es mehrere Ausgabeknoten gibt. Wir tun einfach das Gleiche für jeden Ausgabeknoten. Großartig!

Als Nächstes ist die Frage zu beantworten, was bei mehr als zwei Schichten passiert. Wie aktualisieren wir die Verknüpfungsgewichte in den Schichten, die von der Ausgabeschicht weiter entfernt sind?

Fehler auf mehrere Schichten zurückführen

Abbildung 1-67 zeigt ein einfaches neuronales Netz mit drei Schichten – einer Eingabeschicht, einer versteckten Schicht und der Ausgabeschicht.

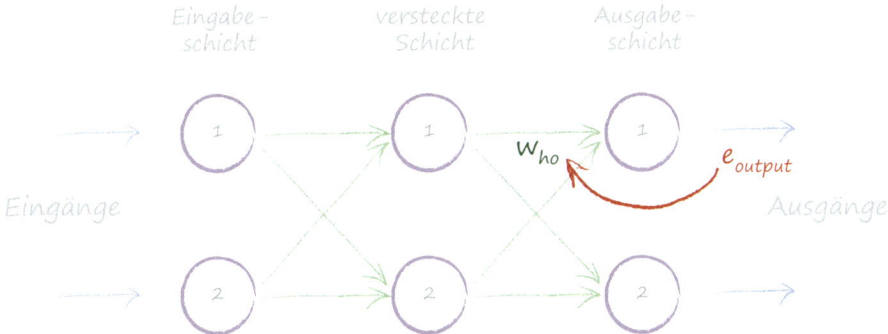

Abbildung 1-67: Beispielnetz mit drei Schichten

Wenn wir von der Ausgabeschicht auf der rechten Seite rückwärtsgehen, sehen wir, dass die Fehler in dieser Ausgabeschicht die Verfeinerung der Gewichte der Verknüpfungen steuern, die in die letzte Schicht eingehen. Wir haben die Ausgabefehler generisch als e_{output} bezeichnet und die Gewichte der Verknüpfungen zwischen der versteckten und der Ausgabeschicht als w_{ho}. Außerdem haben wir die konkreten Fehleranteile ermittelt, die jeder Verknüpfung zugeordnet werden, indem wir die Fehler proportional zur Größe der Gewichte selbst aufgeteilt haben. Abbildung 1-68 veranschaulicht, was wir für die neu hinzugekommene Schicht unternehmen müssen. Wir nehmen einfach diejenigen Fehler, die den Ausgabe-knoten der versteckten Schicht e_{hidden} zugeordnet sind, und teilen diese erneut proportional über die vorhergehenden Verknüpfungen zwischen der Eingabeschicht und der versteckten Schicht w_{ih} auf.

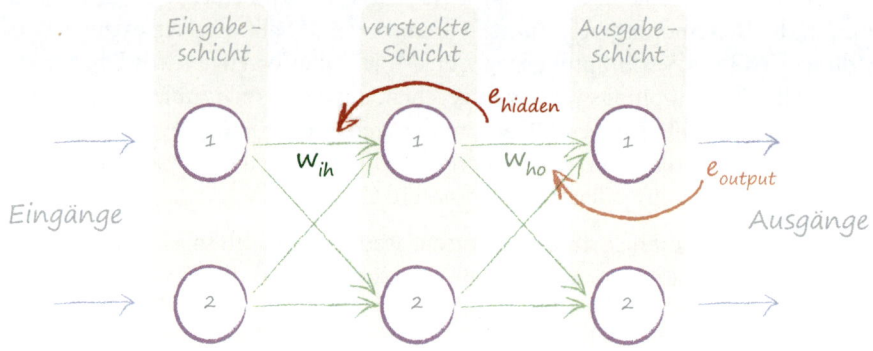

Abbildung 1-68: Aufteilung des Fehlers bis zurück zur versteckten Schicht

Besteht das neuronale Netz aus noch mehr Schichten, wenden wir das gleiche Konzept wiederholt auf jede Schicht an, wobei wir von der Ausgabeschicht aus rückwärtsgehen. Die Rückführung der Fehlerinformationen ist einleuchtend. Auch hier wird klar, warum man von Fehler-*Backpropagierung* spricht.

Wenn wir zuerst den Fehler in der Ausgabe der Ausgabeschichtknoten e_{output} verwenden, welchen Fehler nehmen wir dann für die Knoten der versteckten Schicht e_{hidden}? Gute Frage, weil ein Knoten in der versteckten (mittleren) Schicht keinen offensichtlichen Fehler hat. Wir wissen aus der Vorwärtsführung der Eingabesignale, dass jeder Knoten in der versteckten Schicht in der Tat einen einzelnen Ausgang besitzt. Wie bereits erwähnt, war das die Aktivierungsfunktion, die auf die gewichtete Summe der Eingänge zu diesem Knoten angewendet wurde. Doch wie berechnen wir den Fehler?

Wir haben weder die Ziel- noch die Sollausgänge für die versteckten Knoten, sondern nur die Zielwerte für die Knoten der (letzten) Ausgabeschicht, und diese stammen von den Trainingsbeispielen. Sehen Sie sich noch einmal Abbildung 1-68 an, um sich inspirieren zu lassen! Vom ersten Knoten in der versteckten Schicht gehen zwei Verknüpfungen aus, die den Knoten mit den beiden Knoten der Ausgabeschicht verbinden. Wir wissen, dass wir den Ausgabefehler entlang jeder dieser Verknüpfungen aufteilen können, wie wir es bereits getan haben. Das heißt, wir haben eine Art Fehler für jede der beiden Verknüpfungen, die aus diesem Knoten der mittleren Schicht entspringen. Wir könnten diese beiden Verknüpfungsfehler kombinieren, um den Fehler für diesen Knoten als eine zweitbeste Annäherung zu bilden, weil wir praktisch keinen Zielwert für den Knoten der mittleren Schicht haben. Abbildung 1-69 veranschaulicht diese Idee.

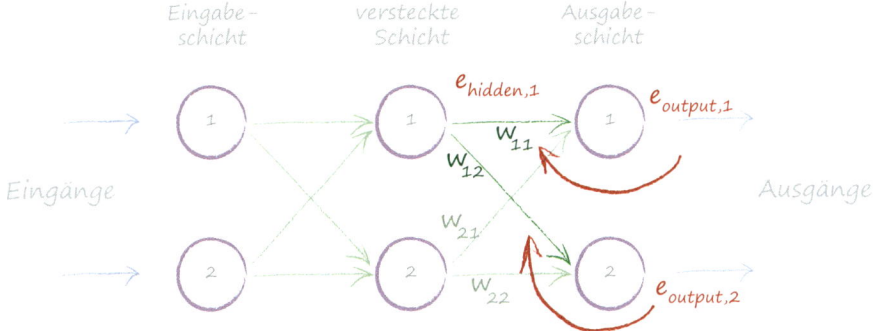

Abbildung 1-69: Aus den Fehlern der Ausgabeknoten die Fehler der Knoten in der versteckten Schicht bilden

Hier ist deutlicher zu sehen, was passiert. Doch wir wollen die Abläufe zur Sicherheit noch einmal durchgehen. Wir brauchen einen Fehler für die Knoten der versteckten Schicht, um mit ihm die Gewichte in der vorhergehenden Schicht aktualisieren zu können. Diese Fehler nennen wir e_{hidden}. Doch wir haben keine offensichtliche Antwort darauf, was die Fehler tatsächlich sind. Wir können nicht sagen, dass der Fehler die Differenz zwischen dem gewünschten Zielwert von diesen Knoten und den tatsächlichen Ausgaben ist, weil unsere Trainingsdatenbeispiele nur Ziele für die allerletzten Ausgabeknoten liefern.

Die Trainingsdatenbeispiele sagen uns lediglich, wie die Ausgaben der allerletzten Knoten sein sollten. Sie sagen uns nicht, wie die Ausgaben von Knoten in irgendeiner anderen Schicht aussehen sollten.

Wir könnten die aufgeteilten Fehler für die Verknüpfungen mithilfe der Fehler-Backpropagierung, die wir bereits kennengelernt haben, zusammenfassen. Somit ist der Fehler im ersten Knoten der versteckten Schicht die Summe der anteiligen Fehler in allen Verknüpfungen, die nach vorn vom selben Knoten ausgehen. In Abbildung 1-69 haben wir einen Anteil vom Ausgabefehler $e_{output,1}$ auf der Verknüpfung mit dem Gewicht w_{11} und außerdem einen Anteil vom Ausgabefehler $e_{output,2}$ vom zweiten Ausgabeknoten auf der Verknüpfung mit dem Gewicht w_{12}.

Wir notieren also:

$$e_{hidden,1} = \text{Summe der aufgeteilten Fehler auf den Verknüpfungen } w_{11} \text{ und } w_{12}$$

$$= e_{output,1} * \frac{w_{11}}{w_{11} + w_{21}} + e_{output,2} * \frac{w_{12}}{w_{12} + w_{22}}$$

Da es hilfreich ist, diese ganze Theorie in Aktion zu sehen, zeigt Abbildung 1-70 die Backpropagierung von Fehlern in einem einfachen dreischichtigen neuronalen Netz mit realen Zahlen.

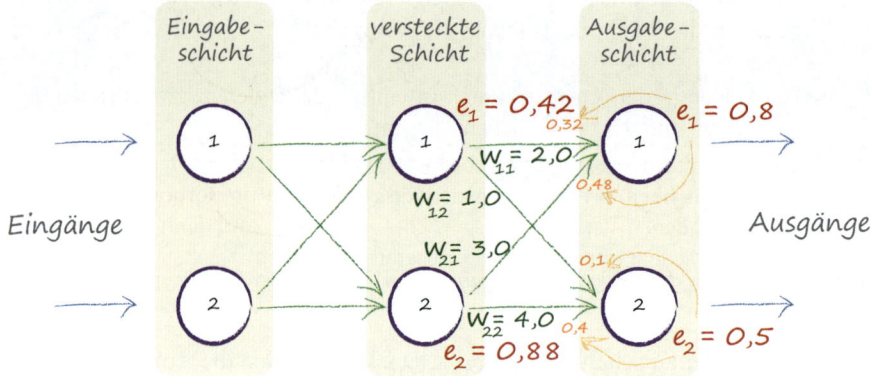

Abbildung 1-70: Das neuronale Beispielnetz mit Fehler-Backpropagierung bis zur verdeckten Schicht

Verfolgen wir einen Fehler zurück. Der Fehler 0,5 beim zweiten Knoten der Ausgabeschicht wird mit 0,1 und 0,4 proportional auf die beiden Verknüpfungen mit den Gewichten 1,0 und 4,0 aufgeteilt. Außerdem zeigt Abbildung 1-70, dass der zusammengefasste Fehler am zweiten Knoten der versteckten Schicht die Summe der verbundenen aufgeteilten Fehler – hier 0,48 und 0,4 – ist, was 0,88 ergibt.

Abbildung 1-71 stellt die gleiche Idee dar, angewandt auf die vorhergehende Schicht, um den Fehler noch weiter zurückzupropagieren.

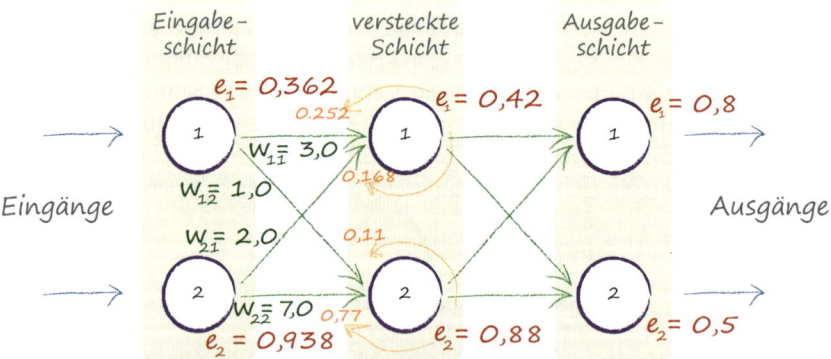

Abbildung 1-71: Das neuronale Beispielnetz mit Fehler-Backpropagierung bis zur Eingabeschicht

Backpropagierung von Fehlern mit Matrizenmultiplikation

Können wir alle diese aufwendigen Berechnungen per Matrizenmultiplikation vereinfachen? Dieses Verfahren hat bereits weiter oben geholfen, als wir Unmengen von Berechnungen bei der Weiterleitung der Eingabesignale ausgeführt haben.

Um festzustellen, ob sich die Fehler-Backpropagierung mithilfe der Matrizenmultiplikation prägnanter ausdrücken lässt, notieren wir die einzelnen Schritte mit Symbolen. Man sagt auch: Es wird versucht, den Prozess zu *vektorisieren*. Wenn wir in der Lage sind, die zahlreichen Berechnungen in Matrixform auszudrücken, können wir sie viel prägnanter niederschreiben, und Computer können die gesamte Arbeit wesentlich effizienter ausführen, weil sie von den sich wiederholenden Ähnlichkeiten in den erforderlichen Berechnungen profitieren.

Den Ausgangspunkt bilden die Fehler, die sich in der letzten Schicht, der Ausgabeschicht des neuronalen Netzes, ergeben. Im Beispiel haben wir nur zwei Knoten in der Ausgabeschicht, und die Fehler sind e_1 und e_2:

$$error_{output} = \begin{pmatrix} e_1 \\ e_2 \end{pmatrix}$$

Als Nächstes konstruieren wir die Matrix für Fehler der versteckten Schicht. Da das schwierig zu sein scheint, gehen wir jeden Schritt einzeln durch. Los geht es mit dem ersten Knoten in der versteckten Schicht. Sehen Sie sich noch einmal Abbildung 1-70 an. Hier ist zu erkennen, dass es für den Fehler des ersten versteckten Knotens zwei Verbindungen von der Ausgabeschicht gibt, die Fehleranteile liefern. Über diese Verbindungen kommen die Fehlersignale $e_1 \times w_{11}$ / (w_{11} + w_{21}) und $e_2 \times w_{12}$ / (w_{12} + w_{22}). Auch beim zweiten Knoten der versteckten Schicht sehen wir zwei Verbindungen, die zum Fehler des Knotens beitragen, nämlich $e_1 \times w_{21}$ / (w_{21} + w_{11}) und $e_2 \times w_{22}$ / (w_{22} + w_{12}). Wir haben bereits weiter oben gesehen, wie diese Ausdrücke ermittelt werden.

Für die versteckte Schicht bekommen wir also die in Abbildung 1-72 gezeigte Matrix. Sie ist ein wenig komplizierter, als ich es mag.

$$error_{hidden} = \begin{pmatrix} \dfrac{w_{11}}{w_{11} + w_{21}} & \dfrac{w_{12}}{w_{12} + w_{22}} \\[3ex] \dfrac{w_{21}}{w_{21} + w_{11}} & \dfrac{w_{22}}{w_{22} + w_{12}} \end{pmatrix} \cdot \begin{pmatrix} e_1 \\ e_2 \end{pmatrix}$$

Abbildung 1-72: Fehlermatrix für die versteckte Schicht

Es wäre großartig, wenn sich diese Form als ganz einfache Multiplikation von Matrizen umschreiben ließe, über die wir bereits verfügen. Das sind die Gewichts-, Vorwärtssignal- und Ausgabefehlermatrizen. Wie bereits erwähnt, ergeben sich damit riesige Vorteile.

Leider können wir dies nicht in eine super einfache Matrizenmultiplikation umwandeln, wie es noch bei der Vorwärtsweiterleitung der Signale möglich war (siehe weiter oben). Die Fehleranteile in dieser großen, voll besetzten Matrix (siehe Abbildung 1-72) sind schwer zu entwirren! Es wäre hilfreich gewesen, wenn wir diese voll besetzte Matrix in eine einfache Kombination der verfügbaren Matrizen hätten aufteilen können.

Was können wir tun? Wir möchten unbedingt diese Vorteile der Matrizenmultiplikation nutzen, um die Berechnungen effizient ausführen zu können.

Zeit also, etwas frecher zu agieren.

Sehen Sie sich noch einmal den Ausdruck in Abbildung 1-72 an. Das Wichtigste ist die Multiplikation der Ausgabefehler e_n mit den verknüpften Gewichten w_{ij}. Je größer das Gewicht, desto stärker wirkt der Ausgabefehler zurück auf die versteckte Schicht. Das ist der entscheidende Teil. Der Nenner dieser Brüche ist eine Art Normalisierungsfaktor. Wenn wir diesen Faktor ignorieren, verlieren wir lediglich die Skalierung der zurückgeführten Fehler. Das heißt, $e_1 \times w_{11}$ / (w_{11} + w_{21}) würde zum viel einfacheren Ausdruck $e_1 \times w_{11}$ werden.

Mit dieser Vereinfachung nimmt die Matrizenmultiplikation die in Abbildung 1-73 gezeigte Form an.

$$error_{hidden} = \begin{pmatrix} w_{11} & w_{12} \\ w_{21} & w_{22} \end{pmatrix} \cdot \begin{pmatrix} e_1 \\ e_2 \end{pmatrix}$$

Abbildung 1-73: Vereinfachte Gewichtsmatrix

Diese Gewichtsmatrix sieht wie diejenige aus, die wir zuvor konstruiert haben, ist aber entlang einer Diagonalen gespiegelt, sodass das Element rechts oben jetzt links unten liegt und das Element links unten nach rechts oben gewandert ist. Diese Operation heißt *Transponieren* einer Matrix und wird geschrieben als w^T.

Abbildung 1-74 gibt zwei Beispiele für die Transponierung von Matrizen an. Anhand der gewählten Zahlen können Sie deutlich sehen, was passiert. Wie das untere Beispiel zeigt, funktioniert die Transponierung auch für Matrizen, bei denen die Anzahl der Zeilen von der Anzahl der Spalten abweicht.

$$\begin{pmatrix} 1 & 2 & 3 \\ 4 & 5 & 6 \\ 7 & 8 & 9 \end{pmatrix}^T = \begin{pmatrix} 1 & 4 & 7 \\ 2 & 5 & 8 \\ 3 & 6 & 9 \end{pmatrix}$$

$$\begin{pmatrix} 1 & 2 & 3 \\ 4 & 5 & 6 \end{pmatrix}^T = \begin{pmatrix} 1 & 4 \\ 2 & 5 \\ 3 & 6 \end{pmatrix}$$

Abbildung 1-74: Beispiele für die Transponierung von Matrizen

Wir haben also das, was wir angestrebt haben – eine Matrixlösung, um die Fehler zurückzuführen (siehe Abbildung 1-75).

$$error_{hidden} = w^T_{hidden\_output} \cdot error_{output}$$

Abbildung 1-75: Ausdruck für die Fehler-Backpropagierung in Matrixform

Dies ist zwar großartig, doch war es richtig, diesen Normalisierungsfaktor wegzulassen? Es zeigt sich, dass diese einfachere Rückführung der Fehlersignale genauso gut arbeitet wie die kompliziertere, die wir zuvor ermittelt hatten. Im Blog zu diesem Buch findet sich ein Post-Eintrag, der die Ergebnisse verschiedener Arten der

Fehler-Backpropagierung angibt. Wenn der einfachere Weg wirklich gut funktioniert, behalten wir ihn bei!

Denkt man genauer darüber nach, wird klar, dass sich das Netz selbst bei übermäßig großen oder kleinen zurückgeführten Fehlern während der nächsten Lerniterationen selbst korrigieren wird. Wichtig ist vor allem, dass die zurückgeführten Fehler die Stärke der Verknüpfungsgewichte beachten, weil sich hieraus am besten ableiten lässt, wie der Fehler geteilt werden soll.

Wir haben viel Arbeit bewältigt, wirklich eine riesige Menge!

Kernideen

- Die Fehler-Backpropagierung lässt sich als Matrizenmultiplikation ausdrücken.
- Dadurch können wir ungeachtet der Netzgröße prägnanter formulieren, und Computersprachen, die Matrixberechnungen verstehen, können effizienteren und schnelleren Code erzeugen.
- Das bedeutet, dass sowohl die Signalweiterleitung als auch die Fehlerrückführung mithilfe von Matrixberechnungen effizient ausgedrückt werden können.

Wir legen jetzt eine wohlverdiente Pause ein, weil der nächste und letzte Abschnitt zur Theorie zwar ziemlich cool ist, aber unsere volle Aufmerksamkeit fordert.

Wie aktualisieren wir eigentlich die Gewichte?

Bislang haben wir die sehr zentrale Frage, wie die Verknüpfungsgewichte in einem neuronalen Netz aktualisiert werden, noch nicht in Angriff genommen. Wir haben daran gearbeitet, bis zu diesem Punkt zu kommen, und wir sind fast da. Allerdings müssen wir noch einen Kerngedanken verstehen, bevor wir dieses Geheimnis lüften können.

Die Fehler haben wir bis jetzt zu jeder Schicht des Netzes zurückgeführt. Warum? Weil wir uns am Fehler orientieren, wenn es darum geht, die Verknüpfungsgewichte anzupassen, um die vom Netz gegebene Gesamtantwort zu verbessern. Grundsätzlich tun wir damit das Gleiche wie beim linearen Klassifizierer zu Beginn dieses Leitfadens.

Doch diese Knoten sind keine einfachen linearen Klassifizierer. Diese etwas komplexeren Knoten summieren die gewichteten Signale, die in den Knoten eingehen, und wenden die sigmoidale Schwellwertfunktion an. Wie also aktualisieren wir die Gewichte für Verknüpfungen, die diese komplexeren Knoten verbinden?

Warum können wir nicht mit irgendeiner raffinierten Algebra direkt herausfinden, wie groß die Gewichte sein sollten?

Wir können mit einer raffinierten Algebra die Gewichte nicht direkt ermitteln, weil die mathematischen Operationen zu schwierig sind. Es sind einfach zu viele Kombinationen von Gewichten und zu viele Funktionen von Funktionen von Funktionen ... zu kombinieren, wenn wir das Signal in Vorwärtsrichtung durch das Netz leiten. Stellen Sie sich nur einmal ein kleines neuronales Netz mit drei Schichten und drei Neuronen in jeder Schicht vor, wie wir es weiter oben verwendet haben. Wie würden Sie ein Gewicht für eine Verknüpfung zwischen dem ersten Eingabeknoten und dem zweiten versteckten Knoten anpassen, sodass der dritte Ausgabeknoten seine Ausgabe um beispielsweise 0,5 erhöht? Selbst wenn wir erfolgreich wären, könnte der Effekt zunichtegemacht werden, indem ein anderes Gewicht angepasst wird, um einen anderen Ausgabeknoten zu verbessern. Offenbar ist das Ganze überhaupt nicht trivial.

Um ein Bild davon zu bekommen, wie untrivial das ist, sollten Sie sich den furchtbaren Ausdruck in Abbildung 1-76 ansehen, der die Ausgabe eines Ausgabeknotens als Funktion der Eingänge und der Verknüpfungsgewichte für ein einfaches dreischichtiges neuronales Netz mit drei Knoten in jeder Schicht zeigt. Der Eingang bei Knoten i ist x_i, die Gewichte für die Verknüpfungen, die den Eingabeknoten i mit dem versteckten Knoten j verbinden, sind $w_{i,j}$. Analog wird die Ausgabe des versteckten Knotens j mit x_j bezeichnet, und die Gewichte für die Verknüpfungen, die den versteckten Knoten j mit dem Ausgabeknoten k verbinden, heißen $w_{j,k}$. Das Symbol Σ_a^b bedeutet, dass der danach stehende Ausdruck für alle Werte zwischen a und b summiert wird.

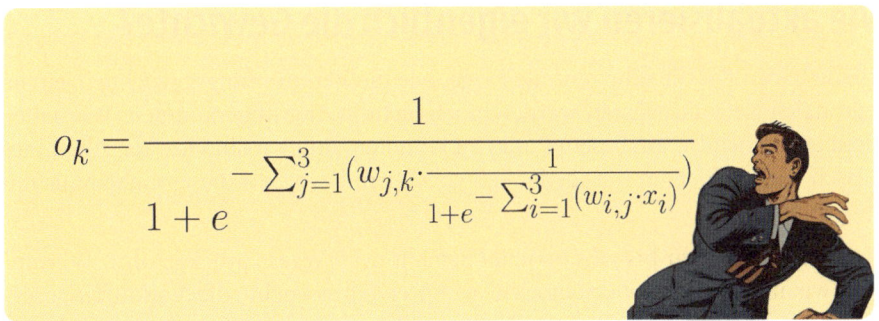

$$o_k = \frac{1}{1 + e^{-\sum_{j=1}^{3}\left(w_{j,k}\cdot\frac{1}{1+e^{-\sum_{i=1}^{3}(w_{i,j}\cdot x_i)}}\right)}}$$

Abbildung 1-76: Ausdruck, der die Ausgabe eines Ausgabeknotens als Funktion der Eingänge und Verknüpfungsgewichte für ein dreischichtiges neuronales Netz mit drei Knoten in jeder Schicht beschreibt

Entsetzlich! Das wollen wir lieber nicht entwirren.

Anstatt nun überschlau sein zu wollen, könnten wir nicht einfach zufällige Kombinationen von Gewichten ausprobieren, bis wir eine gute Kombination gefunden haben?

Diese Idee ist gar nicht so verrückt, vor allem wenn man in einem schwierigen Problem feststeckt. Das Konzept, mit dessen Hilfe man zum Beispiel sogar Passwörter zu knacken versucht, ist auch als *Brute-Force-Methode* bekannt. Das kann durchaus funktionieren, wenn das Passwort ein kurzes Wort oder ein Name ist, weil dann ein schneller Heimcomputer in kurzer Zeit alle Möglichkeiten durchprobieren kann. Stellen Sie sich nun vor, dass jedes Gewicht 1.000 Möglichkeiten zwischen −1 und +1 haben könnte, wie zum Beispiel 0,501, −0,203 und 0,999. Dann gibt es bei einem dreischichtigen neuronalen Netz mit drei Knoten in jeder Schicht 18 Gewichte, sodass 18.000 Möglichkeiten zu testen wären. Wenn wir ein eher typisches neuronales Netz mit 500 Knoten in jeder Schicht betrachten, müssten 500 Millionen Möglichkeiten für die Gewichte getestet werden. Nimmt man für jeden Satz von Kombinationen eine Rechendauer von einer Sekunde an, würde es 16 Jahre dauern, die Gewichte nach nur einem Trainingsbeispiel zu aktualisieren! Und bei 1.000 Trainingsbeispielen wären wir bei 16.000 Jahren!

Die Brute-Force-Methode ist offenbar in der Praxis überhaupt nicht anwendbar. Die Lage wird schnell noch schlimmer, wenn weitere Schichten, Knoten oder mögliche Gewichtswerte hinzukommen.

An diesem Rätsel bissen sich Mathematiker jahrelang die Zähne aus, es wurde erst in den 1960er- bis 1970er-Jahren praktisch gelöst. Es gibt verschiedene Ansichten darüber, wem dies zuerst gelang oder wer den entscheidenden Durchbruch erzielte, doch wichtig ist vor allem, dass diese späte Entdeckung zu einer Explosion moderner neuronaler Netzen führte, die manche sehr eindrucksvolle Aufgaben durchführen können.

Wie lösen wir nun ein derartiges anscheinend schweres Problem? Ob Sie es glauben oder nicht, Sie besitzen bereits die Werkzeuge, um es in eigener Regie zu bewerkstelligen. Wir haben alles dazu Notwendige bereits weiter oben behandelt. Machen wir also weiter!

Zunächst müssen wir aber *Pessimismus* akzeptieren.

Die mathematischen Ausdrücke, die zeigen, wie alle Gewichte zur Ausgabe eines neuronalen Netzes führen, sind zu komplex, um sie leicht entwirren zu können. Die Gewichtskombinationen sind zu zahlreich, um eine nach der anderen testen und die beste finden zu können.

Es gibt sogar noch mehr Gründe, um pessimistisch zu sein. Die Trainingsdaten reichen eventuell nicht aus, um ein Netz ordnungsgemäß anzulernen. Sie enthalten vielleicht sogar Fehler, sodass wir nicht mehr davon ausgehen können, dass sie perfekt wahr sind, um von ihnen lernen zu können. Das Netz selbst enthält möglicherweise nicht genügend Schichten oder Knoten, um die richtige Lösung für das Problem zu modellieren.

Das bedeutet: Wir müssen einen realistischen Ansatz wählen, der diese Beschränkungen erkennt. Wenn wir das tun, könnten wir ein Konzept finden, das zwar mathematisch nicht perfekt ist, tatsächlich aber bessere Ergebnisse liefert, weil es keine falschen, idealisierten Annahmen trifft.

Wir wollen veranschaulichen, was damit gemeint ist. Stellen Sie sich eine sehr komplizierte Landschaft vor mit Bergspitzen und Tälern sowie Bergen mit tückischen Unebenheiten und Spalten. Es ist finster, und Sie können nichts sehen. Sie wissen, dass Sie sich auf einer Anhöhe befinden und ganz nach unten gelangen müssen. Von der gesamten Landschaft besitzen Sie keine genaue Karte. Allerdings haben Sie eine Taschenlampe. Was tun Sie jetzt? Wahrscheinlich werden Sie im Schein der Taschenlampe den Boden in der nahen Umgebung inspizieren. Weiter entferntes Gelände ist überhaupt nicht zu sehen und gleich gar nicht die gesamte Landschaft. Sie können erkennen, welcher Teil des Bodens anscheinend nach unten führt, und kleine Schritte in dieser Richtung gehen. Auf diese Weise tasten Sie sich langsam den Berg hinunter, immer Schritt für Schritt, ohne eine vollständige Karte zu besitzen und ohne im Voraus eine Route geplant zu haben.

Abbildung 1-77: Beispiel für ein bergiges Gelände, in dem Sie sich fast blind bewegen müssen

Die mathematische Version dieses Konzepts heißt *Gradientenverfahren* oder auch *Verfahren des steilsten Abstiegs* – es dürfte klar sein, warum. Nachdem Sie einen Schritt gegangen sind, untersuchen Sie wieder die nahe Umgebung, um festzustellen, in welcher Richtung Sie Ihrem Ziel näher kommen. Dann wagen Sie erneut einen Schritt in diese Richtung. Das setzen Sie so lange fort, bis Sie glücklich am Fuß der Berge angekommen sind. Der Gradient entspricht der Bodenneigung. Sie gehen in die Richtung, wo die Neigung am steilsten nach unten führt.

Stellen Sie sich nun diese komplexe Landschaft als mathematische Funktion vor. Das Gradientenverfahren erlaubt es uns, das Minimum zu finden, ohne diese komplexe Funktion so weit zu verstehen, um sie mathematisch beschreiben zu können. Wenn eine Funktion so schwierig ist, dass sich das Minimum nicht ohne Weiteres mithilfe der Algebra finden lässt, können wir stattdessen diese Methode verwenden. Zweifellos dürfen wir keine genaue Antwort erwarten, weil wir uns der Antwort schrittweise nähern und unsere Position dabei Stück für Stück verbessern. Doch das ist besser, als überhaupt keine Antwort zu bekommen. Immerhin können wir die Antwort mit immer kleineren Schritten in Richtung tatsächliches Minimum immer weiter verfeinern, bis wir mit der erreichten Genauigkeit zufrieden sind.

Wie hängt nun dieses wirklich coole Gradientenverfahren mit neuronalen Netzen zusammen? Wenn die komplexe schwierige Funktion den Fehler des Netzes darstellt, bedeutet ein Hinabsteigen, um das Minimum zu finden, dass wir den Fehler minimieren. Wir verbessern die Ausgabe des Netzes. Das ist genau das, was wir wollen!

Die Idee des Gradientenabstiegs wollen wir an einem äußerst einfachen Beispiel veranschaulichen, um sie richtig verstehen zu können.

Der Graph in Abbildung 1-78 zeigt eine einfache Funktion $y = (x - 1)^2 + 1$. Wäre es eine Funktion, bei der y den Fehler bedeutet, würden wir das x suchen, das den Fehler minimiert. Für einen Moment wollen wir so tun, als wäre dies keine einfache Funktion, sondern eine komplizierte, schwierige Funktion.

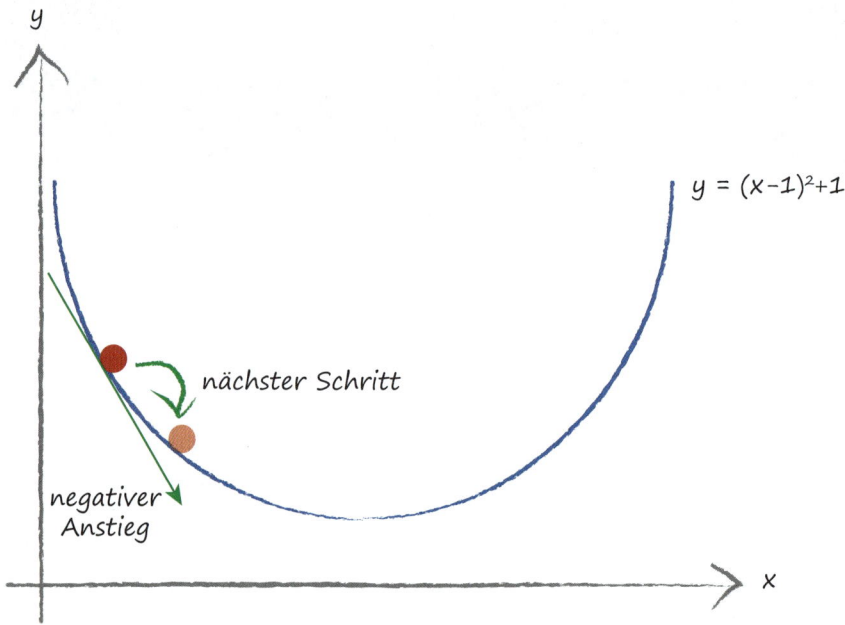

Abbildung 1-78: Beispiel einer Funktion, um das Gradientenverfahren zu veranschaulichen

Um das Gradientenverfahren durchzuführen, müssen wir irgendwo beginnen. Der Graph zeigt unseren zufällig gewählten Ausgangspunkt. Wie der Bergsteiger sehen wir uns die Umgebung unserer aktuellen Position an und stellen fest, in welche Richtung es nach unten geht. Der Anstieg ist auf dem Graphen markiert und in diesem Fall ein negativer Gradient. Wir folgen der Abwärtsrichtung, sodass wir uns entlang der x-Achse nach rechts bewegen. Das heißt, wir erhöhen x ein wenig. Das ist der erste Schritt unseres Bergsteigers. Es ist zu erkennen, dass wir unsere Position verbessert haben und näher an das tatsächliche Minimum herangekommen sind.

Nehmen wir jetzt an, dass wir an einer anderen Stelle gestartet sind, wie es der Graph in Abbildung 1-79 zeigt.

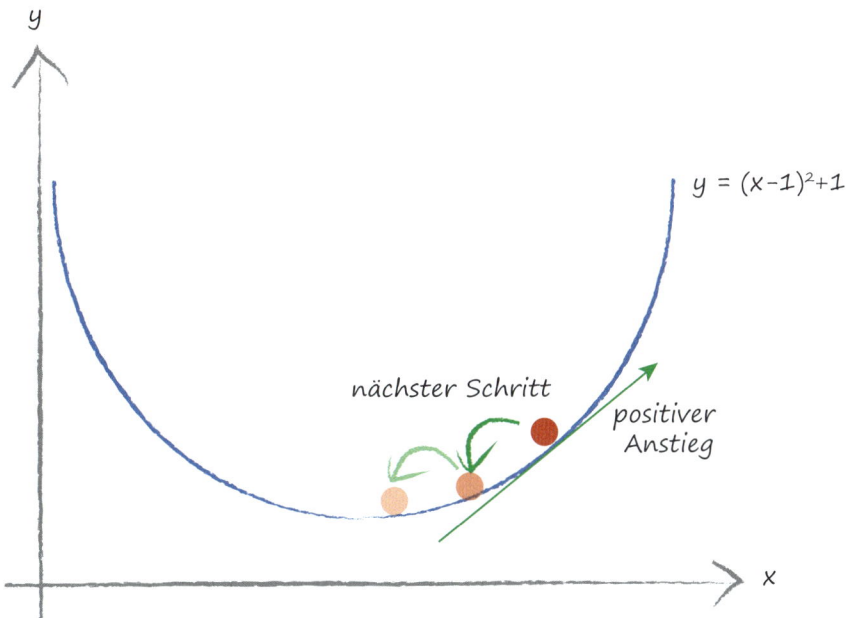

Abbildung 1-79: Das Gradientenverfahren mit einem anderen zufällig gewählten Ausgangspunkt

Dieses Mal ist der Anstieg unter unseren Füßen positiv, sodass wir nach links gehen. Das heißt, wir verringern x ein wenig. Auch hier ist zu erkennen, dass wir unsere Position etwas verbessert haben und dem tatsächlichen Minimum näher gekommen sind. Wir können auf diese Weise weitermachen, bis die Verbesserungen nur noch so klein sind, dass wir zufrieden feststellen können, beim Minimum angekommen zu sein.

Als notwendige Verfeinerung ändern wir die Größe der ausgeführten Schritte, um zu vermeiden, über das Minimum hinauszuschießen und ewig um das Minimum herumzupendeln. Wenn man nur Zweimeterschritte machen kann, aber bereits 0,5 Meter entfernt vom wahren Minimum sind, ist leicht einzusehen, dass uns jeder Schritt in Richtung Minimum über das Minimum hinausbringt. Passen wir nun die Schrittgröße so an, dass sie proportional zur Größe des Gradienten ist, führen wir kleinere Schritte aus, wenn wir uns dem Minimum nähern. Das setzt aber voraus, dass der Anstieg bei der Annäherung an das Minimum tatsächlich flacher wird. Für die meisten sanften stetigen Funktionen ist diese Annahme durchaus zutreffend. Für wilde Zickzackfunktionen mit Sprüngen und Lücken, die der Mathematiker als *Unstetigkeiten* bezeichnet, ist die Annahme allerdings nicht brauchbar.

Abbildung 1-80 veranschaulicht dieses Konzept der Schrittgrößenanpassung bei kleiner werdendem Funktionsgradienten, der ein guter Indikator dafür ist, wie nahe wir einem Minimum sind.

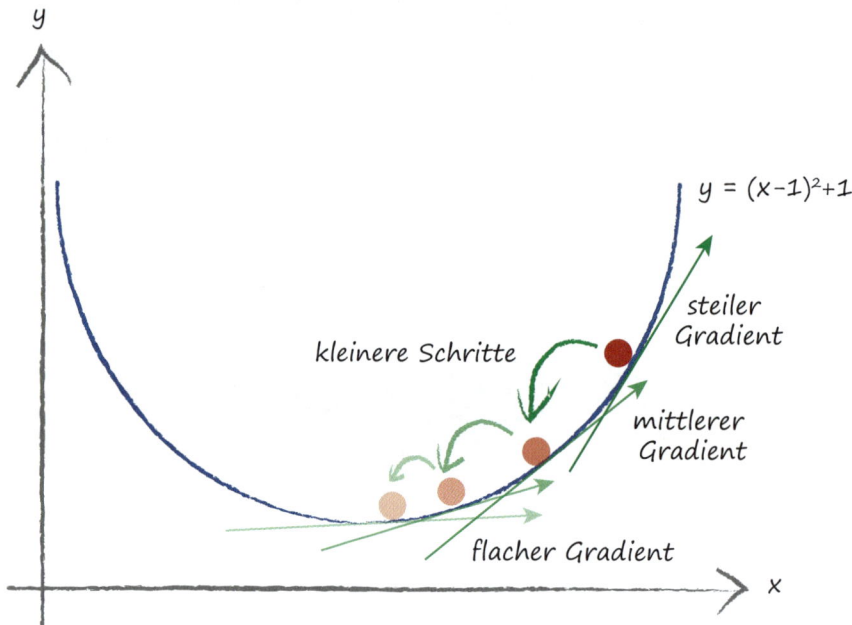

Abbildung 1-80: Gradientenverfahren mit kleiner werdenden Schritten

Haben Sie übrigens bemerkt, dass wir x in der Gegenrichtung zum Gradienten erhöht haben? Ein positiver Gradient bedeutet, wir verringern x. Ein negativer Gradient bedeutet, wir erhöhen x. Die Graphen zeigen das zwar deutlich, doch man vergisst es leicht und schlägt die falsche Richtung ein.

Wir haben bei diesem Gradientenabstieg das wahre Minimum nicht mittels Algebra ermittelt, weil wir so getan haben, als wäre die Funktion $y = (x - 1)^2 + 1$ zu komplex und zu schwierig. Selbst wenn wir nicht in der Lage sind, den Anstieg mit mathematischer Genauigkeit zu bestimmen, können wir ihn schätzen. Und wie Sie sehen, funktioniert das trotzdem ziemlich gut, um uns in die generell richtige Richtung zu bringen.

Diese Methode überzeugt vor allem bei Funktionen mit vielen Parametern. Das heißt, y hängt nicht nur von x ab, sondern vielleicht auch von a, b, c, d, e und f.

Wie bereits erwähnt, hängen die Ausgabefunktion und demzufolge die Fehler-funktion eines neuronalen Netzes von vielen, vielen weiteren Gewichtsparametern ab. Oftmals von Hunderten davon!

Abbildung 1-81 veranschaulicht ebenfalls das Gradientenverfahren, doch mit einer etwas komplexeren Funktion, die von zwei Parametern abhängt. Dies lässt sich in drei Dimensionen darstellen, wobei die Höhe den Wert der Funktion angibt.

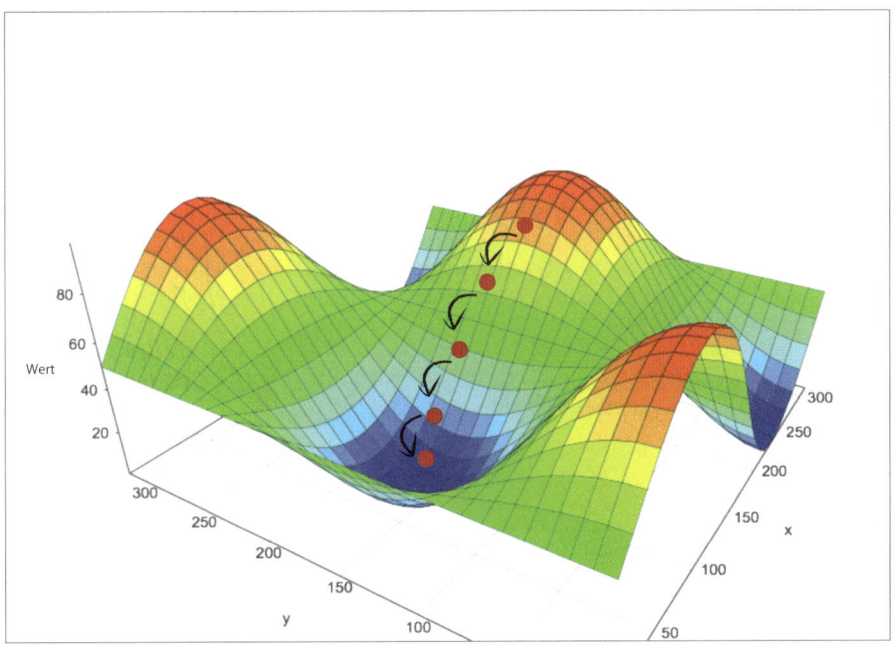

Abbildung 1-81: Gradientenverfahren bei einer komplexeren Funktion

Angesichts dieser dreidimensionalen Oberfläche fragen Sie sich möglicherweise, ob der Gradientenabstieg auch in dem anderen Tal auf der rechten Seite enden kann. Allgemeiner gedacht, stellt sich die Frage: Bleibt das Gradientenverfahren manchmal im falschen Tal stecken, weil bestimmte komplexe Funktionen viele Täler haben? Welches ist das falsche Tal? Es ist ein Tal, das nicht am tiefsten liegt. Die Antwort lautet: Ja, das kann passieren.

Um zu vermeiden, im falschen Tal – oder Funktionsminimum – zu landen, trainie-ren wir neuronale Netze mehrere Male, wobei jeweils verschiedene Ausgangs-punkte auf dem Berg sicherstellen, dass wir nicht immer wieder im falschen Tal landen. Verschiedene Ausgangspunkte heißt, verschiedene Startparameter auszu-wählen. Und bei neuronalen Netzen bedeutet das, mit verschiedenen Verknüp-fungsgewichten zu beginnen.

Abbildung 1-82 veranschaulicht das Gradientenverfahren mit drei verschiedenen Ausgangspunkten, wobei ein Abstieg im falschen Tal gefangen wird.

Abbildung 1-82: Verschiedene Ausgangspunkte beim Gradientenverfahren

Legen wir eine Pause ein und sammeln wir unsere Gedanken.

Kernideen

- Das *Gradientenverfahren* ist ein wirklich brauchbares Instrument, um das Minimum einer Funktion zu ermitteln, und es funktioniert auch sehr gut, wenn diese Funktion so komplex und schwierig ist, dass sich das Minimum mathematisch per Algebra nur schwer finden lässt.
- Darüber hinaus arbeitet die Methode auch dann, wenn viele Parameter in das Ergebnis einfließen. In diesem Punkt scheitern andere Methoden oder sind unbrauchbar.
- Diese Methode ist außerdem robust gegenüber unvollkommenen Daten. Wir werden nicht gänzlich fehlgeleitet, wenn die Funktion nicht vollkommen perfekt beschrieben ist oder wir aus Versehen gelegentlich einen falschen Schritt unternehmen.

Die Ausgabe eines neuronalen Netzes ist eine komplexe und schwierige Funktion, deren Rückgabewert von vielen Parametern, den Verknüpfungsgewichten, beeinflusst wird. Können wir überhaupt mit dem Gradientenverfahren die richtigen Gewichte ermitteln? Ja, sofern wir uns für die richtige Fehlerfunktion entscheiden.

Die Ausgabefunktion eines neuronalen Netzes ist selbst keine Fehlerfunktion. Doch wir wissen, dass wir sie leicht in eine Fehlerfunktion umwandeln können, weil sich der Fehler aus der Differenz zwischen den Solltrainingswerten und den tatsächlichen Ausgabewerten berechnet.

Hierbei ist etwas zu beachten. Sehen Sie sich Tabelle 1-6 mit Trainingswerten (Sollwerten) und tatsächlichen Werten (Istwerten) für drei Ausgabeknoten und den Kandidaten für eine Fehlerfunktion an.

Tabelle 1-6: Kandidaten für eine Fehlerfunktion

Netzausgabe	Sollausgabe	Fehler (Soll – Ist)	Fehler |Soll – Ist|	Fehler (Soll – Ist)^2
0,4	0,5	0,1	0,1	0,01
0,8	0,7	–0,1	0,1	0,01
1,0	1,0	0	0	0
Summe		0	0,2	0,04

Der erste Kandidat für eine Fehlerfunktion ist einfach die Differenz (Soll - Ist). Das scheint vernünftig genug zu sein, oder? Wenn Sie aber die Summen über den Knoten betrachten, um ein Gesamtbild davon zu erhalten, wie gut das Netz trainiert ist, erhalten Sie die Summe null!

Was ist passiert? Zweifellos ist das Netz nicht perfekt trainiert, da die Ausgaben der beiden ersten Knoten von den Sollwerten abweichen. Die Summe null legt nahe, dass es keinen Fehler gibt. Das hängt damit zusammen, dass sich die positiven und negativen Fehler gegenseitig aufheben. Selbst wenn sie sich nicht vollständig aufheben, dürfte klar sein, dass dies kein gutes Fehlermaß ist.

Um das zu korrigieren, nehmen wir den *Absolutwert* der Differenz. Das heißt, wir ignorieren das Vorzeichen, in mathematischer Schreibweise |Ziel - Ist|. Das könnte klappen, weil sich hierbei keine Werte gegenseitig aufheben können. Dennoch verwendet man dieses Maß so gut wie nie, weil der Anstieg der Betragsfunktion an der Stelle des Minimums nicht stetig ist. Das Gradientenverfahren arbeitet dann nicht richtig, weil wir um das v-förmige Tal pendeln können, das diese Fehlerfunktion aufweist. In der Nähe des Minimums wird der Anstieg nicht kleiner, die Schrittweite bleibt also gleich. Demzufolge besteht das Risiko, über das Ziel hinauszuschießen.

Bei der dritten Option wird das Quadrat der Differenz (Soll - Ist)^2 genommen. Es gibt unter anderem folgende Gründe, warum wir diese dritte Option gegenüber der zweiten bevorzugen:

- Die erforderliche Algebra, um den Anstieg für das Gradientenverfahren zu bestimmen, ist mit diesem quadratischen Fehler leicht genug.
- Die Fehlerfunktion verläuft sanft und stetig, wodurch die Gradientenmethode gut funktioniert – es gibt weder Lücken noch abrupte Sprungstellen.
- Der Gradient wird in der Nähe des Minimums kleiner, sodass sich auch das Risiko verringert, über das Ziel hinauszuschießen, wenn wir uns bei den Schrittweiten am Gradienten orientieren.

Gibt es eine vierte Option? Ja, man kann alle Arten von komplizierten und interessanten Kostenfunktionen konstruieren. Manche funktionieren überhaupt nicht gut, manche nur für bestimmte Arten von Problemen, und andere wieder funktionieren zwar, sind aber die zusätzliche Komplexität nicht wert.

Richtig, wir befinden uns jetzt in der letzten Runde!

Um den Gradientenabstieg durchzuführen, müssen wir den Anstieg der Fehler-funktion in Bezug auf die Gewichte ermitteln. Hierfür ist die *Differenzialrechnung* erforderlich. Möglicherweise sind Sie bereits mit der Differenzialrechnung vertraut, doch sollte das nicht der Fall sein oder Sie brauchen lediglich eine Auffrischung, finden Sie in Anhang A eine leicht verständliche Einführung. Differenzialrechnung ist einfach eine mathematisch exakte Methode, um herauszufinden, wie sich etwas ändert, wenn sich etwas anderes ändert. Wie ändert sich zum Beispiel die Länge einer Feder, wenn sich die Kraft ändert, die die Feder dehnt? Hier sind wir daran interessiert, wie die Fehlerfunktion von den Verknüpfungsgewichten in einem neu-ronalen Netz abhängt. Man kann die Frage auch anders stellen: »Wie empfindlich ist der Fehler gegenüber Änderungen in den Verknüpfungsgewichten?«

Wir beginnen mit einem Bild, das uns dabei hilft, uns daran zu orientieren, was wir zu erreichen versuchen.

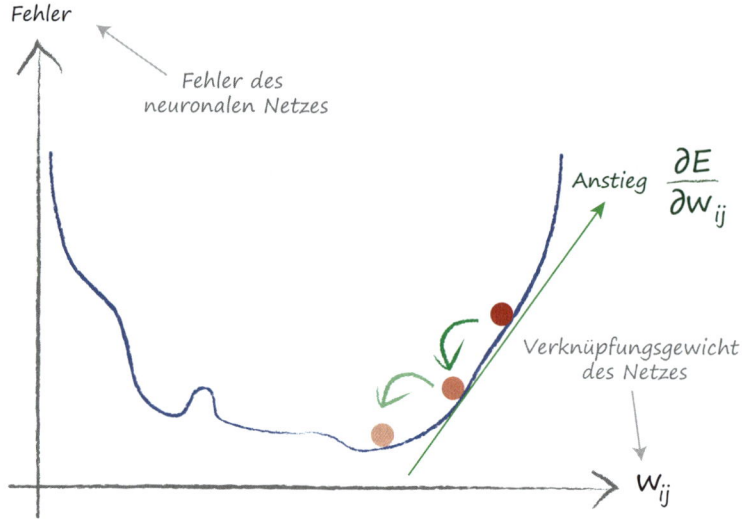

Abbildung 1-83: Funktion, die die Abhängigkeit des Fehlers von den Verknüpfungsgewichten beschreibt

Der Graph in Abbildung 1-83 entspricht der weiter oben in Abbildung 1-82 ge-zeigten Darstellung, um zu betonen, dass wir nichts grundsätzlich anderes machen. Dieses Mal ist aber die Funktion, die wir zu minimieren versuchen, der Fehler des neuronalen Netzes. Und der Parameter, der verfeinert werden soll, ist ein Verknüpfungsgewicht im Netz. In diesem einfachen Beispiel haben wir nur ein Gewicht gezeigt, doch wir wissen, dass neuronale Netze sehr viele Gewichte ent-halten.

Das nächste Diagramm in Abbildung 1-84 stellt zwei Verknüpfungsgewichte dar. Dieses Mal ist die Fehlerfunktion eine dreidimensionale Oberfläche, die sich verändert, wenn die beiden Gewichte variieren. Wir versuchen wieder, den Fehler zu minimieren, der jetzt eher einer bergigen Landschaft mit einem Tal ähnelt.

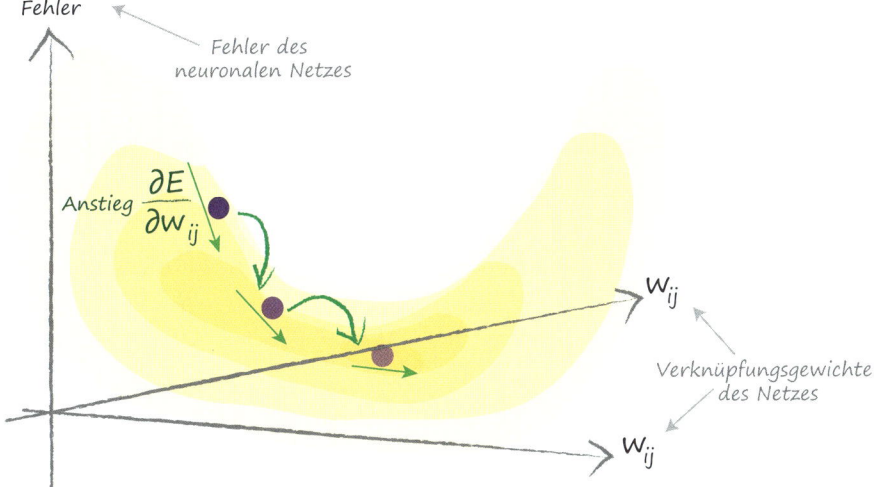

Abbildung 1-84: Zwei Verknüpfungsgewichte mit einer dreidimensionalen Oberfläche für die Fehlerfunktion

Es ist schwieriger, diese Fehleroberfläche als Funktion von noch mehr Parametern zu visualisieren, doch die Idee, das Minimum per Gradientenverfahren zu finden, ist immer noch die gleiche.

In mathematischer Form sieht das, was wir wollen, so aus:

$$\frac{\partial E}{\partial w_{jk}}$$

Dieser Ausdruck gibt an, wie sich der Fehler E ändert, wenn das Gewicht w_{jk} geändert wird. Das ist der Anstieg der Fehlerfunktion, die wir zum Minimum hinabsteigen wollen.

Bevor wir diesen Ausdruck analysieren, konzentrieren wir uns für den Moment auf die Verknüpfungsgewichte zwischen der versteckten Schicht und der Ausgabeschicht. In Abbildung 1-85 ist der interessierende Bereich hervorgehoben. Auf die Verknüpfungsgewichte zwischen der Eingabeschicht und der versteckten Schicht kommen wir später zurück.

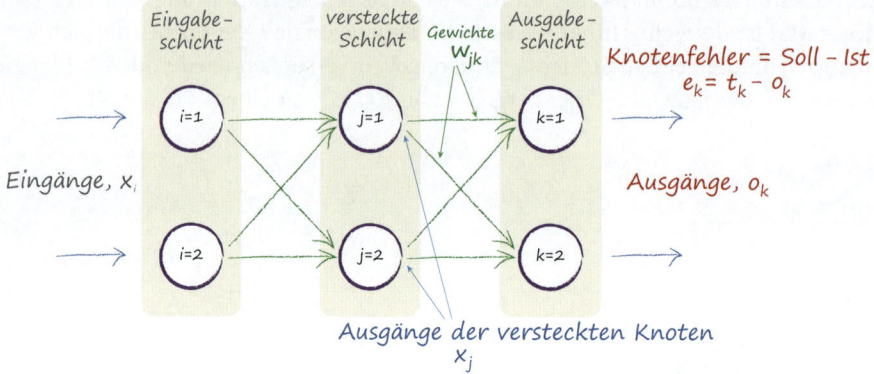

Abbildung 1-85: Gewichte zwischen der versteckten Schicht und der Ausgabeschicht

Wir werden uns im Folgenden auf das Diagramm in Abbildung 1-85 beziehen, damit wir nicht vergessen, was jedes Symbol wirklich bedeutet, wenn wir die Differenziation ausführen. Lassen Sie sich nicht davon abschrecken. Die Schritte sind nicht schwierig und werden ausführlich erläutert. Zudem sind alle benötigten Konzepte bereits weiter oben behandelt worden.

Zuerst erweitern wir diese Fehlerfunktion, die die Summe der quadrierten Differenzen zwischen Soll- und Istwerten ist und wo diese Summe über alle n Ausgabeknoten gebildet wird.

$$\frac{\partial E}{\partial w_{jk}} = \frac{\partial}{\partial w_{jk}} \sum_n (t_n - o_n)^2$$

Wir haben hier lediglich das ausgeschrieben, was die Fehlerfunktion E tatsächlich verkörpert.

Wir können das sogleich vereinfachen, indem wir feststellen, dass die Ausgabe bei einem Knoten n, die o_n ist, nur von den Verknüpfungen abhängt, die mit ihm verbunden sind. Das heißt, dass für einen Knoten k die Ausgabe o_k nur von den Gewichten w_{jk} abhängt, weil diese Gewichte den Verknüpfungen zum Knoten k zugeordnet sind.

Man kann dies auch so betrachten, dass die Ausgabe eines Knotens k nicht von den Gewichten w_{jb} abhängt, wobei b ungleich k ist, weil es keine Verknüpfung gibt, die sie verbindet. Das Gewicht w_{jb} ist einer Verknüpfung zugeordnet, die zum Ausgabeknoten b und nicht zu k führt.

Das bedeutet, wir können alle o_n aus dieser Summe entfernen mit Ausnahme des Knotens, mit dem das Gewicht w_{jk} verknüpft ist, d. h. o_k. Dadurch wird diese lästige Summe komplett entfernt! Ein guter Trick, den Sie sich merken sollten.

Vermutlich haben Sie erkannt, dass die Fehlerfunktion die Summe über sämtliche Ausgabeknoten eigentlich nicht gebraucht hat. Wie wir gesehen haben, hängt das damit zusammen, dass die Ausgabe eines Knotens nur von den verbundenen Verknüpfungen und folglich ihren Gewichten abhängt. Dies wird oftmals außer Acht gelassen in vielen Texten, die die Fehlerfunktion lediglich nennen, ohne sie zu erklären.

Egal, wir haben jetzt einen einfacheren Ausdruck.

$$\frac{\partial E}{\partial w_{jk}} = \frac{\partial}{\partial w_{jk}} (t_k - o_k)^2$$

Nun betreiben wir etwas Differenzialrechnung. Es sei noch einmal auf Anhang A verwiesen, falls Sie mit Differenziation nicht vertraut sind.

Der Teil t_k ist eine Konstante und ändert sich somit nicht, wenn sich w_{jk} ändert. Das heißt, t_k ist keine Funktion von w_{jk}. Denn es wäre wirklich seltsam, wenn sich die wahren Beispiele, die die Sollwerte liefern, abhängig von den Gewichten ändern würden! Damit bleibt der Teil o_k, der bekanntermaßen von w_{jk} abhängt, weil die Gewichte dazu dienen, das Signal vorwärts zu den Ausgaben o_k zu leiten.

Mithilfe der Kettenregel zerlegen wir diese Differenziationsaufgabe in besser handhabbare Terme. Auch hier sei auf Anhang A verwiesen, wo Sie eine Einführung in die Kettenregel finden.

$$\frac{\partial E}{\partial w_{jk}} = \frac{\partial E}{\partial o_k} \cdot \frac{\partial o_k}{\partial w_{jk}}$$

Jetzt können wir nacheinander die einfacheren Teilaufgaben angehen. Der erste Teil ist leicht, da wir lediglich eine quadratische Funktion ableiten. Wir erhalten:

$$\frac{\partial E}{\partial w_{jk}} = -2(t_k - o_k) \cdot \frac{\partial o_k}{\partial w_{jk}}$$

Der zweite Teil verlangt etwas mehr Überlegung, aber auch nicht zu viel. Dieses o_k ist die Ausgabe des Knotens k, der – wie Sie wissen – die Sigmoidfunktion auf die gewichtete Summe der eingehenden Signale anwendet. Wir schreiben das auf, um es deutlich zu machen:

$$\frac{\partial E}{\partial w_{jk}} = -2(t_k - o_k) \cdot \frac{\partial}{\partial w_{jk}} sigmoid\left(\Sigma_j \, w_{jk} \cdot o_j\right)$$

Dieses o_j ist die Ausgabe vom Knoten der vorhergehenden versteckten Schicht und nicht die Ausgabe von der letzten Schicht o_k.

Wie differenzieren wir die Sigmoidfunktion? Wir könnten den langen und schwierigen Weg einschlagen und dabei auf die grundlegenden Konzepte zurückgreifen, die Anhang A erläutert, doch andere haben uns diese Arbeit bereits abgenommen. Wir können einfach die wohlbekannte Antwort übernehmen, genau wie es Mathematiker jeden Tag überall in der Welt tun.

$$\frac{\partial}{\partial x} sigmoid\left(x\right) = sigmoid\left(x\right)\left(1 - sigmoid\left(x\right)\right)$$

Manche Funktionen wandeln sich zu entsetzlichen Ausdrücken, wenn man sie differenziert. Diese Sigmoidfunktion hat aber ein hübsch einfaches und leicht zu verwendendes Ergebnis. Das ist einer der Gründe, warum die Sigmoidfunktion als Aktivierungsfunktion in neuronalen Netzen so beliebt ist.

Wenden wir also dieses coole Ergebnis an, um den Ausdruck zu erhalten, den Abbildung 1-86 zeigt.

$$\frac{\partial E}{\partial w_{jk}} = -2(t_k - o_k) \cdot sigmoid\left(\Sigma_j \, w_{jk} \cdot o_j\right)\left(1 - sigmoid\left(\Sigma_j \, w_{jk} \cdot o_j\right)\right) \cdot \frac{\partial}{\partial w_{jk}}\left(\Sigma_j \, w_{jk} \cdot o_j\right)$$

$$= -2(t_k - o_k) \cdot sigmoid\left(\Sigma_j \, w_{jk} \cdot o_j\right)\left(1 - sigmoid\left(\Sigma_j \, w_{jk} \cdot o_j\right)\right) \cdot o_j$$

Abbildung 1-86: Ausdruck für den Fehleranstieg nach Differenziation

Woher stammt dieses zusätzliche letzte Element? Es ergibt sich aus der Kettenregel, die erneut auf die Ableitung der Sigmoidfunktion angewendet wurde, weil der Ausdruck innerhalb der Funktion sigmoid() ebenfalls bezüglich w_{jk} differenziert werden muss. Auch das ist leicht- und die Antwort ist einfach o_j.

Bevor wir die endgültige Antwort notieren, wollen wir diese 2 vor dem ganzen Ausdruck verwerfen. Wir können das tun, weil wir nur an der Richtung des Anstiegs der Fehlerfunktion interessiert sind, sodass wir hinabsteigen können. Es spielt keine Rolle, ob vor diesem Ausdruck ein konstanter Faktor von 2, 3 oder sogar 100 steht, solange wir konsequent darin sind, woran wir uns halten. Werfen wir die Konstante also über Bord, um den Ausdruck weiter zu vereinfachen.

Abbildung 1-87 zeigt nun die abschließende Antwort, auf die wir hingearbeitet haben, diejenige, die den Anstieg der Fehlerfunktion beschreibt, sodass wir die Gewichte w_{jk} anpassen können.

$$\frac{\partial E}{\partial w_{jk}} = -(t_k - o_k) \cdot sigmoid\left(\Sigma_j w_{jk} \cdot o_j\right)\left(1 - sigmoid\left(\Sigma_j w_{jk} \cdot o_j\right)\right) \cdot o_j$$

Abbildung 1-87: Anstieg der Fehlerfunktion

Yes! Geschafft!

Das ist der magische Ausdruck, nach dem wir gesucht haben – der Schlüssel, um neuronale Netze zu trainieren.

Ein zweiter Blick auf den Ausdruck ist angebracht, und durch die farbige Codierung sind die einzelnen Elemente deutlich zu unterscheiden. Der erste Teil ist einfach der wohlbekannte Fehler (Ziel – Ist). Der Summenausdruck innerhalb der `sigmoid()`-Funktionen ist das Signal in den Knoten der letzten Schicht, den wir i_k hätten nennen können, um den Ausdruck nochmals zu vereinfachen. Es handelt sich lediglich um das Signal in einen Knoten, bevor die stauchende Aktivierungsfunktion angewendet wird. Der letzte Teil ist die Ausgabe vom Knoten j der vorherigen versteckten Schicht. Es lohnt sich, diese Ausdrücke in diesen Termen zu betrachten, weil Sie damit ein Gefühl dafür bekommen, was physisch in diesen Anstieg – und letztlich in die Verfeinerung der Gewichte – einfließt.

Das ist ein tolles Ergebnis, und wir sollten wirklich mit uns zufrieden sein. Viele Menschen haben echte Schwierigkeiten, bis zu diesem Punkt vorzudringen.

Jetzt bleibt nur noch wenig zu tun. Dieser Ausdruck, an dem wir uns abgemüht haben, dient der Verfeinerung der Gewichte zwischen der versteckten Schicht und der Ausgabeschicht. Wir müssen nun den Job zu Ende bringen und einen ähnlichen Fehleranstieg für die Gewichte zwischen der Eingabeschicht und der versteckten Schicht finden.

Wir könnten das wieder mit viel Algebra bewerkstelligen, doch das müssen wir gar nicht. Wir nutzen einfach die physische Interpretation, die wir eben durchgeführt haben, und bauen erneut einen Ausdruck für den neuen Satz von Gewichten auf, an dem wir interessiert sind.

Dabei ist jetzt zu beachten:

- Der erste Teil, der den Fehler (Ziel – Ist) angegeben hat, wird jetzt zum rekombinierten backpropagierten Fehler aus den versteckten Knoten, wie wir es oben gesehen haben. Diesen Fehler nennen wir e_j.

- Die Sigmoidteile können gleich bleiben, doch die Summenausdrücke in den `sigmoid()`-Funktionen beziehen sich auf die vorhergehenden Schichten, sodass die Summe über allen Eingängen durch die Gewichte zu einem versteckten Knoten j moderiert wird. Wir könnten dies i_j nennen.

- Der letzte Teil ist jetzt die Ausgabe der Knoten der ersten Schicht o_i, was hier die Eingabesignale sind.

Dieser elegante Weg, Unmengen von Arbeit zu vermeiden, profitiert lediglich von der Symmetrie im Problem, um einen neuen Ausdruck zu erzeugen. Wir nennen diese Technik zwar einfach, doch sie ist extrem leistungsfähig und wurde von einigen der großartigsten Mathematiker und Wissenschaftler entwickelt. Sicherlich können Sie Ihre Kollegen damit beeindrucken!

Der zweite Teil der gesuchten endgültigen Antwort – der Anstieg der Fehlerfunktion für die Gewichte zwischen der Eingabeschicht und der versteckten Schicht – sieht also wie in Abbildung 1-88 aus.

$$\frac{\partial E}{\partial w_{ij}} = -(e_j) \cdot sigmoid\left(\Sigma_i\, w_{ij} \cdot o_i\right)\left(1 - sigmoid\left(\Sigma_i\, w_{ij} \cdot o_i\right)\right) \cdot o_i$$

Abbildung 1-88: Anstieg der Fehlerfunktion für die Gewichte zwischen Eingabeschicht und versteckter Schicht

Wir verfügen nun über alle diese entscheidenden magischen Ausdrücke für den Anstieg und können sie jetzt einsetzen, um die Gewichte nach jedem Trainingsbeispiel zu aktualisieren.

Wie bereits erläutert und in den Diagrammen weiter oben illustriert, werden die Gewichte in der entgegengesetzten Richtung zum Gradienten geändert. Außerdem moderieren wir die Änderung mithilfe einer Lernrate, die wir auf ein bestimmtes Problem abstimmen können. Wir haben das bereits bei den linearen Klassifizierern kennengelernt, um zu vermeiden, durch schlechte Trainingsbeispiele zu weit in die falsche Richtung gestoßen zu werden. Gleichzeitig haben wir damit sichergestellt, dass wir nicht dauernd um ein Minimum herumpendeln, indem wir es ständig überschreiten. Abbildung 1-89 zeigt, wie das mathematisch ausgedrückt wird.

$$neu\ w_{jk} = alt\ w_{jk} - \alpha \cdot \frac{\partial E}{\partial w_{jk}}$$

Abbildung 1-89: Mathematischer Ausdruck für die Gewichtsanpassung

Das aktualisierte Gewicht w_{jk} ist das alte Gewicht, das mit dem eben ermittelten negativen Fehleranstieg angepasst wird. Der Fehlerterm wird subtrahiert, weil wir das Gewicht bei einem positiven Anstieg verringern und bei einem negativen Anstieg vergrößern wollen, wie Sie es bereits weiter oben gesehen haben. Der Faktor α moderiert die Stärke dieser Änderungen, um ein Überschwingen zu vermeiden. Oftmals bezeichnet man diesen Faktor als *Lernrate*.

Dieser Ausdruck gilt auch für die Gewichte zwischen der Eingabeschicht und der versteckten Schicht und nur für die Gewichte zwischen versteckter Schicht und Ausgabeschicht. Der Unterschied liegt im Fehlergradienten, für den wir die beiden obigen Ausdrücke haben.

Bevor wir diesen Punkt abhaken können, müssen wir uns erst noch ansehen, wie sich diese Berechnungen als Matrizenmultiplikationen ausführen lassen. Letztlich tun wir das, was wir schon weiter oben getan haben: Wir schreiben im Detail auf, wie jedes Element der Gewichtsänderungsmatrix aussehen soll (siehe Abbildung 1-90).

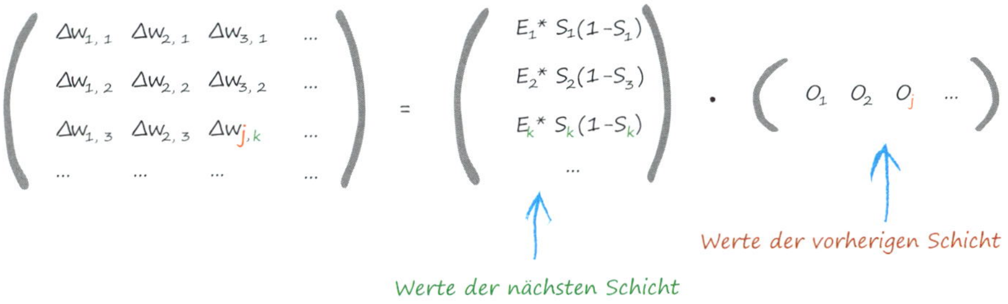

$$\begin{pmatrix} \Delta w_{1,1} & \Delta w_{2,1} & \Delta w_{3,1} & \dots \\ \Delta w_{1,2} & \Delta w_{2,2} & \Delta w_{3,2} & \dots \\ \Delta w_{1,3} & \Delta w_{2,3} & \Delta w_{j,k} & \dots \\ \dots & \dots & \dots & \dots \end{pmatrix} = \begin{pmatrix} E_1 * S_1(1-S_1) \\ E_2 * S_2(1-S_3) \\ E_k * S_k(1-S_k) \\ \dots \end{pmatrix} \cdot \begin{pmatrix} O_1 & O_2 & O_j & \dots \end{pmatrix}$$

Werte der nächsten Schicht

Werte der vorherigen Schicht

Abbildung 1-90: Anpassung der Gewichte per Matrizenmultiplikation

Die Lernrate α habe ich weggelassen, da sie lediglich eine Konstante ist und praktisch nichts daran ändert, wie wir unsere Matrizenmultiplikation organisieren.

Die Matrix der Gewichtsänderungen enthält Werte, die das Gewicht $w_{j,k}$ anpassen, das den Knoten j in der einen Schicht mit dem Knoten k in der nächsten verknüpft. Wie Abbildung 1-90 zeigt, verwendet der erste Teil des Ausdrucks Werte aus der nächsten Schicht (Knoten k) und der letzte Teil des Ausdrucks Werte von der vorherigen Schicht (Knoten j).

Gegebenenfalls müssen Sie sich Abbildung 1-90 erst eine Zeit lang ansehen, um zu erkennen, dass der letzte Teil, die horizontale Matrix mit nur einer einzigen Zeile, die transponierte Matrix der Ausgänge von der vorherigen Schicht $\mathbf{O}_j$ ist. Die Farbcodierung zeigt, dass das Punktprodukt richtig herum geschrieben ist. Wenn Sie zweifeln, schreiben Sie das Punktprodukt doch einfach mit diesen Werten andersherum – Sie werden sehen, es funktioniert nicht.

Abbildung 1-91 zeigt die Matrixform dieser Gewichtsaktualisierung. In einer Programmiersprache, die effizient mit Matrizen umgehen kann, lässt sich diese Form direkt in einem Computerprogramm implementieren.

$$\Delta W_{jk} = \alpha \cdot E_k \cdot O_k(1 - O_k) \cdot O_j^T$$

Abbildung 1-91: Matrixform der Gewichtsaktualisierung

Eigentlich ist dieser Ausdruck überhaupt nicht kompliziert. Die Sigmoidfunktionen sind verschwunden, weil sie einfach die Ausgaben der Knoten O_k sind.

Das war's! Erledigt.

Gewichtsaktualisierung am konkreten Beispiel

Wir wollen eine Reihe von Beispielen anhand von konkreten Zahlen durcharbeiten, allein um die Arbeitsweise der Gewichtsaktualisierung zu veranschaulichen.

Das Netz in Abbildung 1-92 kennen Sie bereits, doch dieses Mal haben wir Beispielwerte für die Ausgaben des ersten versteckten Knotens $o_{j=1}$ und des zweiten versteckten Knotens $o_{j=2}$ angefügt. Die Zahlen wurden zufällig gewählt, um die Methode zu veranschaulichen, und wurden nicht ermittelt, indem Signale von der Eingabeschicht aus durchgeleitet wurden.

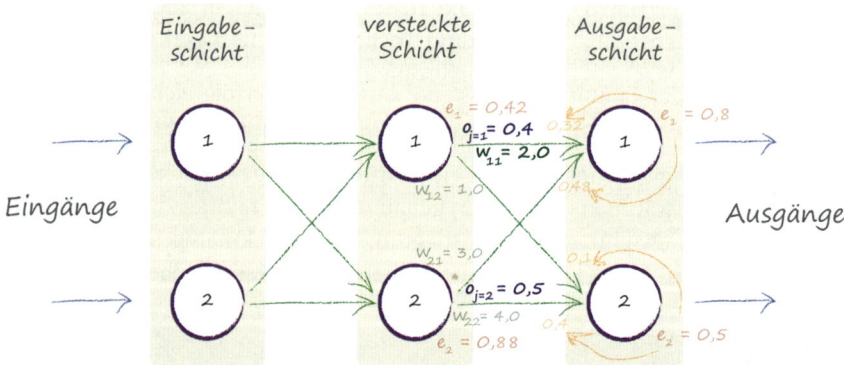

Abbildung 1-92: Beispiel für ein neuronales Netz mit Werten für die Ausgabeknoten der versteckten Schicht

Wir möchten das Gewicht w_{11} zwischen der versteckten Schicht und der Ausgabeschicht aktualisieren. Momentan hat es den Wert 2,0. Abbildung 1-93 gibt noch einmal den ausgeschriebenen Fehleranstieg an.

$$\frac{\partial E}{\partial w_{jk}} = -(t_k - o_k) \cdot sigmoid\left(\Sigma_j w_{jk} \cdot o_j\right)\left(1 - sigmoid\left(\Sigma_j w_{jk} \cdot o_j\right)\right) \cdot o_j$$

Abbildung 1-93: Der Fehleranstieg in ausgeschriebener Form

Führen wir das nun Stück für Stück durch:

- Der erste Term $(t_k - o_k)$ ist der Fehler $e_1 = 0,8$, wie wir ihn zuvor gesehen haben.
- Die Summe in den Sigmoidfunktionen $\Sigma_j w_{jk} o_j$ ist $(2,0 \times 0,4) + (3,0 \times 0,5) = 2,3$.
- Die Sigmoidfunktion $1/(1 + e^{-2,3})$ liefert dann 0,909. Dieser mittlere Ausdruck ergibt $0,909 \times (1 - 0,909) = 0,083$.
- Das letzte Element ist einfach o_j, was $o_{j=1}$ entspricht, weil wir am Gewicht w_{11} interessiert sind, bei dem $j = 1$ ist. Hier hat es einfach den Wert 0,4.

Multipliziert man alle diese drei Terme (das Minuszeichen am Anfang nicht vergessen), ergibt sich –0,0265.

Wenn wir eine Lernrate von 0,1 haben, ergibt das eine Änderung von $-(0,1 \times -0,0265) = +0,00265$. Das neue Gewicht w_{11} ist somit das ursprüngliche Gewicht $2,0 + 0,00265 = 2,00265$.

Dies ist eine recht kleine Änderung, doch über viele Hunderte oder Tausende von Iterationen werden sich die Gewichte schließlich zu einer Konfiguration einpegeln, sodass das gut trainierte neuronale Netz Ausgaben produziert, die den Trainingsbeispielen entsprechen.

Die Daten vorbereiten

In diesem Abschnitt beschäftigen wir uns damit, wie man die Trainingsdaten bestmöglich vorbereitet, die zufälligen Anfangsgewichte festlegt und sogar die Ausgaben konzipiert, damit der Trainingsprozess gute Aussicht auf erfolgreiches Arbeiten hat.

Ja, Sie haben richtig gelesen! Nicht alle Bestrebungen, neuronale Netze einzusetzen, sind von Erfolg gekrönt. Das hat viele Gründe. Einige Ursachen für ein Scheitern lassen sich ausräumen, wenn man genau über die Trainingsdaten nachdenkt, die anfänglichen Gewichte geeignet festlegt und ein zweckmäßiges Schema für die Ausgabe konzipiert. Diese Komponenten sehen wir uns jetzt nacheinander an.

Eingaben

Sehen Sie sich in Abbildung 1-94 den Graphen der Sigmoid-Aktivierungsfunktion an. Hier ist deutlich zu sehen, dass die Aktivierungsfunktion bei großen Eingabewerten sehr flach verläuft.

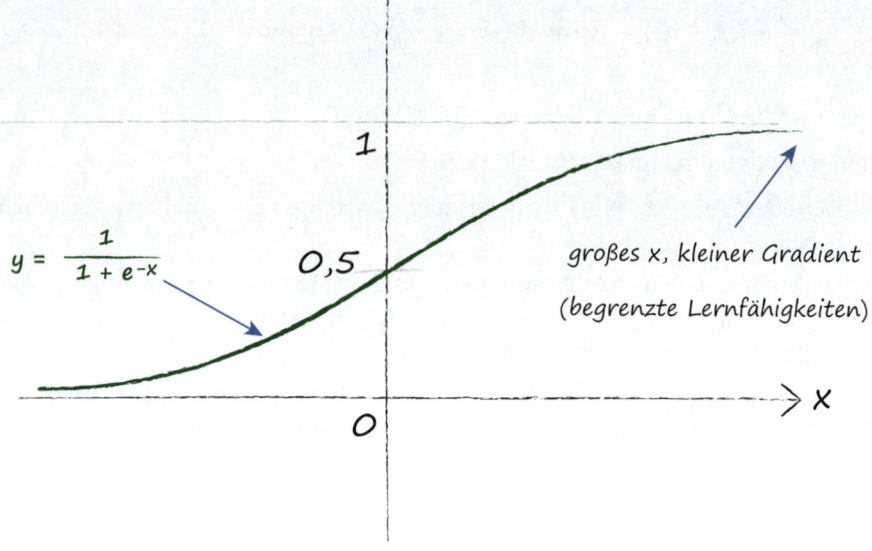

Abbildung 1-94: Graph der Sigmoid-Aktivierungsfunktion

Eine sehr flache Aktivierungsfunktion ist problematisch, weil wir den Gradienten verwenden, um neue Gewichte anzulernen. Sehen Sie sich noch einmal den Ausdruck für die Gewichtsänderungen an. Er hängt vom Gradienten der Aktivierungsfunktion ab. Ein winziger Gradient bedeutet, dass wir die Lernfähigkeiten begrenzt haben. Man spricht hierbei von der *Sättigung* eines neuronalen Netzes. Folglich sollten wir die Eingabewerte klein halten.

Interessanterweise hängt dieser Ausdruck ebenfalls vom eingehenden Signal (o_j) ab, sodass wir ihn auch nicht zu klein machen sollten. Äußerst kleine Werte können nämlich problematisch sein, da je nach Datentyp bei der Verarbeitung sehr kleiner oder sehr großer Zahlen Genauigkeit verloren gehen kann.

Es empfiehlt sich, die Eingabewerte in den Bereich 0,0 bis 1,0 zu skalieren. Manche addieren einen kleinen Offset wie 0,01 zu den Eingabewerten, um Nulleingaben zu vermeiden. Nulleingaben sind störend, weil sie die Lernfähigkeit abwürgen, indem der Ausdruck zum Aktualisieren der Gewichte durch dieses $o_j = 0$ auf null gesetzt wird.

Ausgaben

Die Ausgaben eines neuronalen Netzes sind die Signale, die aus den Knoten der letzten Schicht austreten. Wenn wir eine Aktivierungsfunktion verwenden, die keine Werte über 1,0 erzeugen kann, wäre es unsinnig, Trainingsdaten einzuspeisen, deren Zielwerte größer als 1,0 sind. Wie bereits weiter oben gezeigt, erreicht die logistische Funktion nicht einmal den Wert 1,0, sondern kommt ihm lediglich immer näher. Mathematiker nennen dieses Verhalten eine *asymptotische* Annäherung an 1,0.

Das Diagramm in Abbildung 1-95 macht deutlich, dass Ausgabewerte größer als 1,0 und kleiner als 0,0 bei der logistischen Aktivierungsfunktion einfach nicht möglich sind.

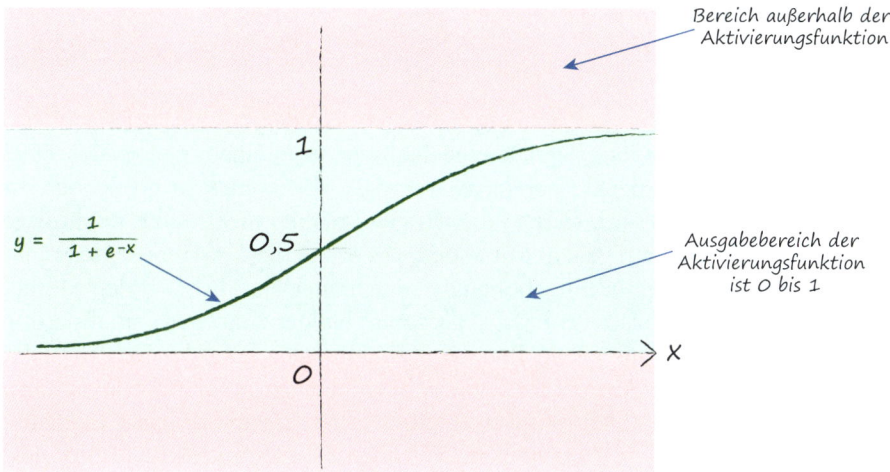

Abbildung 1-95: Wertebereich der logistischen Aktivierungsfunktion

Wenn wir Sollwerte in diesen unzugänglichen, verbotenen Bereichen festlegen, wird das Netztraining zu immer größeren Gewichte führen, um immer größere Ausgabewerte erzeugen zu wollen, die jedoch die Aktivierungsfunktion tatsächlich niemals liefern kann. Wir wissen, dass das schlecht ist, weil das Netz dadurch gesättigt wird.

Deshalb sollten wir unsere Sollwerte passend zu den möglichen Ausgabewerten der Aktivierungsfunktion skalieren und insbesondere Werte berücksichtigen, die praktisch nie erreicht werden können.

Üblich ist es, einen Bereich zwischen 0,0 und 1,0 zu verwenden, doch vielfach wird ein Bereich von 0,01 bis 0,99 genommen, weil sowohl 0,0 als auch 1,0 unmögliche Zielwerte sind und das Risiko für übermäßig große Gewichte mit sich bringen.

Zufällige Anfangswerte

Das gleiche Argument wie bei Eingaben und Ausgaben trifft auch hier zu. Wir sollten große Anfangsgewichte vermeiden, weil sie große Signale am Eingang der Aktivierungsfunktion hervorrufen, was zur bereits erwähnten Sättigung führt und die Lernfähigkeit für bessere Gewichte verringert.

Die Anfangsgewichte könnten wir aus einem Bereich von −1,0 bis +1,0 zufällig und gleichverteilt auswählen. Das wäre erheblich besser, als einen sehr großen Bereich wie zum Beispiel −1000 bis +1000 zu verwenden.

Gibt es noch bessere Möglichkeiten? Wahrscheinlich.

Mathematiker und Informatiker haben eine Faustregel entwickelt, um die zufälligen Anfangsgewichte bei spezifischen Strukturen von neuronalen Netzen und mit spezifischen Aktivierungsfunktionen festzulegen. Hier kommt recht viel »spezifisch« vor! Doch machen wir weiter.

Wir wollen hier nicht in die Details gehen. Die Kernidee besteht in Folgendem: Wenn in einen Knoten viele Signale eingehen, wie es in einem neuronalen Netz üblich ist, und diese Signale bereits »gutmütig«, also weder zu groß noch zu ungleichmäßig verteilt sind, sollte diese Ausgewogenheit nicht durch ungünstige Gewichte wieder verloren gehen. Mit anderen Worten, die Gewichte sollten nicht unsere sorgfältig skalierten Eingabesignale zunichtemachen. Die von den Mathematikern gefundene Faustregel besagt, dass man bei der zufälligen Initialisierung der Gewichte Proben aus einem Bereich entnimmt, der etwa der Kehrwert der Quadratwurzel aus der Anzahl der Verknüpfung zu einem Knoten ist. Wenn also zu einem Knoten drei Verknüpfungen führen, sollten die anfänglichen Gewichte im Bereich $-1/(\sqrt{3})$ bis $+1/(\sqrt{3})$ oder ±0,577 liegen. Gehen zu jedem Knoten 100 Verknüpfungen, sollten die Gewichte im Bereich $-1/(\sqrt{100})$ bis $+1/(\sqrt{100})$ oder ±0,1 liegen.

Intuitiv ist das sinnvoll. Einige übermäßig große Anfangsgewichte würden die Aktivierungsfunktion in einer Vorzugsrichtung verzerren, und sehr große Gewichte würden die Aktivierungsfunktionen sättigen. Und je mehr Verknüpfungen in einen Knoten münden, desto mehr Signale werden summiert. Eine Faustregel, die den Gewichtsbereich verringert, wenn mehr Verknüpfungen vorhanden sind, ist also durchaus sinnvoll.

Wenn Sie bereits vertraut sind mit dem Konzept der Probenentnahme aus Wahrscheinlichkeitsverteilungen, geht es bei dieser Faustregel tatsächlich um eine Probenentnahme aus einer Normalverteilung mit einem Mittelwert von null und einer Standardabweichung, die der Kehrwert der Quadratwurzel aus der Anzahl der Verknüpfungen zu einem Knoten ist. Doch machen wir uns nicht allzu viel Gedanken darum, das exakt einzuhalten, weil diese Faustregel einige Dinge voraussetzt, die nicht unbedingt zutreffen, beispielsweise eine Aktivierungsfunktion wie die alternative tanh() und eine spezifische Verteilung der Eingangssignale.

Das Diagramm in Abbildung 1-96 fasst visuell das einfache Konzept mit einer Gleichverteilung und das komplexere Konzept mit einer Normalverteilung zusammen.

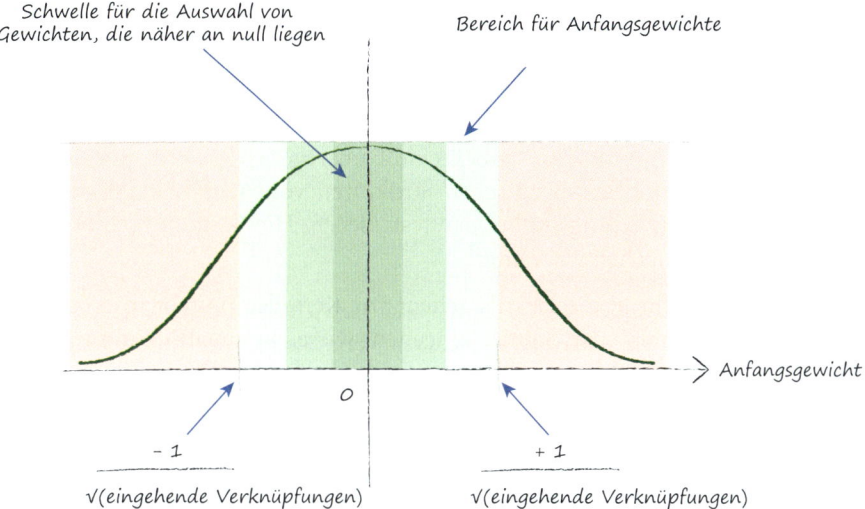

Abbildung 1-96: Auswahl der zufälligen Anfangsgewichte per Gleichverteilung oder Normalverteilung

Egal für welche Variante Sie sich entscheiden – legen Sie die Anfangsgewichte keinesfalls auf denselben konstanten Wert fest, insbesondere nicht auf null. Das wäre ganz schlecht!

Es wäre wirklich schlecht, weil dann jeder Knoten im Netz den gleichen Signalwert erhält und der Ausgang jedes Ausgabeknotens gleich sein würde. Wenn wir dann die Gewichte im Netz durch Fehler-Backpropagierung aktualisieren, müsste der Fehler gleichmäßig aufgeteilt werden. Wie bereits erwähnt, wird der Fehler proportional zu den Gewichten aufgeteilt. Das würde zu gleich großen Gewichtsaktualisierungen führen, was wiederum einen Satz von Gewichten mit den gleichen Werten ergibt. Diese Symmetrie ist schlecht, denn wenn das richtig trainierte Netz eigentlich ungleich große Gewichte haben sollte (was bei fast allen Problemen äußerst wahrscheinlich ist), würden Sie dies niemals erreichen.

Nullgewichte sind noch schlechter, weil sie das Eingangssignal blockieren. Die Funktion zur Gewichtsaktualisierung, die von den Eingangssignalen abhängt, liefert nur noch Nullwerte. Damit wird die Fähigkeit zur Aktualisierung der Gewichte gänzlich zunichtegemacht.

Prinzipiell gibt es noch viel mehr Möglichkeiten, wie Sie Ihre Eingabedaten vorbereiten, wie Sie Ihre Gewichte festlegen und wie Sie die gewünschten Ausgaben organisieren können. Für diesen Guide sind die oben angeführten Ideen verständlich und haben auch eine ordentliche Wirkung, sodass wir es an dieser Stelle gut sein lassen.

Kernideen

- Neuronale Netze funktionieren nicht gut, wenn Eingabe-, Ausgabe- und anfängliche Gewichtsdaten nicht so vorbereitet sind, dass sie dem Netzdesign und dem zu lösenden Problem entsprechen.

- Ein häufiges Problem ist die Sättigung. Dabei führen große Signale, die manchmal noch durch große Gewichte getrieben werden, zu Signalen, die bei den flachsten Anstiegen der Aktivierungsfunktion liegen. Damit reduziert sich die Fähigkeit, bessere Gewichte zu lernen.

- Ein anderes Problem stellen Signale oder Gewichte mit dem Wert null dar. Diese machen ebenfalls die Fähigkeit zunichte, bessere Gewichte zu lernen.

- Die internen Verknüpfungsgewichte sollten zufällig ausgewählt werden, klein sein und keine Nullwerte enthalten. Manche verwenden komplexere Regeln, wobei zum Beispiel die Größe der Gewichte verringert wird, wenn mehrere Verknüpfungen zu einem Knoten führen.

- Eingaben sollten auf kleine Werte – aber nicht zu null – skaliert werden. Ein gebräuchlicher Bereich ist 0,01 bis 0,99 oder −1,0 bis +1,0, je nachdem, welcher dem Problem besser entspricht.

- Ausgaben sollten in dem Bereich liegen, den die Aktivierungsfunktion liefern kann. Werte unter 0 oder über 1 (jeweils inklusive) sind bei der logistischen Sigmoidfunktion nicht möglich. Wenn die Sollwerte der Trainingsdaten außerhalb des gültigen Bereichs liegen, strebt das Netz zu immer größeren Gewichten, was schließlich zur Sättigung führt. Ein akzeptabler Bereich ist 0,01 bis 0,99.

## KAPITEL 2

Do it yourself mit Python

»Um etwas wirklich zu verstehen, musst du es selbst machen.«

»Beginne klein ... und wachse dann«

In diesem Abschnitt schaffen wir uns ein eigenes neuronales Netz.

Ohne Computer geht es nicht, da – wie bereits erwähnt – viele Tausend von Berechnungen anfallen. Computer sind geradezu prädestiniert, wenn es darum geht, viele Berechnungen sehr schnell auszuführen, ohne dass sie ermüden oder an Genauigkeit verlieren.

Was der Computer tun soll, sagen wir ihm mit Anweisungen, die er verstehen kann. Allerdings ist es für den Computer recht schwer, menschliche Sprachen wie Englisch, Französisch oder Deutsch genau und widerspruchsfrei zu verstehen. Selbst Menschen haben Schwierigkeiten mit Genauigkeit und Mehrdeutigkeit, wenn sie miteinander reden, sodass es für Computer wenig Hoffnung gibt, es besser zu machen!

Python

Wir entscheiden uns für eine Computersprache namens *Python*. Diese Sprache ist leicht zu lernen und eignet sich daher gut für den Einstieg. Außerdem ist es einfach, die Python-Anweisungen anderer Programmierer zu lesen und zu verstehen. Darüber hinaus ist die Sprache sehr populär und wird in vielen verschiedenen Bereichen eingesetzt, unter anderem in Wissenschaft und Forschung, im Unterricht, für weltweite Infrastruktur sowie zur Datenanalyse und für die künstliche Intelligenz. Python wird vermehrt im Schulunterricht gelehrt, und der äußerst beliebte Raspberry Pi hat Python einem noch größeren Publikum zugänglich gemacht, Schüler und Studenten eingeschlossen.

Der Anhang beinhaltet eine Anleitung, um einen Raspberry Pi Zero für sämtliche Arbeiten einzurichten, die wir in diesem Buch behandeln, damit Sie Ihr eigenes neuronales Netz mit Python erzeugen können. Ein Raspberry Pi Zero ist ein besonders preiswerter kleiner Computer, der nur etwa 5 Euro kostet. Das ist kein Druckfehler – er kostet wirklich lediglich 5 Euro.

Über Python (oder jede andere Computersprache) gibt es noch viel mehr zu lernen, doch ich beschränke mich hier auf das, was Sie für das Erstellen eines eigenen neuronalen Netzes brauchen. Somit lernen Sie gerade genug Python, um dieses Ziel zu erreichen.

Interaktives Python = IPython

Anstatt Python auf Ihrem Computer Schritt für Schritt einzurichten – einschließlich der verschiedenen Erweiterungen für Mathematik und Bilddarstellung –, greifen wir auf eine fertig gepackte Lösung zurück, genannt *IPython*.

IPython enthält die Programmiersprache Python und mehrere Erweiterungen für gebräuchliche numerische Datenverarbeitung und grafische Darstellung von Daten; dazu gehören auch diejenigen, die wir hier brauchen. Zudem besitzt IPython den Vorzug, interaktive Notebooks zu präsentieren, die sich wie Bleistift und Notizblock verhalten. Diese sind ideal dazu geeignet, Ideen auszuprobieren, Ergebnisse anzuzeigen und dann einige der Ideen erneut zu verändern, alles leicht und unkompliziert. Dadurch brauchen wir uns weder um Programmdateien noch um Interpreter oder Bibliotheken zu kümmern, was uns gegebenenfalls nur von unserem eigentlichen Anliegen ablenkt, insbesondere wenn nicht gleich alles wie erwartet funktioniert.

Die Site *ipython.org* bietet Ihnen ein paar Möglichkeiten an, um fertige IPython-Pakete zu beziehen. Ich verwende das Paket *Anaconda* von *www.continuum.io/downloads*, wie Abbildung 2-1 zeigt.

Möglicherweise hat sich das Erscheinungsbild der Site geändert, seit ich diesen Snapshot aufgenommen habe, lassen Sie sich also nicht abschrecken. Gehen Sie zunächst zu dem Ihrem Computer entsprechenden Abschnitt, der ein Windows-Computer, ein Apple Mac mit OS X oder ein Linux-Computer sein kann. Achten Sie im Abschnitt für Ihren Computer darauf, dass Sie die Python-Version 3.5 und nicht Version 2.7 herunterladen.

Die Akzeptanz von Python 3 nimmt ständig zu und ist zukunftsorientiert. Python 2.7 ist ebenfalls gut eingeführt, doch wir sollten uns an zukünftigen Aufgaben orientieren und Python 3 einsetzen, wann immer das möglich ist, speziell bei neuen Projekten. Da die meisten Computer inzwischen »64-Bit-Gehirne« haben, sollten Sie auch darauf achten, dass Sie diese Version auswählen. Nur Computer, die mehr als zehn Jahre alt sind, brauchen wahrscheinlich noch die veraltete 32-Bit-Version.

Folgen Sie den Anweisungen auf dieser Site, um das Paket auf Ihrem Computer zu installieren. Die Installation von IPython sollte leicht vonstattengehen und auch keine Probleme verursachen.

Anaconda for Windows

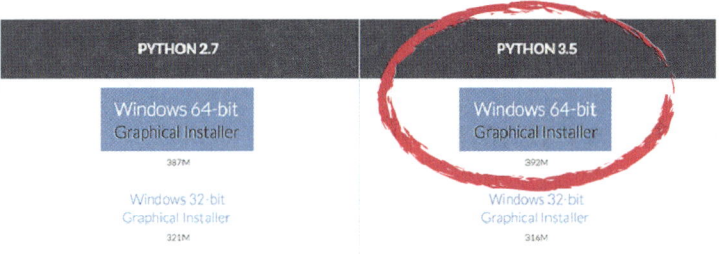

Windows Anaconda Installation

1. Download the installer.
2. Double-click the .exe file to install Anaconda and follow the instructions on the screen.
3. Optional: Verify data integrity with MD5.

Anaconda for OS X

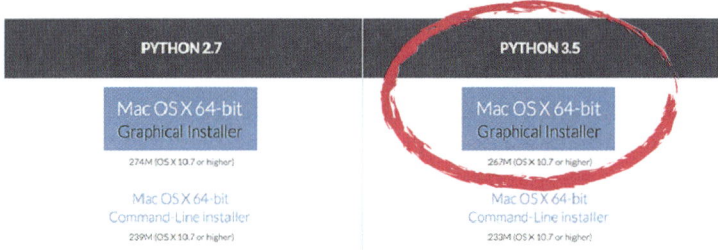

Abbildung 2-1: Das IPython-Paket Anaconda herunterladen

Ein sehr sanfter Start mit Python

Ich gehe jetzt davon aus, dass Sie auf IPython zugreifen können, wenn Sie die Anweisungen für die Installation befolgt haben.

Notebooks

Nachdem Sie Python gestartet und auf *New Notebook* geklickt haben, erscheint ein leeres *Notebook*, wie es Abbildung 2-2 zeigt.

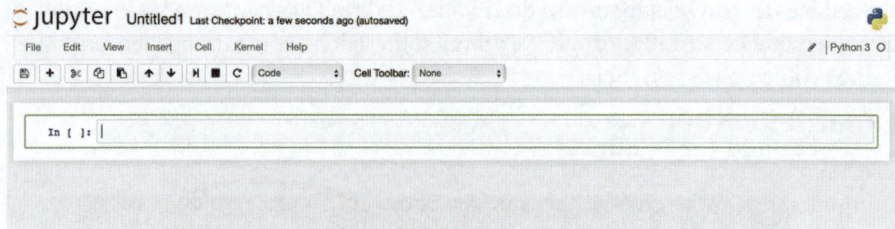

Abbildung 2-2: Ein neues Notebook

Das Notebook ist interaktiv, wartet also darauf, dass Sie eine Anweisung eingeben, führt sie aus, gibt dann die Antwort zurück und wartet erneut auf eine Anweisung oder Frage. Es verhält sich wie ein elektrischer Butler mit Talent für Arithmetik, der niemals müde wird.

Wenn Sie eine Aufgabe zu lösen haben, die schon ein wenig komplizierter ist, sollten Sie sie in Abschnitte zerlegen. Dadurch lassen sich die Gedanken leichter ordnen, und man findet auch schneller heraus, welcher Teil eines großen Projekts schiefgegangen ist. Bei IPython nennt man diese Abschnitte *Zellen* (Cells). Das in Abbildung 2-2 gezeigte IPython-Notebook hat anfangs eine leere Zelle, und eine blinkende Einfügemarke (ein sogenanntes Caret) zeigt die Eingabebereitschaft an.

Erteilen Sie nun dem Computer eine Anweisung! Lassen Sie ihn zwei Zahlen multiplizieren, beispielsweise 2 mal 3. Tippen Sie »2 * 3« in die Zelle ein (ohne die Anführungszeichen) und klicken Sie dann auf die Schaltfläche *run cell*, die aussieht wie ein Wiedergabesymbol. Der Computer wird schnell herausfinden, was Sie mit dieser Anweisung meinen, und das Ergebnis zurückgeben (siehe Abbildung 2-3).

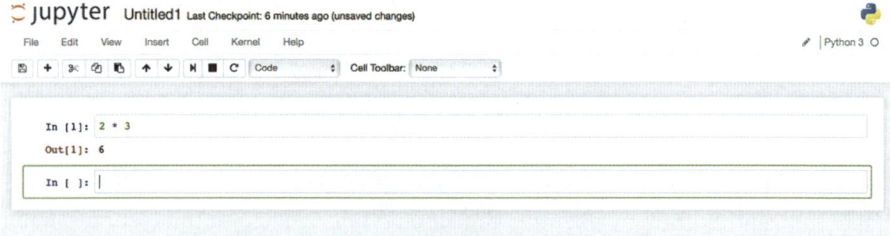

Abbildung 2-3: Eingabe einer Anweisung und Anzeige des Ergebnisses

Wie Abbildung 2-3 zeigt, erscheint die richtige Antwort »6«. Sie haben soeben Ihrem Computer mithilfe von Python Ihre erste Anweisung gegeben und ein richtiges Ergebnis erhalten – Ihr erstes Computerprogramm!

Lassen Sie sich nicht dadurch stören, dass IPython die Frage mit In [1] und die Antwort mit Out [1] kennzeichnet. Das dient lediglich als Erinnerung dafür, was Sie gefragt haben (In für Input = Eingabe) und was Python geantwortet hat (Out für Output = Ausgabe). Die Zahlen geben die Reihenfolge der Fragen und Antworten an, was nützlich ist, wenn Sie in Ihrem Notebook etwas suchen, Anweisungen anpassen und erneut ausführen wollen.

Einfaches Python

Wir haben es ehrlich gemeint, als wir gesagt haben, dass Python eine einfache Computersprache sei. In der nächsten Zelle, die mit In [ ] bezeichnet ist, geben Sie den folgenden Code ein und klicken auf *run cell*. Mit dem Begriff *Code* meint man üblicherweise Anweisungen, die in einer Computersprache geschrieben sind. Wenn es Ihnen (wie mir) zu umständlich ist, den Mauszeiger zu verschieben, um auf die Schaltfläche *run cell* zu klicken, können Sie stattdessen die Tastenkombination [Strg]+[↵] verwenden.

```
print("Hello World!")
```

Sie sollten eine Antwort erhalten, die einfach den Text Hello World! ausgibt, wie Abbildung 2-4 zeigt.

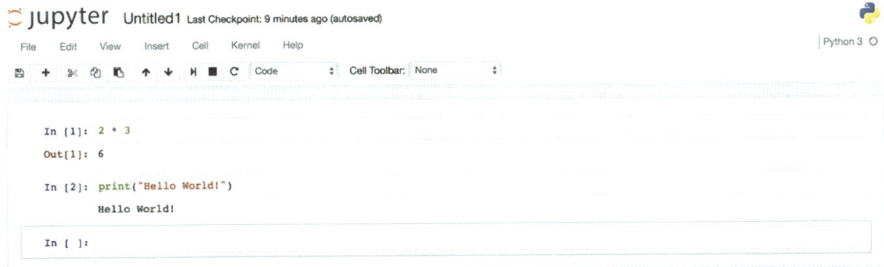

Abbildung 2-4: Ausgabe der eingegebenen Zeichenfolge

In Abbildung 2-4 sehen Sie, dass beim Ausführen der zweiten Anweisung zur Ausgabe von Hello World! die vorherige Zelle mit der eingegebenen Anweisung und der ausgegebenen Antwort nicht entfernt wurde. Das ist nützlich, wenn man eine Lösung schrittweise aus mehreren Teilen aufbaut.

Wir wollen nun sehen, was es mit dem folgenden Code auf sich hat, der ein zentrales Konzept einführt. Geben Sie ihn in eine neue Zelle ein und führen Sie ihn aus. Falls keine leere Zelle zu sehen ist, klicken Sie auf die Schaltfläche, die ein Pluszeichen zeigt und mit *insert cell below* (Zelle unten einfügen) beschriftet ist.

```
x = 10
print(x)
print(x+5)

y = x+7
print(y)

print(z)
```

Die erste Zeile, x = 10, sieht wie eine mathematische Anweisung aus, die besagt, dass x gleich 10 ist. In Python bedeutet sie, dass x auf 10 gesetzt wird, d. h. der Wert 10 in ein virtuelles Fach namens x gelegt wird. Das ist genauso einfach, wie es Abbildung 2-5 symbolisiert.

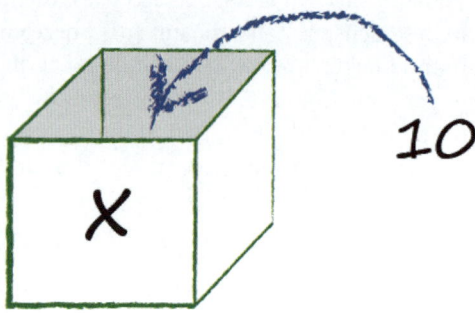

Abbildung 2-5: Eine Zahl für später aufbewahren

Diese 10 bleibt bis auf Weiteres dort drin. Die Anweisung print(x) haben wir schon weiter oben verwendet. Sie soll den Wert von x ausgeben, der 10 ist. Warum gibt sie nicht einfach den Buchstaben x aus? Weil Python immer bemüht ist, auszuwerten, was möglich ist, und x kann zum Wert 10 ausgewertet werden. Deshalb erscheint die 10 in der Ausgabe. Die nächste Zeile print (x + 5) wertet x + 5 aus, was 10 + 5 oder 15 ergibt, sodass wir in der Ausgabe 15 erwarten.

Bei der nächsten Anweisung y = x + 7 sollte es nicht schwierig sein, das Ergebnis herauszufinden. Wir halten uns wieder an die Konvention, dass Python alles auswertet, was möglich ist. Die Anweisung soll einem neuen Fach mit der Bezeichnung y einen Wert zuweisen. Doch welchen Wert? Der Ausdruck auf der rechten Seite des Gleichheitszeichens lautet x + 7, was 10 + 7 oder 17 ist. Somit enthält y den Wert 17, und die Anweisung in der nächsten Zeile sollte ihn ausgeben.

Was passiert in der Zeile print(z), wenn wir z (im Unterschied zu x und y) noch keinen Wert zugewiesen haben? Wir bekommen eine höfliche Fehlermeldung, die uns über den Fehler informiert, wobei Python versucht, möglichst hilfreich zu sein, damit wir den Fehler korrigieren können. Leider muss man sagen, dass die Fehlermeldungen der meisten Computersprachen zwar darauf abzielen, hilfreich zu sein, damit aber nicht immer erfolgreich sind.

Abbildung 2-6 zeigt die Ergebnisse des obigen Codes, einschließlich der hilfreichen, höflichen Fehlermeldung name 'z' is not defined (Name 'z' ist nicht definiert).

Diese Fächer mit Beschriftungen wie x und y, die Werte wie 10 und 17 aufnehmen, werden *Variablen* genannt. Variablen dienen in Computersprachen dazu, eine Folge von Anweisungen möglichst allgemein formulieren zu können, genauso wie Mathematiker zu x und y greifen, um allgemeine Aussagen zu treffen.

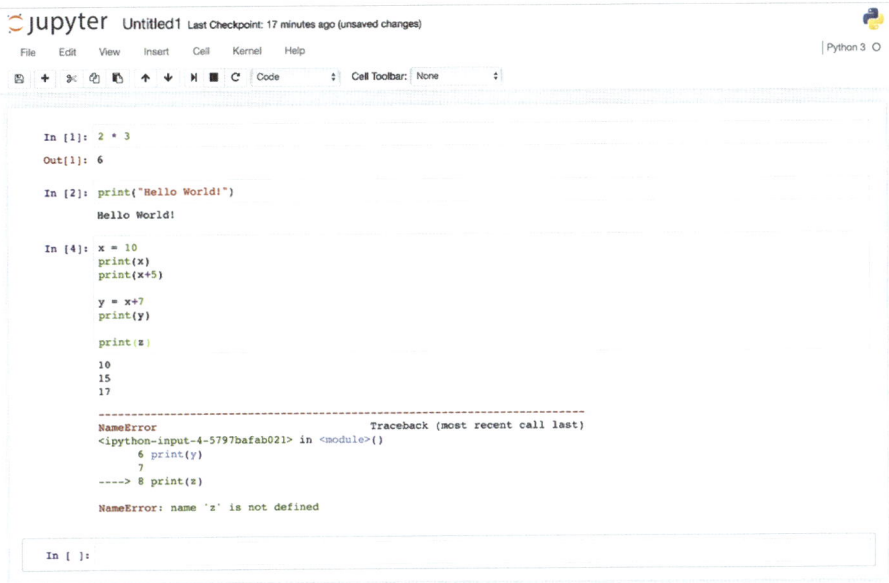

Abbildung 2-6: Die Ergebnisse des oben angegebenen Codebeispiels inklusive einer Fehlermeldung

Arbeiten automatisieren

Computer sind hervorragend dafür geeignet, ähnliche Aufgaben viele Male auszuführen – das macht ihnen nichts aus, und sie sind sehr schnell im Vergleich zu Menschen mit Taschenrechnern!

Probieren wir einmal, ob wir einen Computer dazu bringen können, die ersten zehn Quadratzahlen auszugeben, beginnend mit 0 quadriert, 1 quadriert, dann 2 quadriert usw. Wir erwarten eine Ausgabe wie 0, 1, 4, 9, 16, 25 usw.

Wir könnten die Berechnungen natürlich selbst durchführen und sie mit einem Satz von Anweisungen wie print(0), print(1), print(4) usw. ausgeben. Das würde funktionieren, doch wir hätten es versäumt, den Computer die Berechnungen für uns ausführen zu lassen. Darüber hinaus hätten wir die Gelegenheit verpasst, einen generischen Satz von Anweisungen zu erzeugen, um die Quadrate der Zahlen bis zu jedem vorgegebenen Wert auszugeben. Dazu müssen wir einige neue Ideen aufgreifen. Gehen wir es also behutsam an.

Geben Sie den folgenden Code in die nächste Zelle ein und führen Sie ihn aus:

```
list( range(10) )
```

Das Ergebnis sollte eine Liste mit zehn Zahlen von 0 bis 9 sein (siehe Abbildung 2-7). Das ist großartig, weil wir dem Computer die Aufgabe übertragen haben, die Liste zu erstellen. Wir mussten das nicht selbst tun. Wir sind der Boss, und der Computer ist unser Diener!

```
In [8]:  list( range(10) )

Out[8]:  [0, 1, 2, 3, 4, 5, 6, 7, 8, 9]
```

Abbildung 2-7: Vom Computer erzeugte Liste mit zehn Zahlen

Vielleicht fragen Sie sich, warum die Liste von 0 bis 9 und nicht von 1 bis 10 reicht. Das hängt damit zusammen, dass viele Computer 0-basiert arbeiten, d. h. bei 0 und nicht bei 1 anfangen zu zählen. Ich habe schon mehrfach fehlerhaften Code produziert, weil ich davon ausgegangen bin, dass eine Computerliste bei 1 und nicht bei 0 beginnt.

Solche geordneten Listen sind beispielsweise nützlich, um mitzuzählen, wenn Berechnungen viele Male laufen oder iterative Funktionen anzuwenden sind.

Sicherlich haben Sie bemerkt, dass hier das Schlüsselwort print fehlt, das bei der Ausgabe des Texts Hello World! erforderlich war, das wir aber auch bei der Auswertung von 2 * 3 weglassen konnten. Die Verwendung des Schlüsselworts print kann optional sein, wenn wir mit Python im interaktiven Modus arbeiten. Denn Python weiß dann, dass wir das Ergebnis der ausgeführten Anweisungen sehen wollen.

Um den Computer zu veranlassen, Dinge wiederholt auszuführen, verwendet man meistens spezielle Codestrukturen – die sogenannten *Schleifen*. Dieser Begriff deutet bereits an, dass etwas wiederholt wird, gegebenenfalls endlos. Anstatt eine Schleife zu definieren, ist es aber am besten, ein einfaches Beispiel zu zeigen. Geben Sie den folgenden Code in eine neue Zelle ein und führen Sie ihn aus:

```
for n in range(10):
        print(n)
        pass
print("done")
```

In diesem Code sind drei neue Elemente enthalten. Die erste Zeile enthält den Ausdruck range(10), den wir weiter oben bereits gesehen haben. Damit wird die schon bekannte Liste der Zahlen von 0 bis 9 erzeugt.

Der Code for n in leitet eine Schleife ein. In diesem Fall führt sie etwas für jede Zahl in der Liste aus und zählt die Durchläufe mit, indem sie den aktuellen Wert der Variablen n zuweist. Variablen haben Sie bereits weiter oben kennengelernt. Die Schleife führt hier also beim ersten Durchlauf die Anweisung n=0 aus, dann n=1 usw. bis n=9, dem letzten Element in der Liste.

Die Anweisung print(n) in der nächsten Zeile ist ebenfalls schon bekannt. Sie gibt den Wert von n aus. Wir erwarten, dass alle Zahlen in der Liste ausgegeben werden. Allerdings ist die Anweisung print(n) eingerückt. In Python ist dies wichtig, da Einrückungen anzeigen, welche Anweisungen anderen untergeordnet sind. Hier ist print(n) der mit for n in erzeugten Schleife untergeordnet. Die Anweisung pass signalisiert das Ende der Schleife. Die nächste Anweisung kehrt zurück zur normalen Einrückungsebene und ist somit nicht Teil der Schleife. Folglich erwarten wir, dass »done« nur einmal und nicht zehnmal ausgegeben wird. Abbildung 2-8 zeigt die Ausgabe, die wie erwartet aussieht.

```
Out[8]: [0, 1, 2, 3, 4, 5, 6, 7, 8, 9]

In [12]: for n in range(10):
             print(n)
             pass
         print("done")

         0
         1
         2
         3
         4
         5
         6
         7
         8
         9
         done
```

Abbildung 2-8: Die Ausgabe der Beispielschleife

Es sollte inzwischen klar sein, dass sich die Quadrate mit n*n ausgeben lassen. Um die Ausgabe verständlicher zu formulieren, kann man sie in der Art »The square of 3 is 9« gestalten. Der folgende Code zeigt diese Änderung an der print-Anweisung, die in der Schleife wiederholt wird. Die Variablen sind nicht in Anführungszeichen eingeschlossen und werden folglich ausgewertet.

```
for n in range(10):
    print("The square of", n, "is", n*n)
    pass
print("done")
```

Abbildung 2-9 zeigt das Ergebnis.

```
In [13]: for n in range(10):
             print("The square of", n, "is", n*n)
             pass
         print("done")

         The square of 0 is 0
         The square of 1 is 1
         The square of 2 is 4
         The square of 3 is 9
         The square of 4 is 16
         The square of 5 is 25
         The square of 6 is 36
         The square of 7 is 49
         The square of 8 is 64
         The square of 9 is 81
         done
```

Abbildung 2-9: Das Ergebnis der Schleifenanweisung mit verständlicherer Ausgabeanweisung

Das ist schon recht eindrucksvoll! Mit einem ziemlich knappen Satz von Anweisungen bringen wir den Computer dazu, viele Aufgaben sehr schnell auszuführen.

Es ist auch ganz einfach, die Anzahl der Schleifendurchläufe zu vergrößern, und zwar mit der Anweisung range(50) oder sogar range(1000). Probieren Sie es aus!

Kommentare

Bevor wir weitere interessante Python-Befehle untersuchen, sollten Sie sich den folgenden Beispielcode ansehen:

```
# the following prints out the cube of 2
print(2**3)
```

Die erste Zeile beginnt mit dem Hashsymbol #. Python ignoriert alle Zeilen, die mit diesem Symbol beginnen. Solche Zeilen sind keineswegs nutzlos. Hier kann man hilfreiche Kommentare in den Code einfügen, um ihn verständlicher zu machen für andere Leser oder auch für sich selbst, wenn man den Code später überarbeiten muss.

Glauben Sie mir, Sie werden dankbar sein dafür, Ihren Code kommentiert zu haben, vor allem bei komplexeren oder weniger durchsichtigen Codeabschnitten. Ich habe schon oft versucht, meinen eigenen Code wieder zu entschlüsseln, und mich dabei gefragt: »Was habe ich mir eigentlich dabei gedacht?«

Funktionen

Kapitel 1 dieses Buchs ist ausführlich auf mathematische Funktionen eingegangen. Wir haben sie uns als Maschinen vorgestellt, die Eingaben übernehmen, in bestimmter Weise verarbeiten und das Ergebnis ausgeben. Diese Funktionen waren eigenständig und konnten immer wieder verwendet werden.

Viele Computersprachen, Python eingeschlossen, erleichtern es, wiederverwendbare Computeranweisungen zu erzeugen. Wie mathematische Funktionen sind diese wiederverwendbaren Codeabschnitte eigenständig, wenn man sie ordnungsgemäß definiert, und sie erlauben es, kürzeren und eleganteren Code zu schreiben. Warum kürzeren Code? Weil es besser ist, eine Funktion mehrfach unter ihrem Namen aufzurufen, als den gesamten Funktionscode entsprechend oft auszuschreiben.

Und was meinen wir mit »ordnungsgemäß definiert«? Es bedeutet, sich klar darüber zu sein, welche Arten von Eingabe eine Funktion erwartet und welche Art von Ausgabe sie produziert. Manche Funktionen übernehmen ausschließlich Zahlen als Eingabe, sodass man ihnen kein Wort anbieten kann, das aus Buchstaben besteht.

Auch hier ist es am besten, dieses einfache Konzept einer *Funktion* an einem leicht verständlichen Beispiel deutlich zu machen. Geben Sie den folgenden Code ein und führen Sie ihn aus:

```
# function that takes 2 numbers as input
# and outputs their average
def avg(x,y):
    print("first input is", x)
    print("second input is", y)
    a = (x + y) / 2.0
    print("average is", a)
    return a
```

Was bewirkt dieser Code? Die beiden ersten Zeilen, die mit # beginnen, ignoriert Python. Sie können hier jedoch Kommentare für zukünftige Leser hinterlassen. Die nächste Anweisung, def avg(x,y), teilt Python mit, dass wir eine neue wiederverwendbare Funktion definieren. Dabei steht das Schlüsselwort def für »definieren«, und avg (als Abkürzung des englischen Worts average, Mittelwert) ist der Name, den wir der Funktion geben. Wir hätten sie auch »banana« oder »pluto« nennen können, doch sinnvoller sind Namen, die die Aufgabe der Funktion andeuten. Der geklammerte Abschnitt nach dem Funktionsnamen, (x,y), sagt Python, dass diese Funktion zwei Eingaben übernimmt, die in der sich anschließenden Definition der Funktion x und y heißen. In manchen Programmiersprachen muss man angeben, welchen Typ diese Eingaben haben. In Python ist das nicht erforderlich. Allerdings beschwert sich Python später, wenn man eine Variable missbräuchlich verwenden will, beispielsweise ein Wort wie eine Zahl behandelt oder ähnliche unsinnige Dinge anstellt.

Da wir Python angekündigt haben, dass wir eine Funktion definieren wollen, müssen wir nun auch angeben, was die Funktion tun soll. Wie der obige Code zeigt, ist diese Definition der Funktion eingerückt. Manche Sprachen spezifizieren durch Klammern, welche Anweisungen zu welchen Teilen eines Programms gehören, doch die Python-Entwickler waren der Ansicht, dass Unmengen von Klammern unangenehm für das Auge sind und Einrückungen die Struktur eines Programms verständlicher darstellen. Die Meinungen gehen hier weit auseinander – manche Programmierer fühlen sich durch eine derartige Einrückungsphilosophie eingeengt. Ich aber liebe sie! Diese Methode gehört zu den menschenfreundlichsten Konzepten, die in der manchmal eigenwilligen Welt der Computerprogrammierung aufgetaucht sind!

Die Definition der Funktion avg(x,y) ist leicht zu verstehen, da sie nur zwei bereits bekannte Elemente verwendet. Sie gibt die beiden Zahlen aus, die die Funktion bei ihrem Aufruf übergeben bekommt. Um den Mittelwert zu bilden, ist es gar nicht notwendig, die beiden Zahlen auszugeben, doch ich möchte damit verdeutlichen, was innerhalb der Funktion passiert. Die Anweisung in der nächsten Codezeile berechnet (x+y) / 2.0 und weist den Ergebniswert der Variablen a zu. Die nächste Anweisung gibt den Mittelwert aus, um wieder den Ablauf im Code nachvollziehbar zu machen. Schließlich bildet die letzte Codezeile das Ende der Funktion. Mit return a wird Python gesagt, was die Funktion zurückgeben soll, genau wie bei den weiter oben betrachteten Maschinen.

Wenn Sie diesen Code ausführen, passiert praktisch nichts. Er erzeugt keine Zahlen, denn wir haben die Funktion lediglich definiert, aber noch nicht verwendet. Immerhin hat Python diese Funktion zur Kenntnis genommen und hält sie bereit, wenn wir sie nutzen wollen.

Geben Sie in die nächste Zelle avg(2,4) ein, um diese Funktion mit den Eingabewerten 2 und 4 auszuführen. Übrigens: In der Welt der Computerprogrammierung sagt man, wenn der Code einer Funktion ausgeführt werden soll, »eine Funktion aufrufen«. Die Ausgabe sollte dem entsprechen, was wir erwarten, d. h., die Funktion gibt die beiden Eingabewerte und den berechneten Mittelwert aus. Außerdem erscheint die Antwort der Funktion in einer eigenen Ausgabezeile, weil eine interaktive Python-Sitzung den Wert ausgibt, den eine aufgerufene Funktion als Ergebnis liefert. Abbildung 2-10 zeigt die Funktionsdefinition und die Ergebnisse für die beiden Aufrufe der Funktion mit avg(2,4) und avg(200, 301). Probieren Sie die Funktion mit eigenen Eingabewerten selbst einmal aus.

```
In [20]:   # function that takes 2 numbers as input
           # and outputs their average
           def avg(x,y):
               print("first input is", x)
               print("second input is", y)
               a = (x + y) / 2.0
               print("average is", a)
               return a

In [21]:   avg(2,4)

           first input is 2
           second input is 4
           average is 3.0

Out[21]:   3.0

In [23]:   avg(200,301)

           first input is 200
           second input is 301
           average is 250.5

Out[23]:   250.5
```

Abbildung 2-10: Definition der Funktion avg und zwei Beispiele für den Aufruf der Funktion

Der Funktionscode, der den Mittelwert berechnet, dividiert die Summe der beiden Eingaben durch 2.0 und nicht einfach durch 2. Warum muss das so sein? Das hängt mit einer Eigenheit von Python zusammen, die mir allerdings nicht gefällt. Wenn man lediglich 2 schreibt, rundet Python das Ergebnis auf die nächste ganze Zahl ab, weil Python die einfache 2 als Ganzzahl betrachtet. Bei avg(2,4) spielt das zwar keine Rolle, weil 6 / 2 gleich 3 ist, also eine ganze Zahl. Doch bei avg(200,301) ergibt sich der Mittelwert zu 501 / 2, was 250,5 sein sollte, aber zu 250 abgerundet würde. Behalten Sie dies im Hinterkopf, wenn sich der eigene Code nicht wie erwartet verhält. Mit der Division durch 2.0 teilen wir Python mit, dass wir Zahlen mit Nachkommastellen verarbeiten und nicht auf ganze Zahlen runden möchten.

Gehen wir einen Schritt zurück und gratulieren wir uns. Denn wir haben eine wiederverwendbare Funktion definiert – eines der wichtigsten und leistungsfähigsten Elemente sowohl in der Mathematik als auch in der Computerprogrammierung.

Wir nutzen wiederverwendbare Funktionen, wenn wir unser neuronales Netz codieren. Zum Beispiel ist eine wiederverwendbare Funktion sinnvoll, die den Wert der Sigmoid-Aktivierungsfunktion berechnet, sodass wir diese Funktion viele Male aufrufen können.

Arrays

Arrays sind einfach Tabellen von Werten, und sie erweisen sich als eine wirklich praktische Einrichtung. Wie bei Tabellen üblich, spricht man bestimmte Zellen unter ihrer Zeilen- und Spaltennummer an. Diese Methode kennen Sie sicherlich aus Tabellenkalkulationen, in denen Sie auf Zellen zum Beispiel mit B1 oder C5 verweisen und die Werte dieser Zellen auch in Berechnungen verwenden können, beispielsweise mit C3+D7 (siehe Abbildung 2-11).

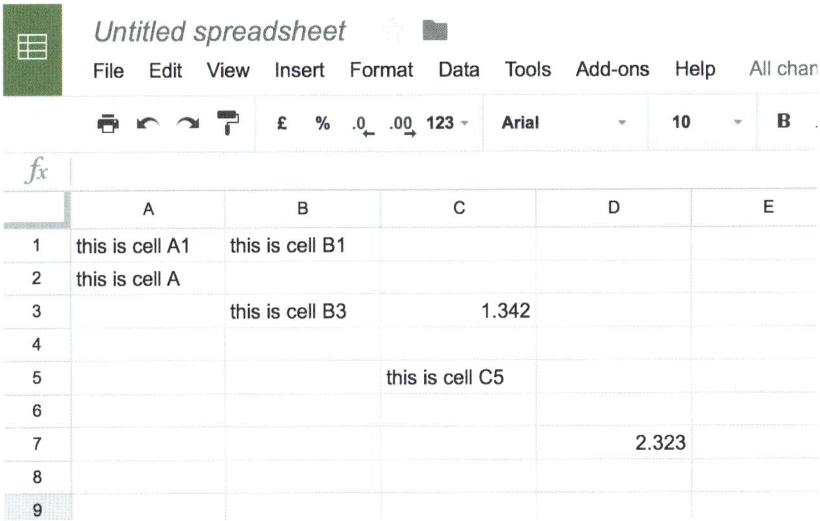

Abbildung 2-11: Spalten und Zeilen in einer Tabellenkalkulation

Wenn wir unser neuronales Netz codieren, stellen wir die Matrizen der Eingangssignale, der Gewichte und der Ausgangssignale ebenfalls als Arrays dar. Doch damit nicht genug. Arrays verwenden wir auch, um die Signale innerhalb der neuronalen Netze zu repräsentieren, wenn sie vorwärts weitergeleitet werden. Das Gleiche gilt für die Fehler, die in Rückwärtsrichtung durch das Netz laufen.

Machen wir uns also mit ihnen vertraut. Geben Sie den folgenden Code ein und führen Sie ihn aus:

```
import numpy
```

Was bewirkt diese Anweisung? Der import-Befehl weist Python an, zusätzliche Kräfte von einer anderen Stelle zu mobilisieren, d. h. neue Tools in das Repertoire einzufügen. Manchmal sind diese Zusatztools zwar schon Bestandteil von Python, sie stehen aber nicht unmittelbar zur Verfügung, um Python möglichst schlank und klein zu halten. Zusätzliche Funktionalität bindet man nur dann ein, wenn man sie auch wirklich braucht. Oftmals sind diese zusätzlichen Tools keine Kernbestandteile von Python, sondern werden von anderen Programmierern als nützliche Erweiterungen geschaffen und bereitgestellt, sodass sie jedermann nutzen kann. Der obige Code importiert einen zusätzlichen Satz von Tools, die in einem Modul namens numpy verpackt sind. Das beliebte Paket numpy enthält zweckmäßige Erweiterungen wie Arrays und die Funktionalität, um Berechnungen mit ihnen anzustellen.

In die nächste Zelle geben Sie den folgenden Code ein:

```
a = numpy.zeros( [3,2] )
print(a)
```

Dieser Code greift auf das importierte numpy-Modul zurück, um ein Array mit drei Zeilen und zwei Spalten zu erzeugen, bei dem alle Werte auf null gesetzt sind. Das gesamte Array wird dann der Variablen a zugewiesen. Die zweite Anweisung gibt a aus. Wie Abbildung 2-12 zeigt, ist das Array voll von Nullen und erscheint in einer Anordnung, die wie eine Tabelle mit drei Zeilen und zwei Spalten aussieht.

```
In [2]:  import numpy

In [3]:  a = numpy.zeros( [3,2] )
         print(a)
         [[ 0.   0.]
          [ 0.   0.]
          [ 0.   0.]]
```

Abbildung 2-12: Ein Array erzeugen, initialisieren und ausgeben

Als Nächstes modifizieren wir den Inhalt dieses Arrays und ändern einige dieser Nullen in andere Werte. Der folgende Code zeigt, wie man auf bestimmte Zellen zugreifen kann, um sie mit neuen Werten zu überschreiben. Das geschieht in der gleichen Weise, wie man auf Zellen in einer Tabellenkalkulation oder auf Felder einer Straßenkarte verweist.

```
a[0,0] = 1
a[0,1] = 2
a[1,0] = 9
a[2,1] = 12
print(a)
```

Die erste Codezeile aktualisiert die Zelle in Zeile 0 und Spalte 0 des Arrays mit dem Wert 1 und überschreibt dabei, was vorher in dieser Zelle stand. Die anderen Codezeilen sind ähnliche Aktualisierungen. Die Anweisung in der letzten Codezeile gibt das geänderte Array mit print(a) aus. Abbildung 2-13 zeigt, wie das Array nach diesen Änderungen aussieht.

```
In [2]: import numpy

In [3]: a = numpy.zeros( [3,2] )
        print(a)

        [[ 0.   0.]
         [ 0.   0.]
         [ 0.   0.]]

In [4]: a[0,0] = 1
        a[0,1] = 2
        a[1,0] = 9
        a[2,1] = 12
        print(a)

        [[  1.   2.]
         [  9.   0.]
         [  0.  12.]]
```

Abbildung 2-13: Anweisungen zum Aktualisieren (Überschreiben) einzelner Arrayzellen und das geänderte Array

Sie wissen nun, wie man den Wert von Zellen in einem Array festlegt. Doch wie lässt sich der Inhalt der jeweiligen Zellen lesen, ohne das gesamte Array ausgeben zu müssen? Das kennen Sie bereits. Sie verwenden einfach Ausdrücke wie a[1,2] oder a[2,1], um auf den Inhalt dieser Zellen zu verweisen. Das können Sie dann ausgeben oder anderen Variablen zuweisen. Dieser Code zeigt, wie das geht:

```
print(a[0,1])
v = a[1,0]
print(v)
```

Wie die Ausgabe in Abbildung 2-14 zeigt, liefert die erste print-Anweisung den Wert 2.0, der in der Zelle [0,1] steht. Dann weist der Code den Wert von a[1,0] der Variablen v zu und gibt den Wert dieser Variablen aus. Wie erwartet, erscheint 9.0 als Ausgabe.

```
In [5]: print(a[0,1])
        v = a[1,0]
        print(v)

        2.0
        9.0
```

Abbildung 2-14: Auf einzelne Elemente eines Arrays zugreifen

Die Nummerierung der Spalten und Zeilen beginnt bei 0 statt bei 1. Links oben befindet sich also Zelle [0,0] und nicht Zelle [1,1]. Dementsprechend hat die Zelle rechts unten die Indizes [2,1] und nicht [3,2]. Das hat mich so manches Mal kalt erwischt, weil ich regelmäßig vergesse, dass viele Dinge in der Computerwelt mit 0 und nicht mit 1 beginnen. Hätten wir versucht, auf a[3,2] zu verweisen, hätte uns eine Fehlermeldung darauf hingewiesen, dass wir auf eine nicht vorhandene Zelle zuzugreifen versuchen. Das Gleiche passiert, wenn wir die Spalten und Zeilen vertauschen. Um zu sehen, wie die Fehlermeldung aussieht, versuchen wir, auf a[0,2] zuzugreifen (siehe Abbildung 2-15).

```
In [6]:  # trying to look up an array element that doesn't exist
         a[0,2]

         ---------------------------------------------------------------------------
         IndexError                                Traceback (most recent call last)
         <ipython-input-6-489d1c44975f> in <module>()
               1 # trying to look up an array element that doesn't exist
         ----> 2 a[0,2]

         IndexError: index 2 is out of bounds for axis 1 with size 2
```

Abbildung 2-15: Fehlermeldung beim Zugriff auf ein nicht vorhandenes Arrayelement

Arrays – oder Matrizen – bieten sich für neuronale Netze an, weil wir damit die Anweisungen für unzählige Berechnungen vereinfachen können, um die Signale vorwärts und die Fehler rückwärts durch ein Netz zu leiten. Kapitel 1 dieses Buchs hat das bereits ausführlich erläutert.

Arrays grafisch darstellen

Genau wie bei großen Tabellen oder Listen ist es auch bei großen Arrays wenig aufschlussreich, das reine Zahlenmaterial zu betrachten. Um auf einen Blick erfassen zu können, was die Zahlen bedeuten, sollte man die Daten visualisieren. So kann man sich zweidimensionale Arrays mit Zahlen als zweidimensionale Oberflächen vorstellen, die abhängig vom Wert in jeder Zelle eingefärbt ist. Dabei lässt sich festlegen, wie in welcher Farbe Sie den Wert einer Zelle anzeigen möchten. Das kann anhand einer einfachen Farbskala geschehen, oder Sie färben alles weiß ein außer bei den Werten, die über einem bestimmten Schwellwert liegen und dann in Schwarz erscheinen.

Wir wollen nun das oben erzeugte kleine 3-mal-2-Array grafisch darstellen.

Vorher müssen wir Python noch um die Fähigkeit erweitern, Grafiken zu zeichnen. Dazu *importieren* wir zusätzlichen Python-Code, den andere Programmierer geschrieben haben. Man kann sich das so vorstellen, dass wir uns ein Rezeptbuch von einem Freund borgen, um es in unser Bücherregal zu stellen. Somit bietet unser Bücherregal nun zusätzliche Inhalte, die uns in die Lage versetzen, ein größeres Speiseangebot anzubieten, als es vorher möglich war.

Die folgende Anweisung importiert die Funktionalität zur Darstellung von Grafiken:

```
import matplotlib.pyplot
```

Hier ist matplotlib.pyplot der Name des neuen »Rezeptbuchs«, das wir uns ausborgen. Man sagt auch »ein Modul importieren« oder »eine Bibliothek importieren«. Dabei geht es immer um den zusätzlichen Python-Code, den Sie in Ihr Programm einbinden, d. h. importieren. Wenn Sie professionell mit Python arbeiten, importieren Sie oftmals zusätzliche Funktionalität, um sich das Leben einfacher zu machen, indem Sie nützlichen Code von anderen wiederverwenden. Aber Sie können auch selbst nützlichen Code schreiben, um ihn für andere bereitzustellen!

Des Weiteren müssen wir dafür sorgen, dass IPython die Grafiken im Notebook zeichnet und nicht in einem separaten externen Fenster. Das spezifizieren wir explizit wie folgt:

```
%matplotlib inline
```

Nun können wir dieses Array darstellen. Geben Sie den folgenden Code ein und führen Sie ihn aus:

```
matplotlib.pyplot.imshow(a, interpolation="nearest")
```

Die Anweisung imshow() erzeugt eine Grafik, und der erste Parameter ist das Array, das wir ausgeben wollen. Der Parameter interpolation weist Python an, die Farben nicht zu überblenden. In der Standardeinstellung versucht Python, durch Überblenden ein weicheres Bild zu erzeugen. Abbildung 2-16 zeigt die Ausgabe.

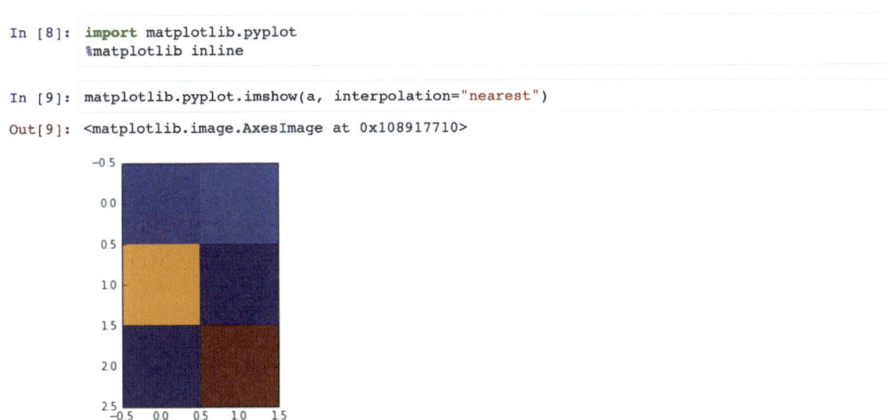

Abbildung 2-16: Die grafische Ausgabe des Arrays

Das ist spannend! Unsere erste Grafikausgabe zeigt das 3-mal-2-Array als farbige Felder. Arrayelemente, die den gleichen Wert enthalten, erscheinen auch in der gleichen Farbe. Später visualisieren wir mit genau der gleichen `imshow()`-Anweisung ein Array von Werten, die wir in unser neuronales Netz einspeisen.

Das IPython-Paket bringt zahlreiche Werkzeuge für die Datenvisualisierung mit. Sie sollten sich diese Tools ansehen und einige davon auch ausprobieren, um ein Gefühl für das breite Spektrum möglicher Grafikoperationen zu bekommen. Selbst die `imshow()`-Anweisung bietet viele Optionen, mit denen Sie sich befassen sollten, beispielsweise die Verwendung verschiedener Farbpaletten.

Objekte

Wir kommen nun zu einem weiteren Python-Konzept: *Objekte*. Objekte ähneln wiederverwendbaren Funktionen, weil wir sie einmal definieren und viele Male verwenden. Doch Objekte können viel mehr leisten als eine einfache Funktion.

Das Wesen von Objekten versteht man am besten, wenn man sie in Aktion sieht, anstatt sich mit einem abstrakten Konzept herumzuschlagen. Sehen Sie sich den folgenden Code an:

```
# class for a dog object
class Dog:

    # dogs can bark()
    def bark(self):
        print("woof!")
        pass

    pass
```

Los geht es mit etwas Bekanntem. Der Code enthält Anweisungen, die eine Funktion `bark()` (engl. für bellen) definieren. Diese Funktion liefert die Ausgabe »woof!«. Das ist leicht zu erkennen.

Sehen wir uns nun außerhalb dieser bekannten Funktionsdefinition um. In der zweiten Zeile stehen das Schlüsselwort `class` und der Name `Dog`. Die sich anschließende Codestruktur ähnelt der einer Funktion. Wie in einer Funktionsdefinition ist auch hier ein Name vorhanden. Im Unterschied zu einer Funktionsdefinition sehen Sie hier aber nicht das Schlüsselwort `def`, um eine Funktion zu definieren, sondern das Schlüsselwort `class`, das eine Klassendefinition einleitet.

Bevor wir uns damit beschäftigen, was eine *Klasse* – verglichen mit einem Objekt – ist, sehen wir uns wieder einen realen, wenn auch sehr einfachen Code an, der diese abstrakten Konzepte zum Leben erweckt:

```
sizzles = Dog()
sizzles.bark()
```

Der Code in der ersten Zeile erzeugt eine Variable `sizzles`. Die Anweisung sieht wie ein Funktionsaufruf aus. Tatsächlich ist `Dog()` eine spezielle Funktion, die eine Instanz der Klasse `Dog` erzeugt. Wir wissen nun, wie man Dinge aus Klassendefinitionen erzeugt. Und diese Dinge heißen *Objekte*. Wir haben ein Objekt sizzles aus der Klassendefinition von Dog erzeugt – dieses Objekt können wir als Hund (engl. dog) betrachten!

Die nächste Zeile ruft die Funktion bark() auf dem Objekt sizzles auf. Das ist nicht ganz neu, da wir Funktionen bereits kennengelernt haben. Noch nicht geläufig ist der Aufruf der Funktion bark(), als wäre sie ein Teil des sizzles-Objekts. Das hängt damit zusammen, dass alle von der Klasse Dog erzeugten Objekte über eine Funktion bark() verfügen. Das ist so in der Definition der Klasse Dog zu sehen.

Drücken wir es ganz einfach aus: Wir haben sizzles erzeugt, eine Art von Dog. Dieses sizzles ist ein Objekt, das in Gestalt einer Dog-Klasse erzeugt wurde. Objekte sind Instanzen einer Klasse.

Abbildung 2-17 zeigt unsere bisherigen Schritte und bestätigt auch, dass sizzles. bark() tatsächlich ein »woof!« ausgibt.

```
In [7]:   # class for a dog object
          class Dog:

              # dogs can bark()
              def bark(self):
                  print("woof!")
                  pass

              pass

In [8]:   sizzles = Dog()

In [9]:   sizzles.bark()

          woof!
```

Abbildung 2-17: Von der Klasse zum Objekt

Vermutlich ist Ihnen das self in der Definition der Funktion bark(self) aufgefallen. Das erscheint Ihnen, so wie auch mir, vielleicht ungewöhnlich. So sehr ich Python mag, ich glaube nicht, dass es perfekt ist. Das self steht hier, damit Python die erzeugte Funktion dem richtigen Objekt zuweist. Eigentlich liegt das doch auf der Hand, weil bark() innerhalb der Klassendefinition steht und Python deshalb wissen müsste, mit welchen Objekten die Funktion zu verbinden ist. Doch das ist eben nur meine Meinung.

Objekte und Klassen lassen sich in vielen nützlichen Kontexten einsetzen. Sehen Sie sich den folgenden Code an:

```
sizzles = Dog()
mutley = Dog()

sizzles.bark()
mutley.bark()
```

Führen Sie den Code aus und sehen Sie sich das Ergebnis an (siehe Abbildung 2-18).

```
In [4]:   sizzles = Dog()
          mutley = Dog()

          sizzles.bark()
          mutley.bark()

          woof!
          woof!

In [ ]:
```

Abbildung 2-18: Eine Funktion auf zwei verschiedenen Objekten aufrufen

Das ist interessant! Wir erzeugen zwei Objekte namens sizzles und mutley. Dabei werden beide Objekte von derselben Dog()-Klassendefinition erzeugt. Das ist ein leistungsfähiges Instrument! Wir definieren, wie die Objekte aussehen und wie sie sich verhalten sollten, und dann erstellen wir reale Instanzen von ihnen.

Hier liegt auch der Unterschied zwischen *Klasse* und *Objekt* – das eine ist eine Definition und das andere eine wirkliche Instanz dieser Definition. Eine Klasse ist ein Kuchenrezept in einem Buch, ein Objekt ist ein Kuchen, der nach diesem Rezept gebacken wurde. Abbildung 2-19 veranschaulicht, wie Objekte aus einem Klassenrezept entstehen.

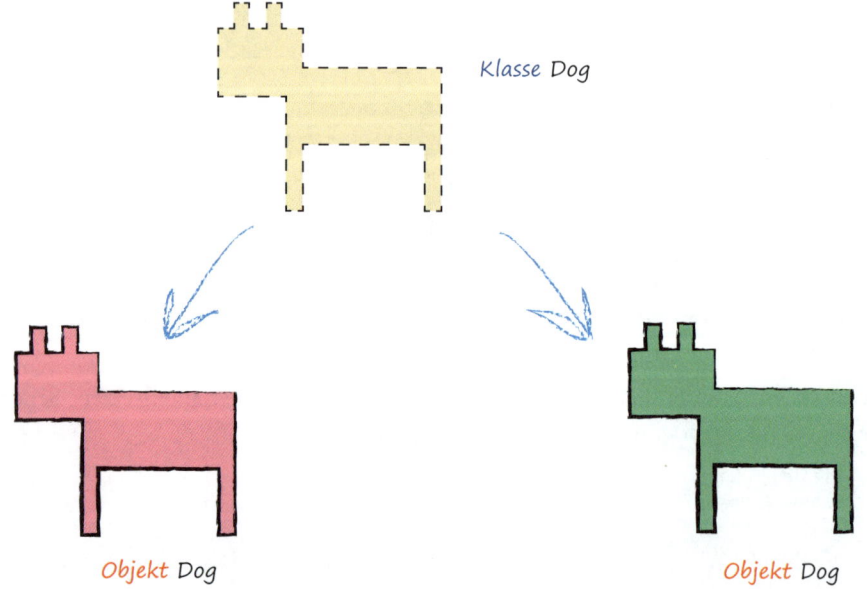

Abbildung 2-19: Objekte sind Instanzen einer Klasse.

Wozu dienen diese Objekte, die aus einer Klasse erzeugt werden? Wozu der ganze Aufwand? Wäre es nicht einfacher, ohne den ganzen zusätzlichen Code lediglich das Wort »woof!« auszugeben?

Zum einen ist es nützlich, viele gleichartige Objekte zu erzeugen, die alle von derselben Vorlage stammen. Man spart sich die Zeit, jedes einzelne Objekt vollständig erzeugen zu müssen. Doch der eigentliche Nutzen von Objekten besteht darin, dass Daten und Funktionen in den Objekten ordentlich eingehüllt sind. Hiervon profitiert der Programmierer. Komplizierte Probleme lassen sich leichter erfassen, wenn Codeabschnitte um Objekte herum organisiert sind, zu denen sie ihrem Wesen nach gehören. Hunde bellen. Schaltflächen klicken. Lautsprecher geben Töne wieder. Drucker drucken oder beschweren sich über Papiermangel. In vielen Computersystemen werden Schaltflächen, Lautsprecher und Drucker als Objekte dargestellt, deren Funktionen der Benutzer aufruft.

Diese Objektfunktionen bezeichnet man auch als *Methoden*. So haben wir weiter oben der Klasse Dog eine bark()-Funktion hinzugefügt, und die beiden Objekte sizzles und mutley, die von dieser Klasse erzeugt wurden, besitzen eine bark()-Methode. Im Beispiel haben Sie gesehen, dass beide bellen!

Neuronale Netze übernehmen eine Eingabe, führen bestimmte Berechnungen aus und liefern eine Ausgabe. Wir wissen auch, dass sie trainiert werden können. Und sicherlich erkennen Sie, dass diese Aktionen – trainieren und eine Antwort liefern – natürliche Funktionen eines neuronalen Netzes sind. Anders ausgedrückt, sind es Funktionen des Objekts »Neuronales Netz«. Des Weiteren enthalten neuronale Netze Daten, die natürlicherweise dorthin gehören – die Verknüpfungsgewichte. Deshalb werden wir unser neuronales Netz als Objekt erstellen.

Der Vollständigkeit halber sehen wir uns an, wie wir einer Klasse Datenvariablen hinzufügen sowie einige Methoden, um diese Daten anzuzeigen und zu ändern. Sehen Sie sich die folgende Definition einer neuen Klasse Dog an. Die noch unbekannten Elemente werden wir nacheinander untersuchen.

```python
# class for a dog object
class Dog:

    # initialisation method with internal data
    def __init__(self, petname, temp):
        self.name = petname;
        self.temperature = temp;

    # get status
    def status(self):
        print("dog name is ", self.name)
        print("dog temperature is ", self.temperature)
        pass

    # set temperature
    def setTemperature(self,temp):
```

```
        self.temperature = temp;
        pass

    # dogs can bark()
    def bark(self):
        print("woof!")
        pass

    pass
```

Zunächst einmal haben wir der Klasse Dog drei neue Funktionen hinzugefügt. Zur bereits vorhandenen Funktion bark() sind die Funktionen __init__(), status() und setTemperature() hinzugekommen. Wie man Funktionen hinzufügt, dürfte ohne Weiteres verständlich sein. Denkbar wäre auch gewesen, passend zu bark() eine Funktion sneeze() (engl. für niesen) vorzusehen, wenn wir gewollt hätten.

Doch diese neuen Funktionen enthalten offenbar Variablennamen innerhalb der Funktionsnamen. Die Funktion setTemperature heißt eigentlich setTemperature (self, temp). Die eigenwillig benannte Funktion __init__ ist eigentlich __init__ (self, petname, temp). Was bedeuten diese zusätzlichen Elemente innerhalb der Klammern? Das sind die Variablen, die die Funktion bei ihrem Aufruf erwartet – sogenannte *Parameter*. Haben Sie noch die Mittelwertfunktion avg(x,y), die weiter oben gezeigt wurde, auf dem Schirm? Die Definition von avg() hat klargemacht, dass die Funktion zwei Zahlen erwartet. Die Funktion __init__() benötigt also einen Parameter **petname** und einen Parameter **temp**, die Funktion setTemperature() nur einen Parameter **temp**.

Sehen wir uns nun die neuen Funktionen genauer an, zuerst die Funktion mit dem ungewöhnlichen Namen __init__(). Weshalb hat sie so einen eigenwilligen Namen bekommen? Dieser Name hat für Python eine spezielle Bedeutung. Wird ein Objekt erstellt, ruft Python eine Funktion __init__() auf. Das ist wirklich praktisch, um ein Objekt vorzubereiten, bevor wir es tatsächlich verwenden. Was stellen wir also in dieser magischen Initialisierungsfunktion an? Anscheinend erzeugen wir nur zwei neue Variablen namens self.**name** und self.**temperature**. Ihre Werte erhalten sie von den Variablen **petname** und **temp**, die an die Funktion übergeben werden. Das Schlüsselwort self bedeutet, dass die Variablen Teil des Objekts selbst sind. Das heißt, sie gehören nur zu diesem Objekt und sind unabhängig von einem anderen Dog-Objekt oder allgemeinen Variablen in Python. Wir wollen den Namen dieses Hundes nicht mit dem eines anderen Hundes verwechseln! Falls Ihnen das kompliziert erscheint, keine Bange. Anhand eines realen Beispiels werden Sie es sicher leicht verstehen.

Die status()-Funktion ist ganz einfach gehalten. Sie übernimmt keine Parameter und gibt lediglich die Variablen name und temperature des Dog-Objekts aus.

Die letzte Funktion ist setTemperature(). Als Parameter übernimmt sie die Temperatur temp und setzt die Variable self.**temperature** auf diesen Wert. Das heißt, Sie können die Temperatur des Objekts jederzeit ändern, nachdem Sie das Objekt erstellt haben, und zwar sooft Sie wollen.

Bisher ist offengeblieben, warum diese Funktionen – bark() eingeschlossen – ein self als ersten Parameter enthalten. Es handelt sich um eine Eigenheit von Python, die ich unschön finde, aber Python hat sich eben in der Form entwickelt. Der Parameter self soll Python klarmachen, dass die von Ihnen definierte Funktion zu dem Objekt gehört, auf das mit self verwiesen wird. Man könnte meinen, dass das ohnehin klar ist, weil wir ja die Funktion innerhalb der Klasse schreiben. Und es dürfte nicht überraschen, dass dies zu Debatten selbst unter erfahrenen Python-Programmierern geführt hat. Wenn Sie sich über diesen Parameter wundern, befinden Sie sich also in guter Gesellschaft.

An einem praktischen Beispiel lassen sich die beschriebenen Konzepte am besten veranschaulichen. Der Code in Abbildung 2-20 zeigt die neue Dog-Klasse, die mit diesen neuen Funktionen definiert wird, und ein neues Dog-Objekt namens lassie, das mit Parametern erzeugt wird, die seinen Namen als »Lassie« und seine Anfangstemperatur mit 37 festlegen.

```
In [18]:   # class for a dog object
           class Dog:

               # initialisation method with internal data
               def __init__(self, petname, temp):
                   self.name = petname;
                   self.temperature = temp;

               # get status
               def status(self):
                   print("dog name is ", self.name)
                   print("dog temperature is ", self.temperature)
                   pass

               # set temperature
               def setTemperature(self,temp):
                   self.temperature = temp;
                   pass

               # dogs can bark()
               def bark(self):
                   print("woof!")
                   pass

               pass

In [19]:   # create a new dog object from the Dog class
           lassie = Dog("Lassie", 37)

In [20]:   lassie.status()

           dog name is  Lassie
           dog temperature is  37
```

Abbildung 2-20: Ein neues Dog-Objekt initialisieren

Die Funktion status() gibt beim Aufruf auf diesem Dog-Objekt lassie den Namen des Hundes und dessen aktuelle Körpertemperatur aus. Diese Temperatur hat sich nicht geändert, seitdem lassie erstellt worden ist.

Wir legen nun eine andere Temperatur fest und kontrollieren mit einer status()-Abfrage, ob sie sich wirklich innerhalb des Objekts geändert hat.

```
lassie.setTemperature(40)
lassie.status()
```

Abbildung 2-21 zeigt die Ergebnisse.

```
In [19]:  # create a new dog object from the Dog class
          lassie = Dog("Lassie", 37)

In [20]:  lassie.status()

          dog name is  Lassie
          dog temperature is   37

In [22]:  lassie.setTemperature(40)

In [23]:  lassie.status()

          dog name is  Lassie
          dog temperature is   40
```

Abbildung 2-21: Die Temperatur des Objekts lassie ändern

Wie die Ausgabe zeigt, hat der Aufruf von setTemperature(40) auf dem lassie-Objekt tatsächlich die im Objekt verzeichnete Temperatur geändert.

Sie können sich wirklich freuen, weil Sie ziemlich viel über Objekte gelernt haben – ein vermeintlich anspruchsvolles Thema, das aber doch gar nicht so schwer war, oder!

Vorerst wissen Sie genügend über Python, um mit der Programmierung eines neuronalen Netzes beginnen zu können.

Neuronales Netz mit Python

Wir beginnen nun damit, ein neuronales Netz zu programmieren, und zwar auf Basis des Wissens, das Sie sich in diesem Kapitel über Python angeeignet haben. Dabei gehen wir schrittweise vor und erstellen Stück für Stück ein Python-Programm.

Klein zu beginnen und dann zu wachsen, ist ein sinnvoller Ansatz, um einigermaßen komplexen Computercode zu erstellen.

Nach den bisherigen Vorarbeiten ergibt es sich gewissermaßen von selbst, zunächst das Gerüst eines neuronalen Netzes zu entwerfen. Los geht's!

Der Gerüstcode

Dieser Abschnitt skizziert, wie eine Klasse »Neuronales Netz« (neuralNetwork) aussehen sollte. Sie wissen bereits, dass sie mindestens drei Funktionen erfüllen sollte:

- Initialisierung – die Anzahl der Knoten für Eingabeschicht, verdeckte Schicht und Ausgabeschicht festlegen
- Trainieren – die Gewichte anhand von Trainingsbeispielen verfeinern, d. h. das Netz anlernen
- Abfragen – eine Antwort von den Ausgabeknoten für eine gegebene Eingangsbelegung abgreifen

Diese Anforderungen sind wahrscheinlich noch nicht perfekt definiert, und es können weitere Funktionen erforderlich sein, doch als Ausgangspunkt genügen sie.

Die Grobstruktur des Codes sieht etwa wie folgt aus:

```python
# neural network class definition
class neuralNetwork:

    # initialise the neural network
    def __init__():
        pass

    # train the neural network
    def train():
        pass

    # query the neural network
    def query():
        pass
```

Das ist immerhin ein Anfang. Letztlich bildet dieser Code ein solides Framework, auf dem sich die Funktionalität des neuronalen Netzes detailliert ausgestalten lässt.

Das Netz initialisieren

Los geht es mit der Initialisierung. Zunächst ist festzulegen, wie viele Knoten in der Eingabeschicht, der versteckten Schicht und der Ausgabeschicht vorhanden sind. Diese Werte definieren Gestalt und Größe des neuronalen Netzes. Anstatt diese Anzahlen in Stein zu meißeln, lassen wir sie über Parameter festlegen, wenn das Objekt neuralNetwork erstellt wird. Somit können wir ganz leicht neuronale Netze unterschiedlicher Größe erstellen.

Dieser Entscheidung liegt ein wichtiger Aspekt zugrunde. Gute Programmierer, Informatiker und Mathematiker versuchen, möglichst allgemeinen Code und keinen spezifischen Code zu schreiben. Das ist eine gute Strategie, weil sie uns dazu zwingt, eingehender und weitsichtiger über die Lösungen von Problemen nachzudenken. Bei einer solchen Vorgehensweise kann man Lösungen auf verschiedene Szenarios anwenden. Hier bedeutet das, für ein neuronales Netz Code zu entwickeln, der möglichst viele nützliche Optionen offenhält und die Annahmen auf ein Minimum beschränkt, sodass sich der Code leicht für verschiedene Anforderungen nutzen lässt. Dieselbe Klasse soll in der Lage sein, ein kleines neuronales Netz genauso wie ein sehr großes zu erstellen – einfach dadurch, dass die gewünschten Größenangaben als Parameter übergeben werden.

Vergessen Sie auch die Lernrate nicht. Dieser nützliche Parameter ist festzulegen, wenn Sie ein neues neuronales Netz erstellen. Die Funktion __init__() könnte dann so aussehen:

```
# initialise the neural network
def __init__(self, inputnodes, hiddennodes, outputnodes, learningrate):
    # set number of nodes in each input, hidden, output layer
    self.inodes = inputnodes
    self.hnodes = hiddennodes
    self.onodes = outputnodes

    # learning rate
    self.lr = learningrate
    pass
```

Diesen Code fügen wir in unsere Klassendefinition eines neuronalen Netzes ein und probieren, ein kleines neuronales Netzobjekt mit drei Knoten in jeder Schicht und einer Lernrate von 0,5 zu erstellen.

```
# number of input, hidden and output nodes
input_nodes = 3
hidden_nodes = 3
output_nodes = 3

# learning rate is 0.3
learning_rate = 0.3

# create instance of neural network
n = neuralNetwork(input_nodes,hidden_nodes,output_nodes, learning_rate)
```

Dieser Code liefert zweifellos ein Objekt, doch bringt dies momentan nicht viel, weil die ganzen Funktionen noch keinen arbeitsfähigen Code enthalten. Allerdings ist das in Ordnung so, denn es ist eine gute Technik, klein zu beginnen und den Code dann zu erweitern, während man gleichzeitig Probleme aufspürt und beseitigt.

Um sicherzugehen, dass wir uns nicht verzetteln, zeigt Abbildung 2-22 das IPython-Notebook auf dieser Stufe mit der Klassendefinition des neuronalen Netzes und dem Code, der ein Objekt erzeugt.

Was kommt als Nächstes? Bis jetzt kann man zwar dem neuralNetwork-Objekt mitteilen, wie viele Knoten in der Eingabeschicht, der versteckten Schicht und der Ausgabeschicht vorhanden sein sollen, doch mehr passiert mit diesen Daten auch nicht.

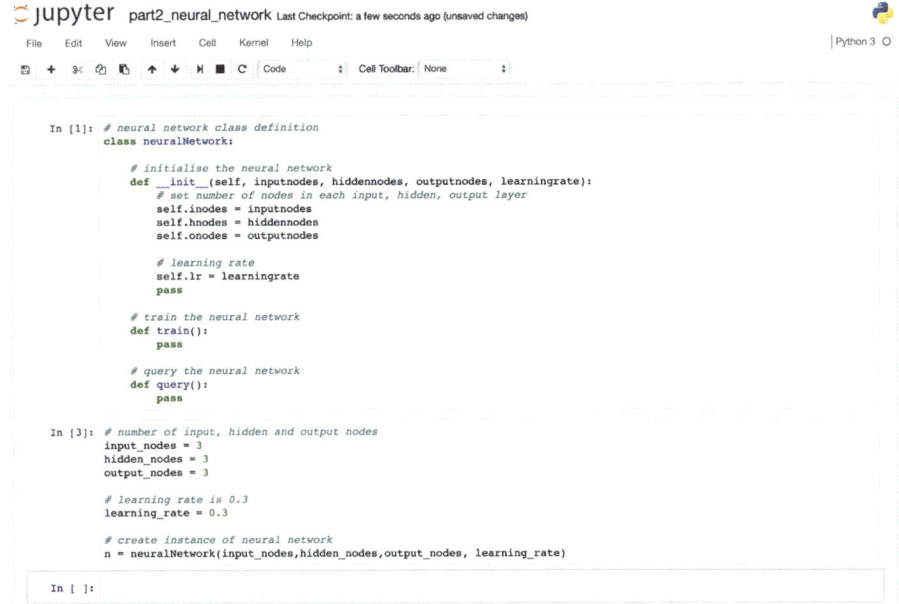

```
In [1]:  # neural network class definition
         class neuralNetwork:

             # initialise the neural network
             def __init__(self, inputnodes, hiddennodes, outputnodes, learningrate):
                 # set number of nodes in each input, hidden, output layer
                 self.inodes = inputnodes
                 self.hnodes = hiddennodes
                 self.onodes = outputnodes

                 # learning rate
                 self.lr = learningrate
                 pass

             # train the neural network
             def train():
                 pass

             # query the neural network
             def query():
                 pass

In [3]:  # number of input, hidden and output nodes
         input_nodes = 3
         hidden_nodes = 3
         output_nodes = 3

         # learning rate is 0.3
         learning_rate = 0.3

         # create instance of neural network
         n = neuralNetwork(input_nodes,hidden_nodes,output_nodes, learning_rate)

In [ ]:
```

Abbildung 2-22: Das Objektgerüst des neuronalen Netzes in der Anfangsphase

Gewichte – das Herz des Netzes

Im nächsten Schritt wird das Netz der Knoten und Verknüpfungen erstellt. Die wichtigsten Elemente des Netzes sind die *Verknüpfungsgewichte*. Diese Gewichte bestimmen die Signalanteile, die das Netz in Vorwärtsrichtung weiterleitet, und die Fehleranteile, die das Netz in Rückwärtsrichtung durchlaufen. Schließlich sind es die Verknüpfungsgewichte selbst, die verfeinert werden, um die Reaktion des Netzes auf Eingaben zu verbessern.

Da sich die Gewichte kurz und bündig als Matrix ausdrücken lassen, können wir Folgendes erzeugen:

- Eine Matrix mit den Gewichten für die Verknüpfungen zwischen der Eingabeschicht und der versteckten Schicht, W_{input_hidden}, der Größe (hidden_nodes mal input_nodes).

- Eine andere Matrix für die Verknüpfungen zwischen der versteckten Schicht und der Ausgabeschicht, W_{hidden_output}, der Größe (output_nodes mal hidden_nodes).

Denken Sie an die weiter oben beschriebene Konvention, um zu verstehen, warum die Größe der ersten Matrix (hidden_nodes mal input_nodes) ist und nicht umgekehrt (input_nodes mal hidden_node).

Wie Kapitel 1 dieses Buchs erläutert hat, sollten die Anfangswerte der Verknüpfungsgewichte klein und zufällig sein. Die folgende numpy-Funktion generiert ein Array von Werten, die zufällig aus einem Bereich zwischen 0 und 1 ausgewählt werden, wobei das Array (rows mal columns) groß ist:

```
numpy.random.rand(rows, columns)
```

Alle guten Programmierer nutzen Internetsuchmaschinen, um sich in Onlinedokumentationen über coole Python-Funktionen zu informieren oder nützliche Funktionen zu finden, die sie bisher noch kannten. Wenn es um Programmierthemen geht, ist Google besonders zu empfehlen. Zum Beispiel wird die Funktion numpy.random.rand() unter *http://docs.scipy.org/doc/numpy-1.10.1/reference/generated/numpy.random.rand.html* beschrieben.

Um die numpy-Erweiterungen verwenden zu können, müssen Sie die Bibliothek am Beginn Ihres Codes importieren. Probieren Sie diese Funktion aus und überzeugen Sie sich davon, dass sie die erwarteten Ergebnisse liefert. So erzeugt der Code in Abbildung 2-23 mit der rand()-Funktion Zufallszahlen und speichert sie in einem (3×3)-numpy-Array. Wie die Ausgabe des Arrays zeigt, liegen alle erzeugten Zahlen zwischen 0 und 1.

```
In [1]:  import numpy

In [3]:  numpy.random.rand(3, 3)
Out[3]:  array([[ 0.8133122 ,  0.49193566,  0.14790496],
                [ 0.75997346,  0.15676617,  0.27449845],
                [ 0.03287221,  0.01884548,  0.17282894]])
```

Abbildung 2-23: Zufallszahlen erzeugen und in einem Array speichern

Der Code muss noch verbessert werden. Denn wir haben die Tatsache ignoriert, dass die Gewichte nicht nur positive, sondern auch negative Werte annehmen dürfen. Der Bereich könnte zwischen −1,0 und +1,0 liegen. Der Einfachheit halber ziehen wir von den obigen Werten jeweils 0,5 ab und kommen im Endeffekt zu einem Bereich zwischen −0,5 und +0,5. Abbildung 2-24 zeigt, wie diese elegante Änderung des Codes Zufallszahlen hervorbringt, die sowohl über 0 als auch unter 0 liegen.

```
In [5]:  numpy.random.rand(3, 3) - 0.5
Out[5]:  array([[ 0.143827  , -0.13728512,  0.24625022],
                [-0.41129188,  0.24551424, -0.43500754],
                [ 0.3188901 ,  0.06173198,  0.18406137]])
```

Abbildung 2-24: Den Zufallszahlenbereich nach unten verschieben

Damit können wir nun die anfänglichen Gewichtsmatrizen in unserem Python-Programm erzeugen. Diese Gewichte sind ein untrennbarer Bestandteil eines neuronalen Netzes und bleiben dem neuronalen Netz während seines gesamten Lebenszyklus erhalten. Es handelt sich also nicht um einen temporären Satz von Daten, die wieder verschwinden, nachdem eine Funktion aufgerufen wurde. Folglich müssen die Gewichte auch im Rahmen der Initialisierung Anfangswerte erhalten und für andere Funktionen wie Training und Abfrage zugänglich sein.

Der folgende Code erzeugt die beiden Matrizen mit den Verknüpfungsgewichten, wobei sich die Größe der Matrizen aus den Werten in self.inodes, self.hnodes und self.onodes ergibt.

```
# link weight matrices, wih and who
# weights inside the arrays are w_i_j, where link is from node i to node j in the
next layer
# w11 w21
# w12 w22 etc
self.wih = (numpy.random.rand(self.hnodes, self.inodes) - 0.5)
self.who = (numpy.random.rand(self.onodes, self.hnodes) - 0.5)
```

Hervorragende Arbeit! Wir haben das Herzstück eines neuronalen Netzes implementiert, seine Gewichtsmatrizen!

Optional: differenzierte Initialisierung der Gewichte

Dieser Teil ist optional, da es hier lediglich um eine einfache, wenn auch beliebte, Verfeinerung der Gewichtsinitialisierung geht.

Wenn Sie die Diskussion am Ende von Kapitel 1 dieses Buchs aufmerksam verfolgt haben, bei der es um die Vorbereitung der Daten und die Initialisierung der Gewichte ging, wissen Sie, dass es auch Verfechter eines etwas komplexeren Ansatzes gibt, um die zufälligen Anfangsgewichte zu erzeugen. Sie entnehmen Stichproben der Gewichte aus einer Normalverteilung mit dem Mittelwert null und einer Standardabweichung, die sich auf die Anzahl der Verknüpfungen zu einem Knoten bezieht: $1/\sqrt{}$(Anzahl der eingehenden Verknüpfungen).

Mit der numpy-Bibliothek ist das leicht zu realisieren. Auch hier ist Google hilfreich, um die richtige Dokumentation zu finden. Die Funktion numpy.random.normal(), die Stichproben aus einer Normalverteilung entnimmt, wird unter *http://docs.scipy.org/doc/numpy-1.10.1/reference/generated/numpy.random.normal.html* beschrieben. Als Parameter übernimmt die Funktion den Mittelwert der Verteilung, die Standardabweichung und die Größe eines numpy-Arrays, falls die Funktion eine Matrix mit Zufallszahlen und nicht nur eine einzelne Zahl erzeugen soll.

Der aktualisierte Code für die Initialisierung der Gewichte sieht folgendermaßen aus:

```
self.wih = numpy.random.normal(0.0, pow(self.hnodes, -0.5), (self.hnodes, self.inodes))
self.who = numpy.random.normal(0.0, pow(self.onodes, -0.5), (self.onodes, self.hnodes))
```

Den Mittelwert der Normalverteilung haben wir auf 0,0 gesetzt. Der Ausdruck für die Standardabweichung – bezogen auf die Anzahl der Knoten in der nächsten Schicht – hat in Python die Form pow(self.hnodes, -0.5). Es wird also die Anzahl der Knoten hoch –0,5 genommen, d. h. die Wurzel aus der Anzahl der Knoten gezogen. Der letzte Parameter gibt die gewünschte Gestalt des numpy-Arrays an.

Das Netz abfragen

Es klingt logisch, als Nächstes den Code zu schreiben, der das neuronale Netz trainiert, indem die momentan leere Funktion train() mit Leben erfüllt wird. Wir verschieben das aber und wenden uns zuerst der einfacheren Funktion query() zu. Dadurch haben wir mehr Zeit, um allmählich Vertrauen aufzubauen und etwas Praxis sowohl mit Python als auch mit diesen Gewichtsmatrizen im neuronalNetwork-Objekt zu bekommen.

Die Funktion query() übernimmt die Eingabe in ein neuronales Netz und liefert die Ausgabe des Netzes zurück. Das klingt sehr einfach, doch hierfür ist es erforderlich, die Eingabesignale von den Knoten der Eingabeschicht über die versteckte Schicht zur Ausgabeschicht zu leiten. Außerdem dienen die Verknüpfungsgewichte dazu, die Signale zu moderieren, wenn sie in einen Knoten der versteckten Schicht oder der Ausgabeschicht eingehen. Darüber hinaus transformiert die Sigmoid-Aktivierungsfunktion die summierten Eingangssignale in das Ausgangssignal dieser Knoten.

Bei sehr vielen Knoten wäre es eine Sisyphusarbeit, den Python-Code für die einzelnen Knoten manuell niederschreiben zu müssen, um die Gewichte zu moderieren, die Signale zu summieren und die Aktivierungsfunktion anzuwenden. Je mehr Knoten, desto mehr Code – ein Albtraum!

Erfreulicherweise müssen wir uns das nicht antun, weil wir bereits herausgearbeitet haben, wie sich alle diese Anweisungen in einer einfachen und prägnanten Matrixform schreiben lassen. Die folgende Formel zeigt, wie die Matrix der Verknüpfungsgewichte zwischen Eingabeschicht und versteckter Schicht mit der Matrix der Eingänge verbunden werden kann, um die Signale an die Knoten der versteckten Schicht weiterzugeben:

$$X_{hidden} = W_{input\_hidden} \cdot I$$

Der eigentliche Clou dabei ist aber, dass wir uns nicht nur Schreibarbeit sparen, sondern dass Programmiersprachen wie Python auch mit Matrizen umgehen können und sämtliche Operationen sehr effizient ausführen, weil sie die Ähnlichkeiten der zugrunde liegenden Berechnungen erkennen.

Sie werden staunen, wie einfach der Python-Code tatsächlich ist. Die folgende Anweisung wendet die Funktion für das Punktprodukt von Matrizen aus der numpy-Bibliothek auf die Verknüpfungsgewichte W_{input_hidden} und die Eingänge I an:

```
hidden_inputs = numpy.dot(self.wih, inputs)
```

Das war's schon!

Dieses simple Stück Python-Code erledigt sämtliche Arbeiten, um alle Eingänge mit den richtigen Verknüpfungsgewichten zusammenzufassen und damit die Matrix der zusammengefassten moderierten Signale zu jedem Knoten der versteckten Schicht zu erzeugen. Wir brauchen den Code auch nicht umzuschreiben, wenn das neuronale Netz beim nächsten Mal eine andere Anzahl von Knoten in der Eingabeschicht oder der versteckten Schicht enthalten soll. Er funktioniert einfach!

Diese Leistungsfähigkeit und Eleganz sind der Grund dafür, dass wir weiter oben in diesem Buch den Aufwand getrieben haben, das Konzept der Matrizenmultiplikation zu vermitteln.

Auf die summierten Signale in den einzelnen Knoten der versteckten Schicht wenden wir die Sigmoidfunktion an, um die Ausgangssignale der versteckten Schicht zu erhalten:

$$\mathbf{O}_{hidden} = \text{sigmoid}(\ \mathbf{X}_{hidden}\ )$$

Dies sollte kein Problem sein und insbesondere dann nicht, wenn die Sigmoidfunktion bereits in einer praktischen Python-Bibliothek definiert ist. Und sie ist es tatsächlich! Die Python-Bibliothek scipy enthält unter den verschiedenen Spezialfunktionen auch die Sigmoidfunktion expit(). Fragen Sie mich nicht, warum sie diesen eigenwilligen Namen hat. Die scipy-Bibliothek wird genau so importiert wie die numpy-Bibliothek:

```
# scipy.special for the sigmoid function expit()
import scipy.special
```

Da wir mit der Aktivierungsfunktion experimentieren und sie anpassen oder sogar gänzlich ändern wollen, ist es zweckmäßig, sie nur einmal im neuralNetwork-Objekt zu definieren, wenn das Objekt initialisiert wird. Dann können wir mehrfach darauf verweisen, wie zum Beispiel in der query()-Funktion. So brauchen wir diese Definition nur einmal zu ändern und müssen die Aktivierungsfunktion nicht suchen, um sie dann an sämtlichen Stellen, an denen sie im Code verwendet wird, zu ändern.

Der folgende Code definiert die Aktivierungsfunktion, die wir nutzen wollen, im Initialisierungsabschnitt des neuronalen Netzes:

```
# activation function is the sigmoid function
self.activation_function = lambda x: scipy.special.expit(x)
```

Was bewirkt dieser Code? Er ist ganz anders als die Anweisungen, die wir bisher kennengelernt haben. Und was bedeutet dieses **lambda**? Dieser Code mag etwas beängstigend erscheinen, er ist es aber eigentlich nicht. Er erzeugt eine Funktion wie jede andere, doch die Notation ist kürzer. Anstelle der üblichen def()-Definitionen dient hier das magische **lambda** dazu, eine Funktion kurzerhand schnell und einfach zu erzeugen. Die Funktion übernimmt x und gibt scipy.special.expit(x) zurück, d. h. das Ergebnis der auf x angewendeten Sigmoidfunktion. Mit **lambda** erzeugte Funktionen sind namenlos oder *anonym*, wie erfahrene Programmierer sagen, doch hier haben wir der Funktion den Namen self.activation_function() zugewiesen. Wenn jemand die Aktivierungsfunktion aufrufen muss, braucht er dann nur noch self.activation_function() aufzurufen.

Kommen wir zu unserer Aufgabe zurück: Wir wollen die Aktivierungsfunktion auf die zusammengefassten und moderierten Signale zu den Knoten der versteckten Schicht anwenden. Der Code sieht ganz einfach aus:

```
# calculate the signals emerging from hidden layer
hidden_outputs = self.activation_function(hidden_inputs)
```

Das heißt, die Ausgangssignale von den Knoten der versteckten Schicht stehen in der Matrix **hidden_outputs**.

Damit sind wir bei der mittleren Schicht, der versteckten Schicht, angekommen. Wie sieht es mit der letzten Schicht, der Ausgabeschicht, aus? Praktisch gibt es keinen wirklichen Unterschied zwischen den Knoten der versteckten Schicht und denen der Ausgabeschicht. Der Ablauf ist also der gleiche. Folglich ist auch der Code sehr ähnlich.

Sehen Sie sich den folgenden Code an. Er fasst zusammen, wie wir nicht nur die Signale der versteckten Schicht berechnen, sondern auch die Signale der Ausgabeschicht.

```
# calculate signals into hidden layer
hidden_inputs = numpy.dot(self.wih, inputs)
# calculate the signals emerging from hidden layer
hidden_outputs = self.activation_function(hidden_inputs)

# calculate signals into final output layer
final_inputs = numpy.dot(self.who, hidden_outputs)
# calculate the signals emerging from final output layer
final_outputs = self.activation_function(final_inputs)
```

Nimmt man die Kommentare weg, bleiben lediglich vier Zeilen Code übrig (fett gedruckt), die sämtliche benötigten Berechnungen ausführen, zwei für die versteckte Schicht und zwei für die Ausgabeschicht.

Der aktuelle Stand des Codes

Legen wir eine Pause ein und werfen wir einen Blick auf den bisher erstellten Code für die neuronalNetwork-Klasse:

```
# neural network class definition
class neuralNetwork:


    # initialise the neural network
    def __init__(self, inputnodes, hiddennodes, outputnodes, learningrate):
        # set number of nodes in each input, hidden, output layer
        self.inodes = inputnodes
```

```
        self.hnodes = hiddennodes
        self.onodes = outputnodes

        # link weight matrices, wih and who
        # weights inside the arrays are w_i_j, where link is from node i to node j
                in the next layer
        # w11 w21
        # w12 w22 etc
        self.wih = numpy.random.normal(0.0, pow(self.hnodes, -0.5), (self.hnodes,
                self.inodes))
        self.who = numpy.random.normal(0.0, pow(self.onodes, -0.5), (self.onodes,
                self.hnodes))

        # learning rate
        self.lr = learningrate

        # activation function is the sigmoid function
        self.activation_function = lambda x: scipy.special.expit(x)

        pass

    # train the neural network
    def train():
        pass


    # query the neural network
    def query(self, inputs_list):
        # convert inputs list to 2d array
        inputs = numpy.array(inputs_list, ndmin=2).T

        # calculate signals into hidden layer
        hidden_inputs = numpy.dot(self.wih, inputs)
        # calculate the signals emerging from hidden layer
        hidden_outputs = self.activation_function(hidden_inputs)

        # calculate signals into final output layer
        final_inputs = numpy.dot(self.who, hidden_outputs)
        # calculate the signals emerging from final output layer
        final_outputs = self.activation_function(final_inputs)

        return final_outputs
```

Das ist die reine Klasse ohne die Komponenten, die wir importieren müssen – die
Module numpy und scipy.special unmittelbar am Beginn des Codes in der ersten
Notebook-Zelle:

```
import numpy
# scipy.special for the sigmoid function expit()
import scipy.special
```

Die Funktion query() benötigt nur die **input_list**. Sonst braucht sie keine weiteren Eingaben.

Es geht gut voran. Kommen wir nun zu dem noch fehlenden Teil, der Funktion train(). Wie Sie wissen, gibt es zwei Trainingsphasen: Die erste berechnet die Ausgabe genau wie bei query(), und die zweite, die Backpropagierung, leitet die Fehlerinformationen zurück als Maß dafür, wie die Verknüpfungsgewichte zu verfeinern sind.

Bevor wir die train()-Funktion schreiben, die das Netz anhand von Beispielen trainiert, testen wir erst einmal, ob der bisher erstellte Code ordnungsgemäß arbeitet. Hierzu erzeugen wir ein kleines neuronales Netz und fragen es mit einigen zufälligen Eingaben ab, nur um uns davon zu überzeugen, dass es funktioniert. Selbstverständlich haben die Ausgangssignale noch keine wirkliche Bedeutung. Wir wollen lediglich feststellen, ob sich die eben erstellten Funktionen aufrufen lassen.

Die Anweisungen in Abbildung 2-25 erzeugen ein kleines Netz mit jeweils drei Knoten in der Eingabeschicht, der versteckten Schicht und der Ausgabeschicht. Dann wird das Netz mit einer zufällig gewählten Eingangsbelegung von (1.0, 0.5, -1.5) abgefragt.

```
In [3]:  # number of input, hidden and output nodes
         input_nodes = 3
         hidden_nodes = 3
         output_nodes = 3

         # learning rate is 0.3
         learning_rate = 0.3

         # create instance of neural network
         n = neuralNetwork(input_nodes,hidden_nodes,output_nodes, learning_rate)

In [4]:  n.query([1.0, 0.5, -1.5])

Out[4]:  array([[ 0.45122712],
                [ 0.44630336],
                [ 0.49183299]])
```

Abbildung 2-25: Den bisherigen Programmcode testen

Wenn wir ein neuralNetwork-Objekt erstellen, müssen wir auch eine Lernrate festlegen, selbst wenn wir sie noch nicht verwenden. Das hängt damit zusammen, dass die Initialisierungsfunktion __init__() in der Klasse neuralNetwork einen Wert für die Lernrate erwartet. Wird sie nicht festgelegt, scheitert der Python-Code und quittiert das mit einer Fehlermeldung!

Die Eingabewerte sind als Liste zu übergeben, was in Python innerhalb eckiger Klammern geschrieben wird. Die Ausgabe ist ebenfalls eine Liste mit Zahlenwerten. Selbst wenn diese Ausgabe noch keine wirkliche Bedeutung hat, weil das Netz noch nicht trainiert ist, können wir zufrieden sein, weil bei der Programmausführung keine Fehler aufgetreten sind.

Das Netz trainieren

Wenden wir uns nun der etwas komplexeren Trainingsaufgabe zu. Sie umfasst zwei Teile:

- Der erste Teil erzeugt die Ausgabe für ein gegebenes Trainingsbeispiel. Das unterscheidet sich nicht von dem, was wir eben mit der query()-Funktion ausgeführt haben.

- Der zweite Teil vergleicht diese berechnete Ausgabe mit der gewünschten Ausgabe und steuert anhand der ermittelten Abweichungen, wie die Gewichte des Netzes aktualisiert werden.

Den ersten Teil haben wir bereits erledigt und schreiben das wie folgt:

```
# train the neural network
def train(self, inputs_list, targets_list):
    # convert inputs list to 2d array
    inputs = numpy.array(inputs_list, ndmin=2).T
    targets = numpy.array(targets_list, ndmin=2).T

    # calculate signals into hidden layer
    hidden_inputs = numpy.dot(self.wih, inputs)
    # calculate the signals emerging from hidden layer
    hidden_outputs = self.activation_function(hidden_inputs)

    # calculate signals into final output layer
    final_inputs = numpy.dot(self.who, hidden_outputs)
    # calculate the signals emerging from final output layer
    final_outputs = self.activation_function(final_inputs)

    pass
```

Dieser Code ist fast der gleiche wie in der Funktion query(), weil wir das Signal von der Eingabeschicht bis zur Ausgabeschicht in genau der gleichen Weise weiterleiten.

Der einzige Unterschied besteht in dem zusätzlichen Parameter targets_list in der Funktion train(), da sich das Netz ohne Trainingsbeispiele, die die gewünschte oder Zielantwort enthalten, nicht trainieren lässt:

```
def train(self, inputs_list, targets_list)
```

Der Code überführt die targets_list genau wie die inputs_list in ein numpy-Array:

```
targets = numpy.array(targets_list, ndmin=2).T
```

Jetzt kommen wir dem Herzstück des neuronalen Netzes immer näher: der Verbesserung der Gewichte basierend auf dem Fehler zwischen der berechneten Ausgabe und der Zielausgabe.

Diese Aufgabe gehen wir nun in überschaubaren Schritten an.

Zuerst müssen wir den Fehler berechnen, d. h. die Differenz zwischen der gewünschten Zielausgabe, die das Trainingsbeispiel liefert, und der tatsächlich berechneten Ausgabe. Das ist die Differenz der Matrizen (**targets** - **final_outputs**), die elementweise gebildet wird. Der Python-Code hierfür ist wirklich einfach und demonstriert erneut, wie elegant eine Matrizenlösung ist:

```
# error is the (target - actual)
output_errors = targets - final_outputs
```

Bei der Backpropagierung werden die zurückgeführten Fehler entsprechend den Verbindungsgewichten aufgeteilt und für jeden Knoten der versteckten Schicht entsprechend zusammengefasst. Für diese Berechnung haben wir bereits die Matrixform herausgearbeitet:

$$\textbf{errors}_{hidden} = \textbf{weights}^{T}_{hidden\_output} \cdot \textbf{errors}_{output}$$

Auch hierfür ist der Code sehr einfach, weil Python mit numpy die Punktprodukte von Matrizen bilden kann:

```
# hidden layer error is the output_errors, split by weights, recombined at hidden
nodes
hidden_errors = numpy.dot(self.who.T, output_errors)
```

Damit haben wir alles zusammen, um die Gewichte auf jeder Schicht verfeinern zu können. Für die Gewichte zwischen der versteckten Schicht und der Ausgabeschicht gelten die Werte in **output_errors**, für die Gewichte zwischen der Eingabeschicht und der versteckten Schicht die eben berechneten Werte in **hidden_errors**.

Wir haben bereits den Ausdruck hergeleitet, um das Gewicht für die Verknüpfung zwischen einem Knoten j und einem Knoten k in der nächsten Schicht zu aktualisieren. Abbildung 2-26 zeigt diesen Ausdruck in Matrixform.

$$\Delta W_{jk} = \alpha \cdot E_k \cdot O_k(1 - O_k) \cdot O_j^{\mathsf{T}}$$

Abbildung 2-26: Gewichtskorrektur für die Verknüpfung zwischen zwei Knoten in aufeinanderfolgenden Schichten

Der Faktor α ist die Lernrate, und die Funktion sigmoid() ist die schon bekannte Sigmoid-Aktivierungsfunktion. Das Sternchen bezeichnet die normale elementweise Multiplikation, während der Punkt das Punktprodukt der Matrizen symbolisiert. Die letzte Komponente des Ausdrucks ist die transponierte Matrix der Ausgänge von der vorherigen Schicht. Praktisch heißt das, dass die Ausgangsspalte zu einer Ausgangszeile wird.

Das sollte sich problemlos in Python-Code umsetzen lassen. Zuerst schreiben wir den Code für die Gewichte zwischen der versteckten Schicht und der Ausgabeschicht:

```
# update the weights for the links between the hidden and output layers
self.who += self.lr * numpy.dot((output_errors * final_outputs * (1.0 - final_
outputs)), numpy.transpose(hidden_outputs))
```

Das ist eine lange Codezeile, doch Sie können sich an den Farbmarkierungen orientieren, die mit den Farben in Abbildung 2-26 übereinstimmen. Die Lernrate self.lr wird einfach mit dem Rest des Ausdrucks multipliziert. Dann führt numpy. dot() eine Matrizenmultiplikation aus. Die beiden Elemente sind rot und grün gefärbt. Sie zeigen den Teil, der mit den Fehler- und Sigmoidkomponenten von der nächsten Schicht zusammenhängt, sowie die transponierte Ausgabe von der vorherigen Schicht.

Der Operator += bedeutet: Addiere zum Wert der Variablen auf der linken Seite das Ergebnis des Ausdrucks auf der rechten Seite. Zum Beispiel wird bei x += 3 zum bisherigen Wert in x der Wert 3 addiert. Diese Notation ist kürzer als die Schreibweise x = x + 3. Die Kurzform ist auch bei anderen arithmetischen Operationen möglich, beispielsweise bedeutet x /= 3, dass x durch 3 zu dividieren ist.

Der Code für die anderen Gewichte zwischen der Eingabeschicht und der versteckten Schicht sieht ähnlich aus. Wir nutzen einfach die Symmetrie aus und ersetzen im Code die Namen, sodass sie auf die vorherigen Schichten verweisen. Beispiel 2-1 zeigt den Code für beide Sätze von Gewichten, wobei auch hier die Ähnlichkeiten und Unterschiede durch farbliche Markierungen gekennzeichnet sind:

Beispiel 2-1: Code zur Aktualisierung der Gewichte

```
# update the weights for the links between the hidden and output layers
self.who += self.lr * numpy.dot((output_errors * final_outputs * (1.0 - final_
outputs)), numpy.transpose(hidden_outputs))

# update the weights for the links between the input and hidden layers
self.wih += self.lr * numpy.dot((hidden_errors * hidden_outputs * (1.0 - hidden_
outputs)), numpy.transpose(inputs))
```

Das war's!

Wir haben unzählige Berechnungen durchgeführt. Wir haben viel Aufwand betrieben, um das Matrixkonzept auszuarbeiten, und wir haben uns durch das Verfahren des steilsten Anstiegs gearbeitet – kaum zu glauben, dass all dies letztlich auf den obigen kurzen und prägnanten Code hinausgelaufen ist! In gewisser Hinsicht ist das die Leistung von Python, doch eigentlich spiegelt es unsere intensive Arbeit wider, etwas zu vereinfachen, was man auch ganz leicht hätte komplex und umständlich gestalten können.

Der vollständige Code für das neuronale Netz

Die Klasse neuralNetwork ist nun fertig. Den Code können Sie jederzeit über den Link zu GitHub, einen Onlinedienst für die gemeinsame Nutzung von Code, abrufen:

- *https://github.com/makeyourownneuralnetwork/makeyourownneuralnetwork/blob/master/part2_neural_network.ipynb*

Zum Nachschlagen gibt Beispiel 2-2 den gesamten Code wieder:

Beispiel 2-2: Der aktuelle Gesamtcode des neuronalen Netzes

```python
# neural network class definition
class neuralNetwork:


    # initialise the neural network
    def __init__(self, inputnodes, hiddennodes, outputnodes, learningrate):
        # set number of nodes in each input, hidden, output layer
        self.inodes = inputnodes
        self.hnodes = hiddennodes
        self.onodes = outputnodes

        # link weight matrices, wih and who
        # weights inside the arrays are w_i_j, where link is from node i to node j
                in the next layer
        # w11 w21
        # w12 w22 etc
        self.wih = numpy.random.normal(0.0, pow(self.hnodes, -0.5), (self.hnodes,
                self.inodes))
        self.who = numpy.random.normal(0.0, pow(self.onodes, -0.5), (self.onodes,
                self.hnodes))


        # learning rate
        self.lr = learningrate

        # activation function is the sigmoid function
        self.activation_function = lambda x: scipy.special.expit(x)

        pass


    # train the neural network
    def train(self, inputs_list, targets_list):
        # convert inputs list to 2d array
        inputs = numpy.array(inputs_list, ndmin=2).T
        targets = numpy.array(targets_list, ndmin=2).T

        # calculate signals into hidden layer
        hidden_inputs = numpy.dot(self.wih, inputs)
        # calculate the signals emerging from hidden layer
        hidden_outputs = self.activation_function(hidden_inputs)

        # calculate signals into final output layer
        final_inputs = numpy.dot(self.who, hidden_outputs)
```

```
# calculate the signals emerging from final output layer
final_outputs = self.activation_function(final_inputs)

# output layer error is the (target - actual)
output_errors = targets - final_outputs
# hidden layer error is the output_errors, split by weights, recombined at
        hidden nodes
hidden_errors = numpy.dot(self.who.T, output_errors)

# update the weights for the links between the hidden and output layers
self.who += self.lr * numpy.dot((output_errors * final_outputs *
        (1.0 - final_outputs)), numpy.transpose(hidden_outputs))

# update the weights for the links between the input and hidden layers
self.wih += self.lr * numpy.dot((hidden_errors * hidden_outputs *
        (1.0 - hidden_outputs)), numpy.transpose(inputs))

pass


# query the neural network
def query(self, inputs_list):
    # convert inputs list to 2d array
    inputs = numpy.array(inputs_list, ndmin=2).T

    # calculate signals into hidden layer
    hidden_inputs = numpy.dot(self.wih, inputs)
    # calculate the signals emerging from hidden layer
    hidden_outputs = self.activation_function(hidden_inputs)

    # calculate signals into final output layer
    final_inputs = numpy.dot(self.who, hidden_outputs)
    # calculate the signals emerging from final output layer
    final_outputs = self.activation_function(final_inputs)

    return final_outputs
```

Das ist eigentlich gar nicht viel Code, vor allem unter dem Aspekt, dass sich mit diesem Code dreischichtige neuronale Netze für nahezu jede Aufgabe erstellen, trainieren und abfragen lassen.

Als Nächstes befassen wir uns mit der spezifischen Aufgabe, handschriftliche Ziffern zu erkennen.

Die MNIST-Datenbank mit handgeschriebenen Ziffern

Die Texterkennung der menschlichen Handschrift ist eine ideale Herausforderung, um künstliche Intelligenz zu testen, denn das Problem ist genügend schwierig und unscharf. Es ist weder so klar noch so genau umrissen wie das Multiplizieren von sehr großen Zahlenmengen.

Jahrzehntelang hat man sich vergebens bemüht, Computer dazu zu bringen, den Inhalt eines Bilds richtig zu klassifizieren – das sogenannte Problem der *Bilderkennung* zu lösen. Erst seit Kurzem sind wirkliche Fortschritte zu verzeichnen, und Methoden, die auf neuronale Netze setzen, haben dabei eine entscheidende Rolle gespielt.

Um eine Vorstellung davon zu bekommen, wie schwierig das Problem der Bilderkennung ist, merkt man daran, dass auch Menschen manchmal darüber streiten, was ein Bild enthält. Es kann sogar passieren, dass man bei einem Zeichen, das man selbst geschrieben hat, zweifelt, was es heißen soll, insbesondere wenn das Zeichen in Eile oder ohne Sorgfalt geschrieben wurde. Sehen Sie sich die handschriftlich geschriebene Ziffer in Abbildung 2-27 an. Ist es eine 4 oder eine 9?

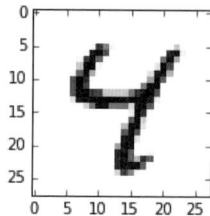

Abbildung 2-27: Eine mit der Hand geschriebene Ziffer – 4 oder 9?

Es gibt eine Datenbank mit Bildern handschriftlich geschriebener Ziffern, die Forscher auf dem Gebiet der künstlichen Intelligenz gern heranziehen, um ihre neuesten Ideen und Algorithmen zu testen. Weil die Datenbank gut bekannt und sehr verbreitet ist, lässt sich leicht überprüfen, wie gut unsere neueste verrückte Idee zur Bilderkennung im Vergleich zu anderen funktioniert. Verschiedene Ideen und Algorithmen werden also gegen dieselben Datensätze getestet.

Bei diesen Datensätzen handelt es sich um die MNIST-Datenbank handschriftlich geschriebener Ziffern. Die Daten können Sie von der Website *http://yann.lecun. com/exdb/mnist/* des Forschers Yann LeCun, der auf dem Gebiet neuronaler Netze arbeitet, herunterladen. Die Seite listet auch auf, wie gut alte und neue Ideen beim Lernen und Klassifizieren dieser handschriftlich geschriebenen Zeichen abgeschnitten haben. Wir kommen mehrfach auf diese Liste zurück, um die Ergebnisse unserer Ideen mit denen von Experten zu vergleichen!

Da das Format der MNIST-Datenbank nicht gerade einfach ist, haben andere Programmierer hilfreiche Datendateien in einem einfacheren Format erstellt, wie zum Beispiel das unter *http://pjreddie.com/projects/mnist-in-csv/*. Bei diesen CSV-Dateien sind die einzelnen Werte durch Kommata voneinander getrennt (engl. Comma Separated Values). Solche Dateien können Sie problemlos mit jedem Texteditor anzeigen, und die meisten Tabellenkalkulations- oder Datenanalyseprogramme verarbeiten CSV-Dateien. Dieses Format hat sich gewissermaßen als universeller Standard etabliert. Auf der Website finden Sie zwei CSV-Dateien:

- einen *Trainingsdatensatz*: *http://www.pjreddie.com/media/files/mnist_train.csv*
- einen *Testdatensatz*: *http://www.pjreddie.com/media/files/mnist_test.csv*

Der Trainingsdatensatz umfasst 60.000 gekennzeichnete Beispiele, um das neuronale Netz zu trainieren. Hierbei bedeutet gekennzeichnet, dass die Eingänge zusammen mit der gewünschten Ausgabe erfasst sind, d. h. die Antwort im Datensatz angegeben ist.

Anhand des kleineren Testdatensatzes mit 10.000 Beispielen lässt sich feststellen, wie gut eine Idee oder ein Algorithmus funktioniert. Dieser Testdatensatz enthält ebenfalls die richtigen Kennungen, sodass man überprüfen kann, ob das neuronale Netz die richtige Antwort geliefert hat oder nicht.

Die Trennung von Trainings- und Testdatensätzen soll gewährleisten, dass wir gegen Daten testen, die wir vorher noch nicht gesehen haben. Andernfalls könnte man ja tricksen und sich die Trainingsdaten einfach merken, um einen perfekten, wenngleich irreführenden Score zu erhalten. Das Konzept, die Trainingsdaten von den Testdaten zu trennen, ist beim maschinellen Lernen allgemein üblich.

Werfen wir einen kurzen Blick auf diese Dateien. Abbildung 2-28 zeigt einen Ausschnitt des MNIST-Testdatensatzes, der in einen Editor geladen wurde.

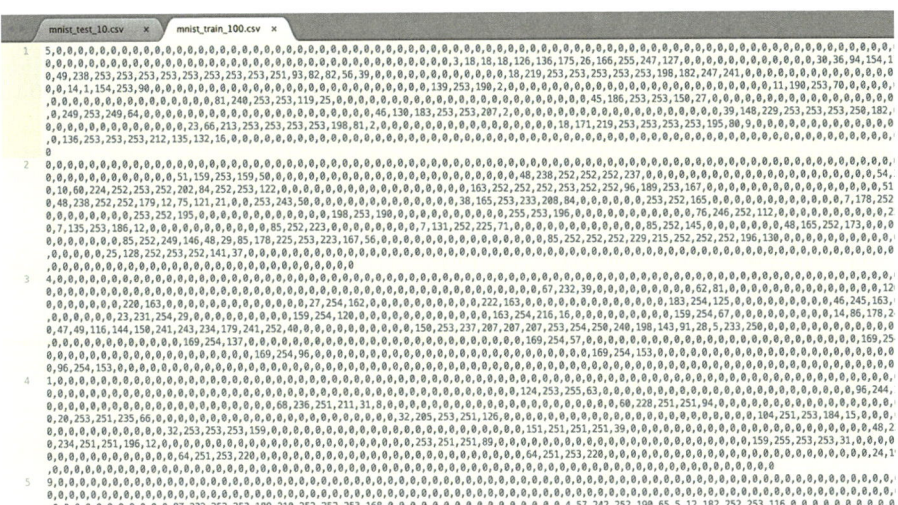

Abbildung 2-28: Der MNIST-Testdatensatz in einem Texteditor

Ups?! Das sicht aus, als wäre etwas ziemlich schiefgegangen! Wie in einem dieser Filme aus den 1980er-Jahren, in dem ein Computer gehackt wird.

Tatsächlich ist aber alles in Ordnung. Der Texteditor zeigt lange Textzeilen. Diese Zeilen bestehen aus Zahlen, die durch Kommata voneinander getrennt sind. Das ist auf einen Blick zu sehen. Da die Zeilen aber so lang sind, treten auch mehrfach

Zeilenumbrüche auf. Die richtige Zeilennummer wird beim hier verwendeten Texteditor am linken Rand angegeben. Wir sehen also vier ganze Datenzeilen und einen Teil der fünften Zeile.

Der Inhalt dieser Datensätze (oder Textzeilen) ist leicht zu verstehen:

- Der erste Wert ist die *Kennung* (das *Label*), das heißt die tatsächliche Ziffer, die das handschriftlich geschriebene Zeichen darstellen soll, beispielsweise eine 7 oder eine 9. Das ist die Antwort, die das neuronale Netz geben soll, nachdem es die Lernphase abgeschlossen hat.
- Die darauffolgenden Werte, die jeweils durch Kommata getrennt sind, geben die Pixelwerte der handschriftlichen Ziffer an. Ein Ziffernbild besteht aus 28 × 28 Pixeln, sodass nach der Kennung 784 Werte stehen. Zählen Sie sie nach, wenn Sie möchten!

Der erste Datensatz stellt also die Ziffer »5« dar, wie der erste Wert zeigt. Der restliche Text auf dieser Zeile enthält die Pixelwerte für die von einer Person handschriftlich geschriebene Ziffer 5. Der zweite Datensatz enthält die Daten für die handschriftliche »0«, der dritte stellt die »4« dar, der vierte Datensatz gilt für eine »1«, und der fünfte gibt die Werte für »9« an. Egal welche Zeile man aus den MNIST-Datendateien herausgreift, die erste Zahl gibt immer die Kennung für die sich anschließenden Bilddaten an.

Es ist aber kaum zu erkennen, wie aus dieser langen Liste von 784 Werten das Bild einer handschriftlichen Ziffer entsteht. Wir sollten diese Zahlen grafisch darstellen, um uns davon zu überzeugen, dass es sich tatsächlich um die Farbwerte (Graustufen) von handschriftlichen Ziffern handelt.

Bevor wir uns aber darin vertiefen, empfiehlt es sich, eine kleinere Teilmenge der MNIST-Datenbank herunterzuladen. Die MNIST-Datendateien sind ziemlich groß, und es ist zweckmäßig, mit einer kleineren Teilmenge zu arbeiten, weil wir dann unseren Code ausprobieren und weiterentwickeln können, ohne durch große Datenmengen gebremst zu werden. Nachdem wir uns für einen Algorithmus entschieden haben und mit dem Code zufrieden sind, können wir die vollständige Datenmenge verwenden.

Die folgenden Links führen zu kleineren Teilmengen der MNIST-Datenbank, die ebenfalls im CSV-Format vorliegen:

- 10 Datensätze aus der MNIST-Testdatenbank: *https://raw.githubusercontent. com/makeyourownneuralnetwork/makeyourownneuralnetwork/master/mnist_ dataset/mnist_test_10.csv*
- 100 Datensätze aus der MNIST-Trainingsdatenbank: *https://raw.githubusercontent.com/makeyourownneuralnetwork/makeyourownneuralnetwork/master/mnist_dataset/mnist_train_100.csv*

Wenn Ihr Browser die Daten anzeigt, anstatt sie automatisch herunterzuladen, können Sie die Datei über den Menübefehl *Datei/Seite speichern unter* (oder den äquivalenten Befehl Ihres Browsers) manuell sichern.

Speichern Sie die Datendateien an einem Ort, der für Sie zweckmäßig ist. Ich habe einen Ordner *mnist_dataset* neben meinen IPython-Notebooks angelegt, wie Abbildung 2-29 zeigt. Wenn IPython-Notebooks und Datendateien überall verstreut sind, verliert man nämlich schnell den Überblick.

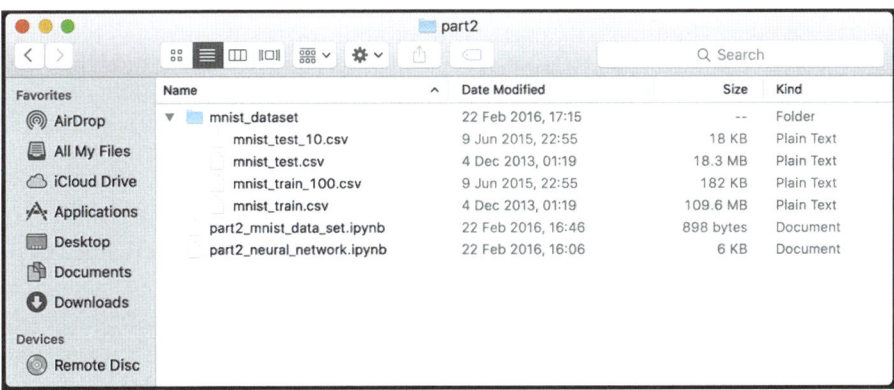

Abbildung 2-29: Ein eigener Ordner mit den verschiedenen MNIST-Datendateien

Bevor wir irgendetwas mit den Daten anstellen können, beispielsweise die Daten grafisch anzeigen oder ein neuronales Netz mit ihnen trainieren, müssen wir einen Weg finden, um auf sie von unserem Python-Code aus zuzugreifen.

In Python ist es ganz einfach, eine Datei zu öffnen und ihren Inhalt abzurufen. Anhand eines praktischen Beispiels ist das am besten zu verstehen. Sehen Sie sich den folgenden Code an:

```
data_file = open("mnist_dataset/mnist_train_100.csv", 'r')
data_list = data_file.readlines()
data_file.close()
```

Es sind lediglich drei Codezeilen, die folgende Aufgaben ausführen:

Die Anweisung in der ersten Zeile öffnet mit der Funktion open() eine Datei. Der erste an die Funktion übergebene Parameter ist der Name der Datei. Genau genommen ist es nicht nur der eigentliche Dateiname *mnist_train_100.csv*, sondern der gesamte Pfad zu dem Verzeichnis, in dem sich die Datei befindet. Der zweite Parameter ist optional. Er sagt Python, wie die Datei behandelt werden soll. Das 'r' steht für »read only« und bedeutet, dass wir die Datei nur zum Lesen und nicht zum Schreiben öffnen wollen. In diesem Modus verhindern wir, dass Daten versehentlich geändert oder gelöscht werden. Wenn man versucht, in diese Datei zu schreiben und sie damit zu ändern, unterbindet das Python und gibt eine Fehlermeldung aus. Was hat es mit der Variablen **data_file** auf sich? Die Funktion open() gibt ein Dateihandle – einen Verweis – auf diese Datei zurück, das wir der Variablen data_file zuweisen. Nachdem die Datei geöffnet ist, erfolgen alle weiteren Aktionen (wie zum Beispiel das Lesen aus der Datei) über dieses Handle.

Die nächste Zeile ist einfach. Die Anweisung ruft die Funktion readlines() auf dem zugeordneten Dateihandle data_file auf, um sämtliche Zeilen der Datei in die Variable data_list einzulesen. Die Variable enthält eine Liste, in der jedes Element ein String ist, der eine Zeile der Datei darstellt. Das ist äußerst zweckmäßig, weil wir direkt zu bestimmten Zeilen springen können, genau wie wir zu bestimmten Einträgen in einer Liste springen. Der erste Datensatz ist data_list[0], der zehnte ist data_list[9] usw.

Übrigens raten manche Programmierer davon ab, readlines() zu verwenden, weil diese Funktion die gesamte Datei in den Hauptspeicher liest. Man sollte immer nur jeweils eine Zeile lesen, diese Zeile je nach Aufgabenstellung verarbeiten und dann erst zur nächsten Zeile übergehen. Diese Ansicht ist prinzipiell richtig. Es ist effizienter, jeweils nur eine Zeile zu bearbeiten und nicht die gesamte Datei in den Hauptspeicher einzulesen. Allerdings sind unsere Dateien nicht sehr umfangreich, und der Code vereinfacht sich, wenn wir readlines() verwenden. Zudem sind Einfachheit und Klarheit wichtiger, wenn man Python gerade erst lernt.

Die letzte Zeile schließt die Datei. Es hat sich bewährt, Ressourcen wie zum Beispiel Dateien zu schließen und freizugeben, wenn man sie nicht mehr verwendet. Bleiben die Dateien geöffnet, können sie Probleme verursachen. Was sind das für Probleme? Manche Programme schreiben nicht in eine Datei, die an anderer Stelle geöffnet wurde, weil dabei widersprüchliche Daten entstehen könnten. Man kann das mit zwei Personen vergleichen, die gleichzeitig einen Brief auf demselben Blatt Papier schreiben wollen! Der Computer kann eine Datei auch sperren, um derartige Konflikte zu vermeiden. Wenn Sie die Dateien nicht freigeben, nachdem Sie mit ihnen gearbeitet haben, bleibt ein ganzer Stapel gesperrter Dateien zurück. Zumindest erlaubt das Schließen einer Datei, dass der Computer den Speicher freigeben kann, der für Teile dieser Datei belegt worden ist.

Erstellen Sie ein neues leeres Notebook, führen Sie den in Abbildung 2-30 gezeigten Code aus und sehen Sie sich die angegebenen Elemente dieser Liste an.

Wie die Ausgabe zeigt, hat die Liste eine Länge von 100. Die Python-Funktion len() gibt an, wie groß eine Liste ist. Die zweite Ausgabeanweisung ruft den ersten Datensatz data_list[0] der Liste ab. Die erste Zahl, die Kennung, ist »5«, und die übrigen 784 Zahlen sind die Farbwerte für die Pixel, aus denen das Bild besteht. Diese Farbwerte reichen offenbar von 0 bis 255. Überprüfen Sie andere Datensätze daraufhin, ob diese Feststellung auch dort gilt. Die Farbwerte fallen tatsächlich in den Bereich zwischen 0 und 255.

```
In [8]:  data_file = open("mnist_dataset/mnist_train_100.csv", 'r')
         data_list = data_file.readlines()
         data_file.close()

In [9]:  len(data_list)

Out[9]:  100

In [10]: data_list[0]

Out[10]: '5,0,0,0,0,0,0,0,0,0,0,0,0,0,0,0,0,0,0,0,0,0,0,0,0,0,0,0,0,0,0,0,0,0,0,0,0,0,0,0,0,0,0,0,0,0,0,0,0,
         0,0,0,0,0,0,0,0,0,0,0,0,0,0,0,0,0,0,0,0,0,0,0,0,0,0,0,0,0,0,0,0,0,0,0,0,0,0,0,0,0,0,0,0,0,0,0,0,0,0
         ,0,0,0,0,0,0,0,0,0,0,0,0,0,0,0,0,0,0,0,0,0,0,0,0,0,0,0,0,0,0,0,0,0,0,0,0,0,3,18,18,18,126,136,175,26,166,255,247,127,0,
         0,0,0,0,0,0,0,0,0,0,0,30,36,94,154,170,253,253,253,253,253,225,172,253,242,195,64,0,0,0,0,0,0,0,0,0,0,49,238,253,25
         3,253,253,253,253,253,253,253,251,93,82,82,56,39,0,0,0,0,0,0,0,0,0,0,0,0,18,219,253,253,253,253,253,198,182,247,241,0,0,0
         ,0,0,0,0,0,0,0,0,0,0,0,0,0,0,0,80,156,107,253,253,205,11,0,43,154,0,0,0,0,0,0,0,0,0,0,0,0,0,0,0,0,14,1,154,253,
         90,0,0,0,0,0,0,0,0,0,0,0,0,0,0,0,0,0,0,0,0,139,253,190,2,0,0,0,0,0,0,0,0,0,0,0,0,0,0,0,0,0,0,0,11
         ,190,253,70,0,0,0,0,0,0,0,0,0,0,0,0,0,0,0,0,0,0,35,241,225,160,108,1,0,0,0,0,0,0,0,0,0,0,0,0,0,0,0,
         0,0,0,0,0,81,240,253,253,119,25,0,0,0,0,0,0,0,0,0,0,0,0,0,0,45,186,253,253,150,27,0,0,0,0,0,0,0,0,0
         ,0,0,0,0,0,0,0,0,0,0,0,0,0,0,16,93,252,253,187,0,0,0,0,0,0,0,0,0,0,0,0,0,0,0,0,0,0,0,249,253,249,64,0,0
         ,0,0,0,0,0,0,0,0,0,0,0,0,0,0,46,130,183,253,253,207,2,0,0,0,0,0,0,0,0,0,0,0,0,0,0,39,148,229,253,
         253,253,250,182,0,0,0,0,0,0,0,0,0,0,0,0,0,0,0,0,24,114,221,253,253,253,253,201,78,0,0,0,0,0,0,0,0,0,0,0,0,0,0,0,0
         ,0,23,66,213,253,253,253,253,198,81,2,0,0,0,0,0,0,0,0,0,0,18,171,219,253,253,253,253,195,80,9,0,0,0,0,0,0
         ,0,0,0,0,0,0,0,0,55,172,226,253,253,253,253,244,133,11,0,0,0,0,0,0,0,0,0,0,0,0,0,0,136,253,253,253,212,13
         5,132,16,0,0,0,0,0,0,0,0,0,0,0,0,0,0,0,0,0,0,0,0,0,0,0,0,0,0,0,0,0,0,0,0,0,0,0,0,0,0,0,0,0,0,0,
         0,0,0,0,0,0,0,0,0,0,0,0,0,0,0,0,0,0,0,0,0,0,0,0,0,0,0,0,0,0,0,0,0,0,0,0,0\n'
```

Abbildung 2-30: Eine MNIST-Datei einlesen und ihre Werte ausgeben

Weiter oben hat der Abschnitt »Arrays grafisch darstellen« gezeigt, wie sich ein rechteckiges Zahlenarray mit der Funktion imshow() als Grafik ausgeben lässt. Hier soll das Gleiche passieren, doch wir müssen diese Liste der kommagetrennten Zahlen in ein geeignetes Array konvertieren. Dazu sind folgende Schritte nötig:

- Den langen Textstring der kommagetrennten Werte in einzelne Werte aufteilen, wobei die Kommata als Trennstellen dienen.
- Den ersten Wert, die Kennung, ignorieren und die verbleibende Liste von 28 * 28 = 784 Werten in ein Array eintragen, das aus 28 Zeilen mit je 28 Spalten besteht.
- Das Array grafisch darstellen.

Auch diese Schritte lassen sich am besten anhand des entsprechenden simplen Python-Codes im Detail erläutern.

Erstens dürfen wir nicht vergessen, die Python-Erweiterungsbibliotheken zu importieren, die uns bei Arrays und grafischen Darstellungen unterstützen:

```
import numpy
import matplotlib.pyplot
%matplotlib inline
```

In den folgenden drei Codezeilen sind die Variablen farbig markiert, um deutlich zu machen, welche Daten wo verwendet werden:

```
all_values = data_list[0].split(',')
image_array = numpy.asfarray(all_values[1:]).reshape((28,28))
matplotlib.pyplot.imshow(image_array, cmap='Greys', interpolation='None')
```

Die erste Zeile übernimmt den ersten Datensatz data_list[0], den wir eben ausgegeben haben, und teilt diesen langen String an den Kommapositionen auf. Das erledigt die Funktion split(), der als Parameter das Trennzeichen – hier das Komma – übergeben wird. Das Ergebnis wird in all_values abgelegt. Diese Variable können

Sie ausgeben, um sich davon zu überzeugen, dass es sich tatsächlich um eine lange Python-Liste von Werten handelt.

Die nächste Zeile sieht komplizierter aus, weil mehrere Dinge auf derselben Zeile passieren. Arbeiten wir uns vom Kern nach außen. Im Kern erscheint diese all_values-Liste, doch dieses Mal bedeutet der Ausdruck in eckigen Klammern [1:], dass alle außer dem ersten Element der Liste zu verwenden sind. Damit ignorieren wir die Kennung, die als erster Wert erscheint, und übernehmen nur die restlichen 784 Werte. Die numpy-Funktion numpy.asfarray() konvertiert die Textstrings in echte Zahlen und erzeugt ein Array mit diesen Zahlen. Moment mal! Was ist mit »die Textstrings in Zahlen konvertieren« gemeint? Die Datei wird als Text gelesen, und jede Zeile bzw. jeder Datensatz ist immer noch Text. Wenn man eine Zeile an den Kommapositionen aufteilt, ergeben sich wieder einzelne Textteile. Dieser Text könnte das Wort Apfel, Orange123 oder 567 enthalten. Der Textstring 567 ist nicht das Gleiche wie die Zahl 567. Deshalb müssen wir die Textstrings in Zahlen konvertieren, selbst wenn die Textstrings wie Zahlen aussehen. Der letzte Teil der Zeile, der Aufruf von .reshape((28,28)), sorgt dafür, dass alle 28 Elemente eine Zeilenschaltung durchgeführt wird, sodass eine quadratische Matrix mit 28 mal 28 Elementen entsteht. Das resultierende 28-mal-28-Array wird der Variablen image_array zugewiesen. Puh! Für eine einzige Zeile ist hier ziemlich viel passiert!

Die dritte Codezeile gibt einfach die Variable image_array über die schon bekannte Funktion imshow() aus. Dieses Mal haben wir mit cmap='Greys' eine Graustufenpalette ausgewählt, um die handgeschriebenen Zeichen besser wiederzugeben.

Abbildung 2-31 zeigt die Ergebnisse dieses Codes.

```
In [32]:  all_values = data_list[0].split(',')
          image_array = numpy.asfarray(all_values[1:]).reshape((28,28))
          matplotlib.pyplot.imshow(image_array, cmap='Greys', interpolation='None')

Out[32]:  <matplotlib.image.AxesImage at 0x108818cc0>
```

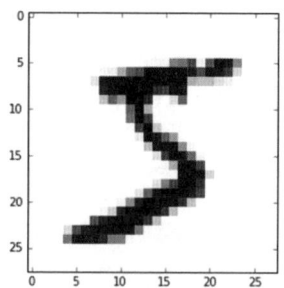

Abbildung 2-31: Einen ausgewählten MNIST-Datensatz aufbereiten und als Graustufenbild anzeigen

In der Grafik erkennt man zweifellos eine 5, genau wie es die Kennung des Daten-satzes angegeben hat. Wenn wir stattdessen den nächsten Datensatz data_list[1] mit der Kennung 0 auswählen, erhalten wir das in Abbildung 2-32 gezeigte Bild.

```
In [37]:  all_values = data_list[1].split(',')
          image_array = numpy.asfarray(all_values[1:]).reshape((28,28))
          matplotlib.pyplot.imshow(image_array, cmap='Greys', interpolation='None')

Out[37]:  <matplotlib.image.AxesImage at 0x108bc3160>
```

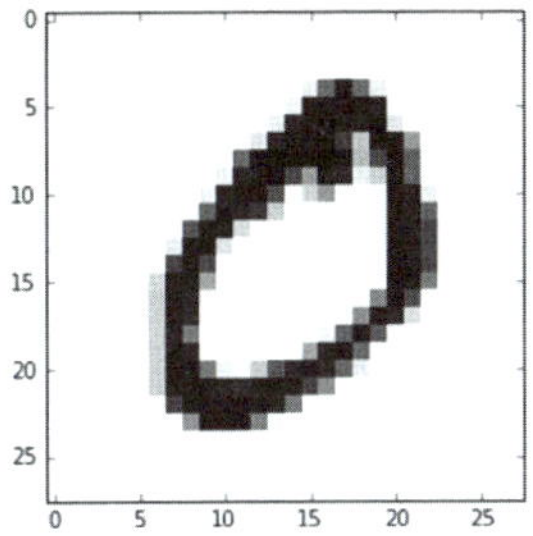

Abbildung 2-32: Darstellung des zweiten MNIST-Datensatzes

Es ist leicht zu erkennen, dass die handschriftliche Ziffer tatsächlich eine Null ist.

Die MNIST-Trainingsdaten vorbereiten

Sie wissen inzwischen, wie Sie die Daten aus den MNIST-Datendateien auslesen und entflechten, sodass Sie gezielt darauf zugreifen und die Daten auch visualisie-ren können. Mit diesen Daten wollen wir unser neuronales Netz trainieren. Doch zuerst müssen wir uns überlegen, wie diese Daten aufzubereiten sind, bevor wir sie auf unser neuronales Netz loslassen.

Wie bereits erläutert, arbeiten neuronale Netze besser, wenn die Eingangsdaten wie auch die Ausgangswerte der Netzkonten im optimalen Bereich der Aktivie-rungsfunktionen bleiben.

Dazu müssen wir zuerst die Farbwerte, die zur Eingabeschicht gehen, von dem größeren Bereich 0 bis 255 in den wesentlich kleineren Bereich 0,01 bis 1,0 skalie-ren. Die untere Grenze des Bereichs wurde bewusst auf 0,01 gesetzt. Damit ver-meiden wir die Probleme, denen Sie weiter oben bei Nullwerten an den Eingängen begegnet sind. Denn solche Werte können die Gewichtsaktualisierungen künst-lich zunichtemachen. Die Obergrenze der Eingabewerte müssen wir nicht auf 0,99 festlegen, weil wir den Eingabewert 1,0 zulassen können. Nur bei den Ausgabe-werten sollten wir 1,0 vermeiden, da es unmöglich ist, diesen Wert zu erreichen.

Wenn wir die ursprünglichen Eingabewerte, die im Bereich 0 bis 255 liegen, durch 255 dividieren, bringen wir sie in den Bereich 0 bis 1. Dann müssen wir nur noch mit 0,99 multiplizieren, um sie in den Bereich zwischen 0,0 und 0,99 zu skalieren.

Anschließend addieren wir 0,01, um sie in den gewünschten Bereich von 0,01 bis 1,00 zu verschieben. Der folgende Python-Code setzt diese Schritte praktisch um:

```
scaled_input = (numpy.asfarray(all_values[1:]) / 255.0 * 0.99) + 0.01
print(scaled_input)
```

Die Ausgabe in Abbildung 2-33 bestätigt, dass die Werte jetzt im Bereich von 0,01 bis 0,99 liegen.

```
In [19]:  # scale input to range 0.01 to 1.00
          scaled_input = (numpy.asfarray(all_values[1:]) / 255.0 * 0.99) + 0.01
          print(scaled_input)

[ 0.01        0.01        0.01        0.01        0.01        0.01        0.01
  0.01        0.01        0.01        0.01        0.01        0.01        0.01
  0.01        0.01        0.01        0.01        0.01        0.01        0.01
  0.01        0.01        0.01        0.01        0.01        0.01        0.01
  0.01        0.01        0.01        0.01        0.01        0.01        0.01
  0.01        0.01        0.01        0.01        0.01        0.01        0.01
  0.01        0.01        0.01        0.01        0.01        0.01        0.01
  0.01        0.01        0.01        0.01        0.01        0.01        0.01
  0.01        0.01        0.01        0.01        0.01        0.01        0.01
  0.01        0.01        0.01        0.01        0.01        0.01        0.01
  0.01        0.01        0.01        0.01        0.01        0.01        0.01
  0.01        0.01        0.01        0.01        0.01        0.01        0.01
  0.01        0.01        0.01        0.01        0.01        0.01        0.01
  0.01        0.01        0.01        0.01        0.01        0.01        0.01
  0.01        0.01        0.01        0.01        0.01        0.01        0.01
  0.01        0.01        0.01        0.01        0.01        0.01        0.01
  0.01        0.208       0.62729412  0.99223529  0.62729412  0.20411765
  0.01        0.01        0.01        0.01        0.01        0.01        0.01
  0.01        0.01        0.01        0.01        0.01        0.01        0.01
  0.01        0.19635294  0.934       0.98835294  0.98835294  0.98835294
  0.93011765  0.01        0.01        0.01        0.01        0.01        0.01
  0.01        0.01        0.01        0.01        0.01        0.01        0.01
  0.01        0.21964706  0.89129412  0.99223529  0.98835294  0.93788235
  0.91458824  0.98835294  0.23129412  0.03329412  0.01        0.01        0.01]
```

Abbildung 2-33: Ursprüngliche Grauwerte aus dem Bereich 0 bis 255 in den Bereich 0,01 bis 1,00 transformieren

Die vorbereiteten MNIST-Daten, die wir skaliert und verschoben haben, können wir nun an unser neuronales Netz anlegen, und zwar sowohl beim Trainieren als auch beim Abfragen.

Jetzt müssen wir uns Gedanken über die Ausgaben des neuronalen Netzes machen. Weiter oben haben Sie gesehen, dass die Ausgaben dem Wertebereich der Aktivierungsfunktion entsprechen sollten. Die hier verwendete logistische Funktion kann keine Werte wie −2,0 oder 255 zurückgeben – ihr Wertebereich liegt zwischen 0,0 und 1,0. Allerdings können Sie die Werte 0,0 und 1,0 in der Praxis nie erreichen, da sich die logistische Funktion diesen Extremwerten nur annähert, ohne tatsächlich dorthin zu gelangen. Es sieht also so aus, dass wir unsere Zielwerte beim Trainieren skalieren müssen.

Eigentlich müssen wir die Frage weiter vertiefen. Wie sollte die Ausgabe überhaupt aussehen? Sollte sie ein Abbild der Antwort sein? Das würde 28 × 28 = 784 Ausgabeknoten bedeuten.

Doch denken wir noch einmal darüber nach, was wir vom neuronalen Netz wissen wollen. Es zeigt sich, dass das Netz das Bild klassifizieren und die richtige Kennung zuordnen soll. Die Kennung ist eine der zehn Ziffern von 0 bis 9. Das Netz sollte also mit einer Ausgabeschicht von zehn Knoten auskommen, je ein Knoten für die möglichen Antworten oder Kennungen. Wenn die Antwort »0« ist, feuert der erste Knoten der Ausgabeschicht, während die übrigen Knoten ruhig bleiben sollten. Ist die Antwort »9«, feuert der letzte Knoten der Ausgabeschicht, und alle anderen bleiben ruhig. Abbildung 2-34 veranschaulicht dieses Schema und zeigt einige Beispiele.

Ausgabe-schicht	Kennung	Beispiel "5"	Beispiel "0"	Beispiel "9"
0	0	0,00	0,95	0,02
1	1	0,00	0,00	0,00
2	2	0,01	0,01	0,01
3	3	0,00	0,01	0,01
4	4	0,01	0,02	0,40
5	5	0,99	0,00	0,01
6	6	0,00	0,00	0,01
7	7	0,00	0,00	0,00
8	8	0,02	0,00	0,01
9	9	0,01	0,02	0,86

Abbildung 2-34: Beispiele für die Aktivierung der Knoten in der Ausgabeschicht

Im ersten Beispiel nimmt das neuronale Netz an, die Ziffer »5« gesehen zu haben. Das größte Signal, das in der Ausgabeschicht auftaucht, stammt vom Knoten mit der Kennung 5. Das ist der sechste Knoten, weil die Zählung mit der Kennung 0 beginnt. Die übrigen Ausgabeknoten liefern nur ein kleines Signal, das sehr nahe bei null liegt. Durch Rundungsfehler kann ein Ausgangssignal von 0,0 entstehen, doch wie erläutert produziert die Aktivierungsfunktion keinen Nullwert.

Das nächste Beispiel zeigt die Werte der Ausgabeknoten, wenn das neuronale Netz von einer handschriftlichen »0« (Null) ausgeht. Auch hier tritt der bei Weitem größte Ausgangswert am Knoten mit der Kennung »0« auf.

Interessanter ist das letzte Beispiel. Das neuronale Netz hat das größte Ausgabesignal am letzten Knoten erzeugt, der der Kennung »9« entspricht. Allerdings liegt am Ausgabeknoten für die »4« ein Signal mittlerer Größe. Normalerweise würden wir auf das größte Signal setzen, doch das Netz hat offenbar auch eine »4« in Betracht gezogen. War die handschriftliche Ziffer für das neuronale Netz nicht genau zu erkennen? Derartige Unsicherheiten treten bei neuronalen Netzen auf. Anstatt das als Mangel anzusehen, sollten wir die Tatsache, dass auch eine andere Antwort als Kandidat infrage kommt, als nützliche Erkenntnis mitnehmen.

Großartig! Nun müssen wir diese Gedanken in den Zielarrays für das Training des neuronalen Netzes umsetzen. Wenn zum Beispiel die Kennung für ein Trainings-beispiel »5« ist, müssen wir ein Zielarray für den Ausgabeknoten erzeugen, in dem alle Elemente klein sind außer demjenigen, das der Kennung »5« entspricht. Das könnte so aussehen: [0, 0, 0, 0, 0, 1, 0, 0, 0, 0].

Diese Zahlen müssen wir wieder skalieren. Denn wenn wir das neuronale Netz zu Ausgabewerten von 0 bzw. 1 zwingen, die die Aktivierungsfunktion nicht liefern kann, treibt das die Gewichte in die Höhe und führt zu einem gesättigten Netz. Deshalb verwenden wir stattdessen die Werte 0,01 und 0,99, sodass das Zielarray für die Kennung »5« folgendermaßen aussehen sollte: [0.01, 0.01, 0.01, 0.01, 0.01, 0.99, 0.01, 0.01, 0.01, 0.01].

Sehen Sie sich den folgenden Python-Code an, der die Zielmatrix konstruiert:

```
#output nodes is 10 (example)
onodes = 10
targets = numpy.zeros(onodes) + 0.01
targets[int(all_values[0])] = 0.99
```

Die erste Codezeile nach dem Kommentar setzt die Anzahl der Ausgabeknoten auf 10, d. h. passend für unser Beispiel mit zehn Kennungen.

Die Anweisung in der zweiten Zeile ruft eine komfortable numpy-Funktion namens numpy.zeros() auf, um ein mit Nullen gefülltes Array zu erzeugen. Als Parameter übernimmt die Funktion die Größe und Gestalt des Arrays. Hier wollen wir nur ein einfaches Array der Länge onodes anlegen. Die Länge ist gleich der Anzahl der Knoten in der Ausgabeschicht. Wir addieren 0,01, um das beschriebene Problem mit reinen Nullwerten zu vermeiden.

Die nächste Zeile verarbeitet das erste Element des MNIST-Datensatzes, d. h. die Kennung des Trainingsziels, und konvertiert diesen String in eine Ganzzahl. Bekanntlich wird der Datensatz aus den Quelldateien im Textformat und nicht im Zahlenformat gelesen. Die in eine Ganzzahl umgewandelte Kennung dient als Index, um das entsprechende Element der Liste targets auf 0,99 zu setzen. Das ist plausibel, weil die Kennung »0« zur Ganzzahl 0 konvertiert wird, die der korrekte Index in das Array targets[] für diese Kennung ist. Dementsprechend ergibt die Kennung »9« die Ganzzahl 9, und targets[9] ist tatsächlich das letzte Element dieses Arrays.

Abbildung 2-35 zeigt ein Beispiel für diese Aufbereitung des Zielarrays.

```
In [12]:   #output nodes is 10 (example)
           onodes = 10
           targets = numpy.zeros(onodes) + 0.01
           targets[int(all_values[0])] = 0.99
```

```
In [13]:   print(targets)

           [ 0.99  0.01  0.01  0.01  0.01  0.01  0.01  0.01  0.01  0.01]
```

Abbildung 2-35: Beispiel für die Aufbereitung des Zielarrays

Ausgezeichnet! Wir haben nun herausgearbeitet, wie die Eingabewerte für Training und Abfrage sowie die Ausgabewerte für das Training aufzubereiten sind.

Diese Aufbereitungsarbeiten bauen wir nun in unseren Python-Code ein. Beispiel 2-3 zeigt den bisher entwickelten Code. Der Code steht auch auf GitHub unter dem folgenden Link zur Verfügung, wird aber weiterentwickelt, wenn neue Funktionen hinzukommen:

- *https://github.com/makeyourownneuralnetwork/makeyourownneuralnetwork/ blob/master/part2_neural_network_mnist_data.ipynb*

Die vorherigen Versionen der verschiedenen Entwicklungsphasen können Sie sich in der folgenden Verlaufsansicht ansehen:

- *https://github.com/makeyourownneuralnetwork/makeyourownneuralnetwork/ commits/master/part2_neural_network_mnist_data.ipynb*

Beispiel 2-3: Der Code für das neuronale Netz mit Aufbereitung der Eingabe- und Zielwerte

```
# python notebook for Make Your Own Neural Network
# code for a 3-layer neural network, and code for learning the MNIST dataset
# (c) Tariq Rashid, 2016
# license is GPLv2

import numpy
# scipy.special for the sigmoid function expit()
import scipy.special
# library for plotting arrays
import matplotlib.pyplot
# ensure the plots are inside this notebook, not an external window
%matplotlib inline

# neural network class definition
class neuralNetwork:


    # initialise the neural network
    def __init__(self, inputnodes, hiddennodes, outputnodes, learningrate):
        # set number of nodes in each input, hidden, output layer
        self.inodes = inputnodes
        self.hnodes = hiddennodes
        self.onodes = outputnodes
```

```python
        # link weight matrices, wih and who
        # weights inside the arrays are w_i_j, where link is from node i to node j
        #       in the next layer
        # w11 w21
        # w12 w22 etc
        self.wih = numpy.random.normal(0.0, pow(self.hnodes, -0.5), (self.hnodes,
                self.inodes))
        self.who = numpy.random.normal(0.0, pow(self.onodes, -0.5), (self.onodes,
                self.hnodes))

        # learning rate
        self.lr = learningrate

        # activation function is the sigmoid function
        self.activation_function = lambda x: scipy.special.expit(x)

        pass


    # train the neural network
    def train(self, inputs_list, targets_list):
        # convert inputs list to 2d array
        inputs = numpy.array(inputs_list, ndmin=2).T
        targets = numpy.array(targets_list, ndmin=2).T

        # calculate signals into hidden layer
        hidden_inputs = numpy.dot(self.wih, inputs)
        # calculate the signals emerging from hidden layer
        hidden_outputs = self.activation_function(hidden_inputs)

        # calculate signals into final output layer
        final_inputs = numpy.dot(self.who, hidden_outputs)
        # calculate the signals emerging from final output layer
        final_outputs = self.activation_function(final_inputs)

        # output layer error is the (target - actual)
        output_errors = targets - final_outputs
        # hidden layer error is the output_errors, split by weights, recombined at
        #       hidden nodes
        hidden_errors = numpy.dot(self.who.T, output_errors)

        # update the weights for the links between the hidden and output layers
        self.who += self.lr * numpy.dot((output_errors * final_outputs *
                (1.0 - final_outputs)), numpy.transpose(hidden_outputs))

        # update the weights for the links between the input and hidden layers
        self.wih += self.lr * numpy.dot((hidden_errors * hidden_outputs *
                (1.0 - hidden_outputs)), numpy.transpose(inputs))

        pass


    # query the neural network
    def query(self, inputs_list):
        # convert inputs list to 2d array
```

```
        inputs = numpy.array(inputs_list, ndmin=2).T

        # calculate signals into hidden layer
        hidden_inputs = numpy.dot(self.wih, inputs)
        # calculate the signals emerging from hidden layer
        hidden_outputs = self.activation_function(hidden_inputs)

        # calculate signals into final output layer
        final_inputs = numpy.dot(self.who, hidden_outputs)
        # calculate the signals emerging from final output layer
        final_outputs = self.activation_function(final_inputs)

        return final_outputs

# number of input, hidden and output nodes
input_nodes = 784
hidden_nodes = 100
output_nodes = 10

# learning rate is 0.3
learning_rate = 0.3

# create instance of neural network
n = neuralNetwork(input_nodes,hidden_nodes,output_nodes, learning_rate)

# load the mnist training data CSV file into a list
training_data_file = open("mnist_dataset/mnist_train_100.csv", 'r')
training_data_list = training_data_file.readlines()
training_data_file.close()

# train the neural network

# go through all records in the training data set
for record in training_data_list:
    # split the record by the ',' commas
    all_values = record.split(',')
    # scale and shift the inputs
    inputs = (numpy.asfarray(all_values[1:]) / 255.0 * 0.99) + 0.01
    # create the target output values (all 0.01, except the desired label
            which is 0.99)
    targets = numpy.zeros(output_nodes) + 0.01
    # all_values[0] is the target label for this record
    targets[int(all_values[0])] = 0.99
    n.train(inputs, targets)
    pass
```

Am Anfang des Codes importieren wir die Bibliothek für die grafische Darstellung von Arrays, fügen etwas Code hinzu, um die Größe der Eingabeschicht, der versteckten Schicht und der Ausgabeschicht festzulegen, lesen die kleinere MNIST-Trainingsdatendatei ein und trainieren dann das neuronale Netz mit diesen Datensätzen.

Warum haben wir 784 Eingabeknoten gewählt? Wie der Abschnitt »Die MNIST-Datenbank mit handgeschriebenen Ziffern« erläutert hat, besteht das Bild einer handgeschriebenen Ziffer in der MNIST-Datenbank aus 28 × 28 Pixeln, d. h. 784 Pixeln.

Die Wahl von 100 versteckten Knoten ist wissenschaftlich nicht untermauert. Wir haben keine größere Anzahl als 784 genommen, weil neuronale Netze Features oder Muster in den Eingabedaten finden sollen, die sich in kürzerer Form als die Eingabe selbst ausdrücken lassen. Wählt man also einen kleineren Wert als die Anzahl der Eingänge, muss das Netz gezwungenermaßen versuchen, die Kernfeatures zu verdichten. Nimmt man jedoch zu wenige Knoten in der versteckten Schicht, wird die Fähigkeit des Netzes eingeschränkt, genügend Features oder Muster zu finden. Wir würden ihm seine Fähigkeit entziehen, sein eigenes Verständnis der MNIST-Daten auszudrücken. Da für die Ausgabeschicht 10 Kennungen und folglich 10 Ausgabeknoten gesetzt sind, erscheint ein mittlerer Wert von 100 für die versteckte Schicht sinnvoll.

Hier sei ein wichtiger Punkt angemerkt: Es gibt keine perfekte Methode, die Anzahl der Knoten in der versteckten Schicht für ein Problem festzulegen. Das Gleiche gilt für die Anzahl der versteckten Schichten. Bis jetzt ist es am besten, etwas zu experimentieren, bis man eine gute Konfiguration für das zu lösende Problem gefunden hat.

Das Netz testen

Nachdem wir das Netz trainiert haben, zumindest mit einer kleinen Teilmenge von 100 Datensätzen, wollen wir testen, wie gut das geklappt hat. Den Test führen wir mit den Testdaten aus.

Als Erstes müssen wir auf die Testdatensätze zugreifen. Der Python-Code ähnelt sehr dem Code, mit dem wir die Trainingsdaten abrufen:

```
# load the mnist test data CSV file into a list
test_data_file = open("mnist_dataset/mnist_test_10.csv", 'r')
test_data_list = test_data_file.readlines()
test_data_file.close()
```

Diese Daten entpacken wir in der gleichen Weise wie zuvor, da sie dieselbe Struktur haben.

Bevor wir eine Schleife einrichten, um alle Testdatensätze zu durchlaufen, sehen wir uns erst einmal die Ergebnisse an, wenn wir einen Test manuell ausführen. Abbildung 2-36 zeigt, wie das jetzt trainierte neuronale Netz mit dem ersten Datensatz aus den Testdaten abgefragt wird.

Die Kennung für den ersten Datensatz aus den Testdaten lautet »7«. Wir hoffen darauf, dass uns das neuronale Netz diese Antwort liefert, wenn wir es abfragen.

Die grafische Darstellung der Pixelwerte als Bild bestätigt, dass die handgeschriebene Ziffer tatsächlich eine »7« ist.

```
In [27]:  # load the mnist test data CSV file into a list
          test_data_file = open("mnist_dataset/mnist_test_10.csv", 'r')
          test_data_list = test_data_file.readlines()
          test_data_file.close()

In [39]:  # get the first test record
          all_values = test_data_list[0].split(',')
          # print the label
          print(all_values[0])

          7

In [40]:  image_array = numpy.asfarray(all_values[1:]).reshape((28,28))
          matplotlib.pyplot.imshow(image_array, cmap='Greys', interpolation='None')

Out[40]:  <matplotlib.image.AxesImage at 0x1090d4fd0>
```

```
In [41]:  n.query((numpy.asfarray(all_values[1:]) / 255.0 * 0.99) + 0.01)

Out[41]:  array([[ 0.07652418],
                 [ 0.01745079],
                 [ 0.0054554 ],
                 [ 0.07442751],
                 [ 0.07348178],
                 [ 0.01906993],
                 [ 0.00938124],
                 [ 0.7704694 ],
                 [ 0.08000447],
                 [ 0.05209131]])
```

Abbildung 2-36: Manuelle Ausführung eines Tests mit einem Testdatensatz

Die Abfrage des trainierten Netzes erzeugt eine Liste von Zahlen mit den Werten der einzelnen Ausgabeknoten. Man sieht schnell, dass ein Ausgabewert wesentlich größer als die anderen ist, und zwar derjenige, der der Kennung »7« entspricht. Es ist das achte Element, weil dem ersten Element die Kennung »0« zugeordnet ist.

Es hat funktioniert!

Ein Moment, den man genießen sollte. Die ganze Arbeit diesen Leitfaden hindurch hat sich gelohnt!

Wir haben unser neuronales Netz trainiert und es dazu veranlasst, zu sagen, um was für eine Zahl es sich handelt, die durch das Bild an den Eingängen dargestellt wird. Dabei hat das Netz das Bild noch niemals zuvor gesehen, es war nicht Teil der Trainingsdaten. Das neuronale Netz war also in der Lage, ein handschriftliches Zeichen korrekt zu klassifizieren, das es noch nie zuvor gesehen hatte. Das ist gewaltig!

Mit nur wenigen Zeilen einfachen Python-Codes haben wir ein neuronales Netz geschaffen, das sich Fähigkeiten aneignet, die manche Leute als künstliche Intelligenz ansehen würden – es lernt, Bilder handschriftlicher Zeichen zu erkennen.

Dies ist sogar noch eindrucksvoller angesichts der Tatsache, dass wir das Netz mit nur einer winzigen Teilmenge der vollständigen Trainingsdaten trainiert haben.

Die »richtigen« Trainingsdaten umfassen 60.000 Datensätze, wir haben lediglich mit 100 Datensätzen trainiert. Ich habe am Anfang selbst nicht geglaubt, dass es funktionieren würde!

Wir nehmen jetzt Fahrt auf und schreiben den Code, mit dem wir feststellen, wie das neuronale Netz beim Rest der Daten abschneidet. Dabei führen wir eine Trefferliste, um später beurteilen zu können, ob unsere Ideen zur Verbesserung des Lernverhaltens erfolgreich waren und wie gut andere diese Aufgabe bewältigt haben.

Sehen Sie sich am besten den Code in Beispiel 2-4 und die sich anschließenden Erläuterungen an:

Beispiel 2-4: Code zum Verarbeiten der Testdatensätze mit Trefferliste

```
# test the neural network

# scorecard for how well the network performs, initially empty
scorecard = []

# go through all the records in the test data set
for record in test_data_list:
    # split the record by the ',' commas
    all_values = record.split(',')
    # correct answer is first value
    correct_label = int(all_values[0])
    print(correct_label, "correct label")
    # scale and shift the inputs
    inputs = (numpy.asfarray(all_values[1:]) / 255.0 * 0.99) + 0.01
    # query the network
    outputs = n.query(inputs)
    # the index of the highest value corresponds to the label
    label = numpy.argmax(outputs)
    print(label, "network's answer")
    # append correct or incorrect to list
    if (label == correct_label):
        # network's answer matches correct answer, add 1 to scorecard
        scorecard.append(1)
    else:
        # network's answer doesn't match correct answer, add 0 to scorecard
        scorecard.append(0)
        pass

    pass
```

Bevor wir uns in die Schleife begeben, die alle Testdatensätze abarbeitet, erzeugen wir in scorecard eine leere Trefferliste, die wir nach jedem Datensatz aktualisieren.

In der Schleife passiert das Gleiche wie zuvor: Wir trennen den Textdatensatz an den Kommapositionen in einzelne Werte auf. Den ersten Wert merken wir uns als die korrekte Antwort. Die übrigen Werte skalieren wir, sodass sie für die Abfrage des neuronalen Netzes geeignet sind. Die Antwort des neuronalen Netzes speichern wir in der Variablen outputs.

Interessant ist der nächste Code. Wir wissen, dass das Netz den Ausgabeknoten mit dem größten Wert als Antwort auswählt. Der Index dieses Knotens, d. h. seine Position, entspricht der Kennung. Kurz gesagt, entspricht das erste Element der Kennung »0«, das fünfte Element der Kennung »4« usw. Glücklicherweise gibt es eine komfortable numpy-Funktion, die den größten Wert in einem Array sucht und seine Position zurückgibt: numpy.argmax(). Unter *http://docs.scipy.org/doc/numpy-1.10.1/reference/generated/numpy.argmax.html* finden Sie eine Beschreibung dieser Funktion. Wenn die Funktion 0 zurückgibt, nimmt das Netz als Antwort eine Null an usw.

Der letzte Codeabschnitt vergleicht die Kennung mit der bekannten korrekten Kennung. Wenn beide gleich sind, wird an die Trefferliste eine »1« angehängt, andernfalls eine »0«.

Ich habe auch einige nützliche print()-Befehle eingebaut, damit Sie sich die richtigen und die vorhergesagten Kennungen selbst ansehen können. Der Code in Abbildung 2-37 zeigt die Ergebnisse des Codes von Beispiel 2-4 und gibt auch die Trefferliste aus.

```
7 correct label
7 network's answer
2 correct label
0 network's answer
1 correct label
1 network's answer
0 correct label
0 network's answer
4 correct label
4 network's answer
1 correct label
1 network's answer
4 correct label
4 network's answer
9 correct label
4 network's answer
5 correct label
4 network's answer
9 correct label
7 network's answer
```

```
In [49]:  print(scorecard)

          [1, 0, 1, 1, 1, 1, 1, 0, 0, 0]
```

Abbildung 2-37: Ergebnisse des Codes aus Beispiel 2-4 und Trefferliste

Dieses Mal ist das Ergebnis nicht gerade berauschend! Es gibt eine ganze Reihe von Fehltreffern. Die zuletzt ausgegebene Trefferliste zeigt, dass das Netz von zehn Testdatensätzen nur sechs richtige Antworten geliefert hat. Das ist eine Quote von 60 %. Angesichts der wenigen Trainingsdatensätze, auf die wir uns beschränkt haben, ist das Ergebnis aber eigentlich gar nicht so schlecht.

Zum Abschluss ergänzen wir noch etwas Code, um die Trefferliste als Dezimalzahl auszugeben:

```
# calculate the performance score, the fraction of correct answers
scorecard_array = numpy.asarray(scorecard)
print ("performance = ", scorecard_array.sum() / scorecard_array.size)
```

Diese einfache Berechnung liefert den Anteil der richtigen Antworten. Der Code bildet die Summe der »1«-Einträge in der Trefferliste und dividiert sie durch die Gesamtanzahl der Einträge, d. h. die Größe der Trefferliste. Abbildung 2-38 zeigt, wie die Ausgabe aussieht.

```
In [49]:   print(scorecard)

           [1, 0, 1, 1, 1, 1, 1, 0, 0, 0]

In [59]:   # calculate the performance score, the fraction of correct answers
           scorecard_array = numpy.asarray(scorecard)
           print ("performance = ", scorecard_array.sum() / scorecard_array.size)

           performance =  0.6
```

Abbildung 2-38: Die Anzahl der Treffer bezogen auf die Gesamtanzahl der Tests, als Dezimalzahl ausgeben

Als Ergebnis liefert der Code wie erwartet die Dezimalzahl 0,6. Die Genauigkeit der Vorhersage beträgt also 60 %.

Mit sämtlichen Datensätzen trainieren und testen

Den zuletzt entwickelten Code, mit dem wir die Leistungsfähigkeit des Netzes getestet haben, fügen wir nun in unser Hauptprogramm ein.

Und da wir schon dabei sind, ändern wir auch die Dateinamen, sodass wir jetzt auf die Datei mit den vollständigen Trainingsdaten von 60.000 Datensätzen und die Testdaten mit 10.000 Datensätzen verweisen. Diese Dateien haben wir bereits als *mnist_dataset/mnist_train.csv* und *mnist_dataset/mnist_test.csv* gespeichert. Jetzt wird es ernst!

Hier sei noch einmal daran erinnert, dass Sie das Python-Notebook online von GitHub herunterladen können:

- *https://github.com/makeyourownneuralnetwork/makeyourownneuralnetwork/blob/master/part2_neural_network_mnist_data.ipynb*

Die Vorgängerversionen dieses Codes stehen ebenfalls auf GitHub zur Verfügung, sodass Sie die Entwicklungsphasen nachvollziehen können:

- *https://github.com/makeyourownneuralnetwork/makeyourownneuralnetwork/commits/master/part2_neural_network_mnist_data.ipynb*

Wenn wir unser einfaches dreischichtiges neuronales Netz mit den 60.000 Beispielen der vollständigen Trainingsdaten trainieren und es dann mit den 10.000 Testdatensätzen testen, ergibt sich eine Gesamttrefferquote von 0,9473 (siehe Abbildung 2-39) – ein sehr guter Wert. Fast 95 % Genauigkeit!

```
In [72]:    # calculate the performance score, the fraction of correct answers
            scorecard_array = numpy.asarray(scorecard)
            print ("performance = ", scorecard_array.sum() / scorecard_array.size)

            performance =  0.9473
```

Abbildung 2-39: Trefferquote bei Verwendung der vollständigen Trainings- und Testdaten

Es ist interessant, diese Quote von knapp 95 % Genauigkeit mit Industrie-Benchmarks zu vergleichen, die unter *http://yann.lecun.com/exdb/mnist/* verzeichnet sind. Es zeigt sich, dass wir ein besseres Ergebnis als einige historische Benchmarks vorweisen können und etwa die gleiche Leistung erzielen wie das einfachste neuronale Netz, das auf der angegebenen Webseite aufgelistet ist und das eine Quote von 95,3 % hat.

Das ist gar nicht so schlecht. Wir können sehr zufrieden damit sein, mit unserem allerersten neuronalen Netz eine Leistung erreicht zu haben, die auf dem Niveau professioneller neuronaler Netze liegt.

Übrigens sollte es Sie nicht überraschen, dass selbst ein moderner Heimcomputer eine geraume Weile braucht, um die 60.000 Trainingsbeispiele abzuarbeiten. Es sind unzählige Berechnungen erforderlich, um die Signale der 784 Eingabeknoten zu verarbeiten, über 100 Knoten der versteckten Schicht weiterzuleiten (Feedforward), die Ausgangsfehler zu ermitteln, die Fehler zurückzuführen und die Gewichte zu aktualisieren (Backpropagierung). Mein neuer Laptop hat etwa zwei Minuten in der Trainingsschleife zugebracht.

Verbesserungen: Optimieren der Lernrate

Eine Erfolgsquote von 95 % beim MNIST-Datensatz mit unserem ersten neuronalen Netz, das auf einfachen Konzepten und simplem Python-Code aufbaut, kann sich wirklich sehen lassen. Und sollten Sie an dieser Stelle die Sache erst einmal auf sich beruhen lassen wollen, ist das durchaus okay.

Doch wir wollen sehen, ob auf einfache Weise noch Verbesserungen möglich sind.

Als erste Verbesserung können wir versuchen, die Lernrate anzupassen. Wir haben sie bisher auf 0,3 gesetzt, ohne mit anderen Werten zu experimentieren.

Verdoppeln wir doch die Lernrate auf 0,6. Wirkt sich diese Beschleunigung positiv oder negativ auf die gesamte Erkennungsleistung des Netzes aus? Mit unserem Code erhalten wir eine Erfolgsquote von 0,9047. Das ist schlechter als vorher. Offenbar führt eine größere Lernrate zu Pendeleffekten und Überschwingen (engl. Overshooting) während des Gradientenabstiegs.

Probieren wir es mit einer Lernrate von 0,1. Dieses Mal ergibt sich eine Verbesserung auf 0,9523. Diese Quote ist mit der Leistung des auf der Website aufgeführten Netzes vergleichbar, das mit 1.000 versteckten Knoten arbeitet. Unser Netz kommt mit viel weniger aus!

Was passiert, wenn wir die Lernrate weiter reduzieren und auf einen Wert von vielleicht 0,01 setzen? Die Quote geht zurück auf 0,9241. Offenbar ist eine zu kleine Lernrate ebenfalls schädlich. Das ist nachvollziehbar, denn wir begrenzen schließlich die Geschwindigkeit des Gradientenabstiegs. Wir machen zu kleine Schritte.

Abbildung 2-40 zeigt eine grafische Darstellung dieser Ergebnisse. Für eine wissenschaftlich fundierte Untersuchung hätten wir die Experimente viele Male durchführen müssen, um zufällige Effekte und ungünstige Wege beim Gradientenabstieg zu kompensieren, dennoch wird das allgemeine Konzept einer optimalen Lernrate verständlich.

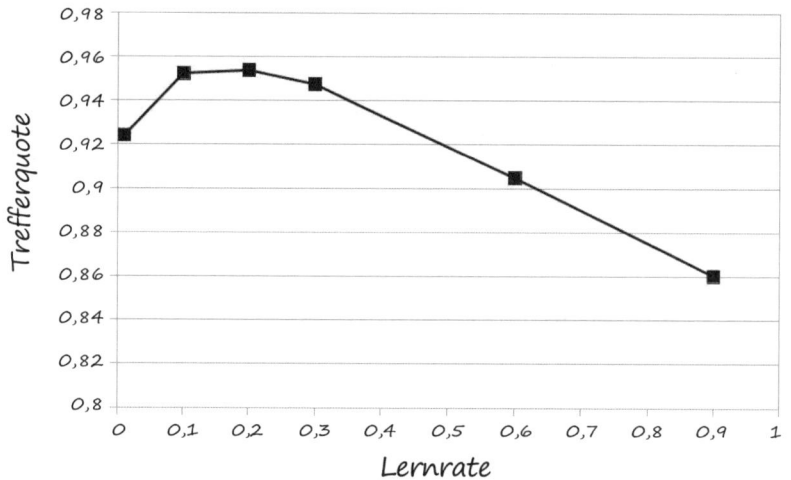

Abbildung 2-40: Einfluss der Lernrate auf die Erfolgsquote

Wie die Grafik zeigt, ist bei einer Lernrate zwischen 0,1 und 0,3 eine bessere Leistung zu erwarten. Wir probieren daher eine Lernrate von 0,2 aus. Damit ergibt sich eine Trefferquote von 0,9537 – also tatsächlich ein winziges Stück besser als bei den Lernraten 0,1 und 0,3. Da man anhand einer grafischen Darstellung ein besseres Gesamtbild von den Mechanismen bekommt, empfiehlt es sich auch in anderen Szenarios, so vorzugehen – Bilder sagen viel mehr aus als eine Liste von Zahlen!

Wir halten uns also an eine Lernrate von 0,2, die bei den MNIST-Daten und unserem neuronalen Netz offenbar einen optimalen Wert darstellt.

Übrigens können die Trefferquoten bei Ihnen anders aussehen, wenn Sie diesen Code selbst ausführen, weil der ganze Ablauf von zufälligen Faktoren mitbestimmt wird. So dürften die anfänglichen Zufallsgewichte von den Gewichten abweichen, die auf meinem Computer zufällig ermittelt wurden. Dementsprechend führt auch der Gradientenabstieg über andere Wege als bei mir.

Verbesserungen: Mehrere Läufe

Um die Erfolgsquote weiter zu verbessern, können wir das Training mit den Trainingsdaten mehrfach wiederholen. Einen derartigen Durchlauf bezeichnet man auch als *Epoche*. Bei einer Trainingssitzung mit zehn Epochen werden also zehn Läufe mit den gesamten Trainingsdaten durchgeführt. Welchen Sinn hat diese Maßnahme? Vor allem wenn die Zeit, die der Computer benötigt, auf 10 oder 20 Minuten, vielleicht sogar 30 Minuten steigt? Es lohnt sich deshalb, weil der Gradientenabstieg mehr Möglichkeiten bekommt, die Pfade hinunterzukriechen.

Probieren wir es zunächst mit zwei Epochen. Der Code ändert sich etwas, weil wir eine zusätzliche Schleife um den Trainingscode brauchen. In Beispiel 2-5 ist diese äußere Schleife blau markiert.

Beispiel 2-5: Das Training mit einer Schleife für Epochen erweitern

```
# train the neural network

# epochs is the number of times the training data set is used for training
epochs = 2

for e in range(epochs):
    # go through all records in the training data set
    for record in training_data_list:
        # split the record by the ',' commas
        all_values = record.split(',')
        # scale and shift the inputs
        inputs = (numpy.asfarray(all_values[1:]) / 255.0 * 0.99) + 0.01
        # create the target output values (all 0.01, except the desired label
                which is 0.99)
        targets = numpy.zeros(output_nodes) + 0.01
        # all_values[0] is the target label for this record
        targets[int(all_values[0])] = 0.99
        n.train(inputs, targets)
        pass
    pass
```

Mit zwei Epochen ergibt sich eine Trefferquote von 0,9579, das ist eine kleine Verbesserung gegenüber nur einer Epoche.

Wie beim Optimieren der Lernrate experimentieren wir mit verschiedenen Epochen und tragen die Ergebnisse grafisch auf, um die Wirkung zu visualisieren.

Intuitiv würde man annehmen, dass sich die Leistung verbessert, je mehr das Netz trainiert wird. Doch man wird auch feststellen, dass zu viel Training tatsächlich schlecht ist, weil das Netz an die Trainingsdaten überangepasst wird und sich dann schlecht gegenüber neuen Daten verhält, die es vorher noch nie gesehen hat. Mit dieser *Überanpassung* (engl. *Overfitting*) muss man bei vielen verschiedenen Arten des maschinellen Lernens rechnen, nicht nur bei neuronalen Netzen.

Abbildung 2-41 zeigt den Verlauf der Trefferquoten über der Anzahl der Epochen.

Abbildung 2-41: Ergebnisse in Abhängigkeit von der Anzahl der Epochen

Die Ergebnisse sind offenbar gar nicht so vorhersagbar. Bei fünf oder sieben Epochen gibt es ein Optimum. Danach nimmt die Leistung wieder ab, was auf Überanpassung zurückzuführen sein kann. Die Senke bei sechs Epochen hängt wahrscheinlich mit einem schlechten Lauf zusammen, bei dem das Netz während des Gradientenabstiegs in einem ungünstigen Minimum stecken geblieben ist. Eigentlich hatte ich eine größere Schwankung in den Ergebnissen erwartet, weil für die einzelnen Datenpunkte die Anzahl der Experimente viel größer hätte sein müssen, da es sich ja im Wesentlichen um einen zufälligen Prozess handelt. Deshalb habe ich auch den Ausreißer bei sechs Epochen beibehalten, damit er uns daran erinnert, dass das Anlernen neuronaler Netze im Kern ein zufälliger Vorgang ist, der manchmal nicht so gut endet und manchmal sogar richtig schlecht ausfällt.

Bei einer größeren Anzahl von Epochen könnte auch die Lernrate zu hoch sein. Wir probieren dies experimentell aus und setzen die Lernrate von 0,2 auf 0,1 herab.

Die Spitzenleistung steigt bei sieben Epochen auf 0,9628 oder 96,28 %.

Abbildung 2-42 zeigt den Verlauf der Trefferquoten für die Lernrate 0,1, der über den vorherigen Verlauf gelegt wurde.

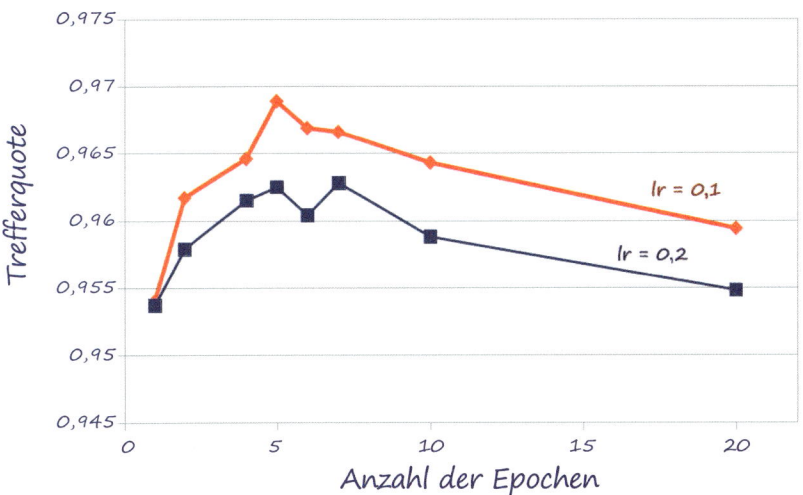

Abbildung 2-42: Quotenverlauf über der Anzahl der Epochen für die Lernraten 0,1 und 0,2

Wie das Diagramm zeigt, ergeben sich tatsächlich bessere Ergebnisse bei einer größeren Anzahl von Epochen, wenn man die Lernrate verringert. Die Spitze von 0,9689 stellt eine ungefähre Fehlerrate von 3 % dar, die mit den Benchmarks für neuronale Netze auf der Website *http://yann.lecun.com/exdb/mnist/* von Yann LeCun vergleichbar ist.

Wenn man den Gradientenabstieg deutlich länger (in mehr Epochen) untersuchen will, ist es einleuchtend, dass man sich kürzere Schritte (kleinere Lernraten) leisten kann und insgesamt einen besseren Weg nach unten finden wird. In unserem Fall sind fünf Epochen wahrscheinlich das Optimum bei diesem neuronalen Netz für die MNIST-Lernaufgabe. Denken Sie wieder daran, dass die Ergebnisse auf nicht ganz wissenschaftliche Weise zustande gekommen sind. Genau genommen hätte man dieses Experiment viele Male für jede Kombination von Lernraten und Epochen durchführen müssen, um den zufälligen Charakter des Gradientenabstiegs zu dämpfen.

Die Gestalt des Netzes ändern

Bis jetzt haben wir noch nicht versucht, die Form des neuronalen Netzes zu ändern, und vielleicht hätten wir es auch schon längst tun sollen. Daher ändern wir nun die Anzahl der Knoten in der versteckten Schicht. Viel zu lange hatten wir sie mit 100 festgelegt!

Bevor wir uns in die Experimente mit verschiedenen Anzahlen von Knoten in der versteckten Schicht vertiefen, wollen wir über die Auswirkungen nachdenken. Die versteckte Schicht ist die Schicht, in der der eigentliche Lernvorgang stattfindet. Denn die Eingabeknoten speisen lediglich die Eingabesignale in das Netz ein, und die Ausgabeknoten liefern die Antwort des Netzes nach außen. Es ist die versteckte Schicht, die lernen muss, die Eingabe in die Antwort umzusetzen. Die Anzahl der versteckten Schichten ist nicht auf eine begrenzt; es können auch mehrere Schichten vorhanden sein. Auf jeden Fall findet hier das Lernen statt. Genau genommen sind es die Verknüpfungsgewichte vor und nach den Knoten der versteckten Schicht, die für das Lernen zuständig sind, doch Sie wissen, was ich meine.

Besteht die versteckte Schicht aus zu wenigen Knoten, sagen wir drei, kann man sich ausmalen, dass das Netz nichts Vernünftiges lernen kann. Es ist einfach nicht genügend Raum vorhanden, um zu lernen, wie alle Eingaben in die richtigen Ausgaben überführt werden können. Man könnte das mit einem Auto vergleichen, das fünf Sitzplätze bietet, aber zehn Personen transportieren soll. So viele Menschen lassen sich nicht in den Innenraum stopfen. Informatiker nennen eine derartige Beschränkung *Lernkapazität*. Man kann nicht mehr lernen, als die Lernkapazität erlaubt, doch man kann das Fahrzeug oder die Form des Netzes verändern, um die Kapazität zu vergrößern.

Wie sieht es aus, wenn die versteckte Schicht 10.000 Knoten umfasst? Die Lernkapazität ist dann sicherlich ausreichend groß, doch es dürfte schwieriger sein, das Netz zu trainieren, weil es jetzt zu viele Möglichkeiten gibt, Lernstrukturen zu bilden. Vielleicht dauert es Zehntausende von Epochen, um ein solches Netz zu trainieren.

Führen wir einige Experimente aus und sehen wir uns die Ergebnisse an (siehe Abbildung 2-43).

Wie das Diagramm in Abbildung 2-43 zeigt, sind die Ergebnisse bei wenigen Knoten in der versteckten Schicht nicht so gut wie bei einer größeren Anzahl von Knoten. Das war zu erwarten. Doch die Trefferquote bei nur fünf versteckten Knoten liegt bei 0,7001. Das ist schon erstaunlich, wenn man bedenkt, dass das Netz bei so wenigen Lernelementen trotzdem noch zu 70 % richtig liegt. Bisher haben wir mit 100 versteckten Knoten gearbeitet. Mit nur 10 Knoten bekommen wir eine Genauigkeit von 0,8998, was ebenfalls eindrucksvoll ist. Das ist nur 1/10 der bisher verwendeten Knoten, und trotzdem springt die Netzleistung auf 90 %.

Diese Tatsache ist beachtlich. Das neuronale Netz erreicht selbst bei so wenigen versteckten Knoten oder Lernelementen wirklich gute Ergebnisse – ein Beleg für die Leistungsfähigkeit von neuronalen Netzen.

Trefferquote und versteckte Knoten
MNIST-Daten an einem neuronalen Netz mit 3 Schichten

Abbildung 2-43: Abhängigkeit der Trefferquote von der Anzahl der Knoten in der versteckten Schicht

Wenn wir die Anzahl der versteckten Knoten erhöhen, werden die Ergebnisse besser, allerdings nicht so drastisch. Außerdem dauert es erheblich länger, das Netz zu trainieren, weil jeder zusätzliche versteckte Knoten neue Netzverknüpfungen zu jedem Knoten in der vorhergehenden und in der nächsten Schicht bedeutet, die wiederum sehr viele Berechnungen erfordern! Folglich müssen wir eine Anzahl von versteckten Knoten wählen, bei der die Laufzeit noch vertretbar ist. Bei meinem Computer sind das 200 Knoten, für Ihren Computer müssen Sie das selbst herausfinden.

Außerdem haben wir einen neuen Genauigkeitsrekord aufgestellt: 0,9751 bei 200 Knoten. Und ein länger laufendes Training mit 500 Knoten hat 0,9762 gebracht. Das ist wirklich gut, verglichen mit den Benchmarks, die auf der Website von LeCun aufgelistet sind.

Im Vergleich mit den weiter oben gezeigten Diagrammen ergibt sich, dass sich die bisherige hartnäckige Genauigkeitsgrenze von 95 % knacken ließ, weil wir die Gestalt des Netzes geändert haben.

Gute Arbeit!

Alles in allem haben wir ein neuronales Netz erstellt, und zwar allein nach den einfachen Konzepten, die wir weiter oben behandelt haben, und mit simplem Python.

Dieses neuronale Netz hat sehr gut abgeschnitten, und das ohne ausgefallene mathematische Tricks. Seine Leistung ist wirklich respektabel, verglichen mit den Netzen, die von Akademikern und Forschern stammen.

Kapitel 3 dieses Buchs wird Ihnen noch mehr Spaß machen. Doch auch wenn Sie die Ideen dort nicht umsetzen, sollten Sie nicht zögern und mit Ihrem bereits erstellten neuronalen Netz weiter experimentieren. Probieren Sie verschiedene Anzahlen von versteckten Knoten aus, ändern Sie die Skalierung der Daten oder verwenden Sie eine andere Aktivierungsfunktion – nur um zu sehen, was passiert.

Der endgültige Code

Beispiel 2-6 zeigt den fertigen Code für den Fall, dass Sie den Code nicht von Git-Hub herunterladen können. Außerdem haben Sie hier die Möglichkeit, jederzeit Details zum Code nachzuschlagen.

Beispiel 2-6: Der endgültige Code

```python
# python notebook for Make Your Own Neural Network
# code for a 3-layer neural network, and code for learning the MNIST dataset
# (c) Tariq Rashid, 2016
# license is GPLv2


import numpy
# scipy.special for the sigmoid function expit()
import scipy.special
# library for plotting arrays
import matplotlib.pyplot
# ensure the plots are inside this notebook, not an external window
%matplotlib inline

# neural network class definition
class neuralNetwork:


    # initialise the neural network
    def __init__(self, inputnodes, hiddennodes, outputnodes, learningrate):
        # set number of nodes in each input, hidden, output layer
        self.inodes = inputnodes
        self.hnodes = hiddennodes
        self.onodes = outputnodes

        # link weight matrices, wih and who
        # weights inside the arrays are w_i_j, where link is from node i to node j
                in the next layer
        # w11 w21
        # w12 w22 etc
        self.wih = numpy.random.normal(0.0, pow(self.hnodes, -0.5), (self.hnodes,
                self.inodes))
        self.who = numpy.random.normal(0.0, pow(self.onodes, -0.5), (self.onodes,
                self.hnodes))
```

```python
        # learning rate
        self.lr = learningrate

        # activation function is the sigmoid function
        self.activation_function = lambda x: scipy.special.expit(x)

        pass


    # train the neural network
    def train(self, inputs_list, targets_list):
        # convert inputs list to 2d array
        inputs = numpy.array(inputs_list, ndmin=2).T
        targets = numpy.array(targets_list, ndmin=2).T

        # calculate signals into hidden layer
        hidden_inputs = numpy.dot(self.wih, inputs)
        # calculate the signals emerging from hidden layer
        hidden_outputs = self.activation_function(hidden_inputs)

        # calculate signals into final output layer
        final_inputs = numpy.dot(self.who, hidden_outputs)
        # calculate the signals emerging from final output layer
        final_outputs = self.activation_function(final_inputs)

        # output layer error is the (target - actual)
        output_errors = targets - final_outputs
        # hidden layer error is the output_errors, split by weights, recombined at
                hidden nodes
        hidden_errors = numpy.dot(self.who.T, output_errors)

        # update the weights for the links between the hidden and output layers
        self.who += self.lr * numpy.dot((output_errors * final_outputs *
                (1.0 - final_outputs)), numpy.transpose(hidden_outputs))

        # update the weights for the links between the input and hidden layers
        self.wih += self.lr * numpy.dot((hidden_errors * hidden_outputs *
                (1.0 - hidden_outputs)), numpy.transpose(inputs))

        pass


    # query the neural network
    def query(self, inputs_list):
        # convert inputs list to 2d array
        inputs = numpy.array(inputs_list, ndmin=2).T

        # calculate signals into hidden layer
        hidden_inputs = numpy.dot(self.wih, inputs)
        # calculate the signals emerging from hidden layer
        hidden_outputs = self.activation_function(hidden_inputs)

        # calculate signals into final output layer
        final_inputs = numpy.dot(self.who, hidden_outputs)
```

```
        # calculate the signals emerging from final output layer
        final_outputs = self.activation_function(final_inputs)

        return final_outputs


# number of input, hidden and output nodes
input_nodes = 784
hidden_nodes = 200
output_nodes = 10

# learning rate
learning_rate = 0.1


# create instance of neural network
n = neuralNetwork(input_nodes,hidden_nodes,output_nodes, learning_rate)

# load the mnist training data CSV file into a list
training_data_file = open("mnist_dataset/mnist_train.csv", 'r')
training_data_list = training_data_file.readlines()
training_data_file.close()


# train the neural network

# epochs is the number of times the training data set is used for training
epochs = 5

for e in range(epochs):
    # go through all records in the training data set
    for record in training_data_list:
        # split the record by the ',' commas
        all_values = record.split(',')
        # scale and shift the inputs
        inputs = (numpy.asfarray(all_values[1:]) / 255.0 * 0.99) + 0.01
        # create the target output values (all 0.01, except the desired label
                which is 0.99)
        targets = numpy.zeros(output_nodes) + 0.01
        # all_values[0] is the target label for this record
        targets[int(all_values[0])] = 0.99
        n.train(inputs, targets)
        pass
    pass


# load the mnist test data CSV file into a list
test_data_file = open("mnist_dataset/mnist_test.csv", 'r')
test_data_list = test_data_file.readlines()
test_data_file.close()


# test the neural network
```

```
# scorecard for how well the network performs, initially empty
scorecard = []

# go through all the records in the test data set
for record in test_data_list:
    # split the record by the ',' commas
    all_values = record.split(',')
    # correct answer is first value
    correct_label = int(all_values[0])
    # scale and shift the inputs
    inputs = (numpy.asfarray(all_values[1:]) / 255.0 * 0.99) + 0.01
    # query the network
    outputs = n.query(inputs)
    # the index of the highest value corresponds to the label
    label = numpy.argmax(outputs)
    # append correct or incorrect to list
    if (label == correct_label):
        # network's answer matches correct answer, add 1 to scorecard
        scorecard.append(1)
    else:
        # network's answer doesn't match correct answer, add 0 to scorecard
        scorecard.append(0)
        pass

    pass


# calculate the performance score, the fraction of correct answers
scorecard_array = numpy.asarray(scorecard)
print ("performance = ", scorecard_array.sum() / scorecard_array.size)
```

Just for fun: Das neuronale Netz tunen

»Wenn du nicht spielst, lernst du nicht.«

In diesem Teil des Buchs untersuchen wir weitere Ideen – und zwar nur, weil sie Spaß machen. Da sie für das Verständnis von neuronalen Netzen nicht notwendig sind, brauchen Sie sich auch nicht verpflichtet zu fühlen, alles hier verstehen zu müssen.

In diesem zusätzlichen Abschnitt ist das Tempo zwar etwas höher, doch ich werde trotzdem versuchen, alles möglichst verständlich zu erklären.

Ihre eigene Handschrift

Die Beispiele in diesem Buch haben mit Bildern handschriftlicher Ziffern aus der MNIST-Datenbank gearbeitet. Wie wäre es mit einer Probe Ihrer eigenen Handschrift?

In diesem Experiment erstellen Sie die Testdaten mit Ihrer Handschrift. Außerdem werden wir verschiedene Schriftstile sowie verrauschte oder verwackelte Bilder ausprobieren, um festzustellen, ob unser neuronales Netz damit klarkommt.

Die Bilder können Sie mit einer Bildbearbeitungs- oder Grafiksoftware Ihrer Wahl erzeugen. Es muss nicht das teure Programm Photoshop sein. Das Grafikprogramm GIMP ist als kostenlose Open-Source-Software für Windows, Mac und Linux verfügbar. Sie können sogar mit einem Stift auf Papier schreiben und das Geschriebene mit einem Smartphone bzw. einer Kamera fotografieren oder mit einem Scanner einlesen. Das Bild muss nur quadratisch und im PNG-Format gespeichert sein. In Bildbearbeitungsprogrammen ist das Speicherformat oftmals unter *Datei/Speichern unter* oder *Datei/Exportieren* zu finden.

Abbildung 3-1 zeigt einige Bilder, die ich aufgenommen und bearbeitet habe.

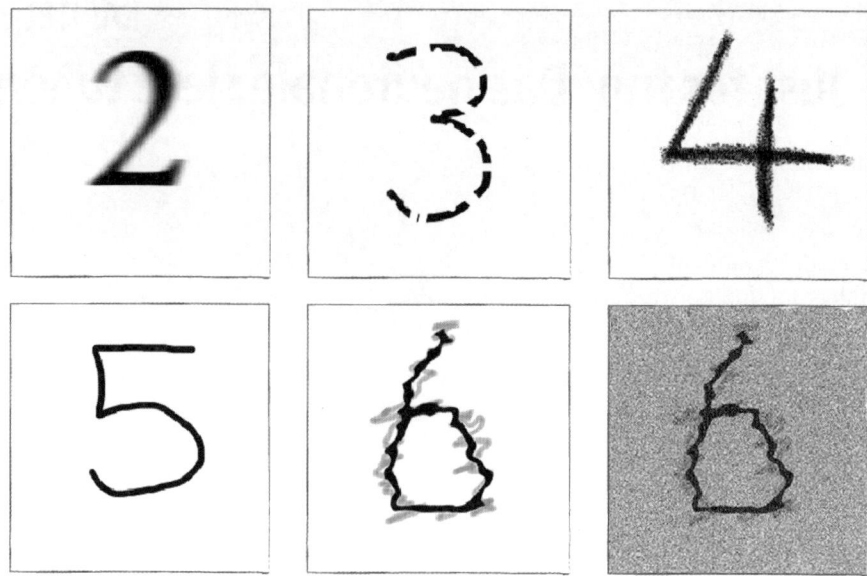

Abbildung 3-1: Handschriftliche Ziffern aus eigener Produktion

Die Ziffer »5« habe ich mit einem Filzstift geschrieben. Die Ziffer »4« ist stattdessen mit einem Kreidestift entstanden. Auch die Ziffer »3« zeigt meine Handschrift, allerdings habe ich die Ziffer absichtlich abgehackt geschrieben. Die »2« stammt aus einer herkömmlichen Zeitungs- oder Buchschriftart, wurde aber ein wenig unscharf gemacht. Die »6« zeigt einen Welleneffekt, fast wie bei einer Reflexion im Wasser. Das letzte Bild ist dasselbe wie das vorherige, jedoch mit zusätzlichem Rauschen, um dem neuronalen Netz die Arbeit zu erschweren!

Das Ganze hat einen ernsthaften Hintergrund. Wissenschaftler und Ärzte sind erstaunt darüber, dass das menschliche Gehirn selbst nach einem erlittenen Schaden in der Lage ist, weiterhin hervorragend zu funktionieren. Vermutlich verteilen neuronale Netze ihr angelerntes Wissen auf mehrere Verknüpfungsgewichte, sodass ihnen auch ein eventueller Schaden nicht viel ausmacht. Umgekehrt heißt das, dass die Netze auch dann ihrer Aufgabe gut gerecht werden, wenn das Eingabebild beschädigt oder unvollständig ist. Eine bewundernswerte Eigenschaft! Wir wollen sie am Beispielbild mit der unterbrochenen »3« testen (siehe Abbildung 3-1).

Um dem Format der MNIST-Daten zu entsprechen, müssen wir kleinere Versionen dieser PNG-Bilder erzeugen, die auf 28 × 28 Pixel skaliert sind. Das können Sie sicherlich mit Ihrem Bildbearbeitungsprogramm erledigen.

Python-Bibliotheken unterstützen uns auch hier, die Daten aus gebräuchlichen Dateiformaten – unter anderem dem PNG-Format – einzulesen und zu decodieren. Sehen Sie sich dazu den folgenden einfachen Code an:

```
import scipy.misc
img_array = scipy.misc.imread(image_file_name, flatten=True)

img_data  = 255.0 - img_array.reshape(784)
img_data = (img_data / 255.0 * 0.99) + 0.01
```

Die Funktion scipy.misc.imread() liest die Daten aus Bilddateien wie zum Beispiel PNG- oder JPG-Dateien. Um diese Funktion verwenden zu können, müssen wir die Bibliothek scipy.misc importieren. Wenn der Parameter flatten=True gesetzt ist, wandelt die Funktion das Bild in ein einfaches Array aus Gleitkommazahlen um und konvertiert bei farbigen Bildern die Farbwerte in Graustufenwerte. Das ist die Darstellung, die wir brauchen.

Die Anweisung in der nächsten Codezeile überführt das quadratische 28-mal-28-Array in eine lineare Werteliste, wie wir sie für die Eingänge unseres neuronalen Netzes brauchen. Diese Operationen sind Ihnen aber bereits geläufig. Neu ist die Subtraktion der Arraywerte von 255,0. Bei herkömmlichen Graustufenwerten ist 0 der Farbe Schwarz zugeordnet und 255 der Farbe Weiß. In der MNIST-Datenbank liegen die Daten aber in der umgekehrten Zuordnung vor. Deshalb müssen wir die Werte entsprechend umdrehen, wenn sie mit dem Format der MNIST-Daten übereinstimmen sollen. Die letzte Zeile führt die bekannte Skalierung der Datenwerte in den Bereich von 0,01 bis 1,0 durch.

Den Beispielcode, der die PNG-Dateien einliest, finden Sie immer online auf GitHub:

• *https://github.com/makeyourownneuralnetwork/makeyourownneuralnetwork/ blob/master/part3_load_own_images.ipynb*

Außerdem müssen wir aus unserem bisherigen Programm für das neuronale Netz eine Version erstellen, die zwar weiterhin die MNIST-Trainingsdaten verwendet, die Tests aber nicht mehr mit den MNIST-Testdaten durchführt, sondern mit den Testdaten, die wir aus unseren Bildern erzeugt haben.

Das neue Programm können Sie ebenfalls von GitHub herunterladen:

• *https://github.com/makeyourownneuralnetwork/makeyourownneuralnetwork/ blob/master/part3_neural_network_mnist_and_own_data.ipynb*

Funktioniert es? Es funktioniert! Abbildung 3-2 fasst die Abfrageergebnisse für unsere Beispielbilder zusammen.

Das neuronale Netz hat die selbst erzeugten Bilder erkannt, einschließlich der absichtlich verstümmelten »3«. Nur bei der verrauschten »6« hat das Netz versagt.

Experimentieren Sie mit Ihren eigenen Bildern, vor allem mit handschriftlichen Ziffern, um sich von der Vorhersageleistung des neuronalen Netzes ein Bild machen zu können.

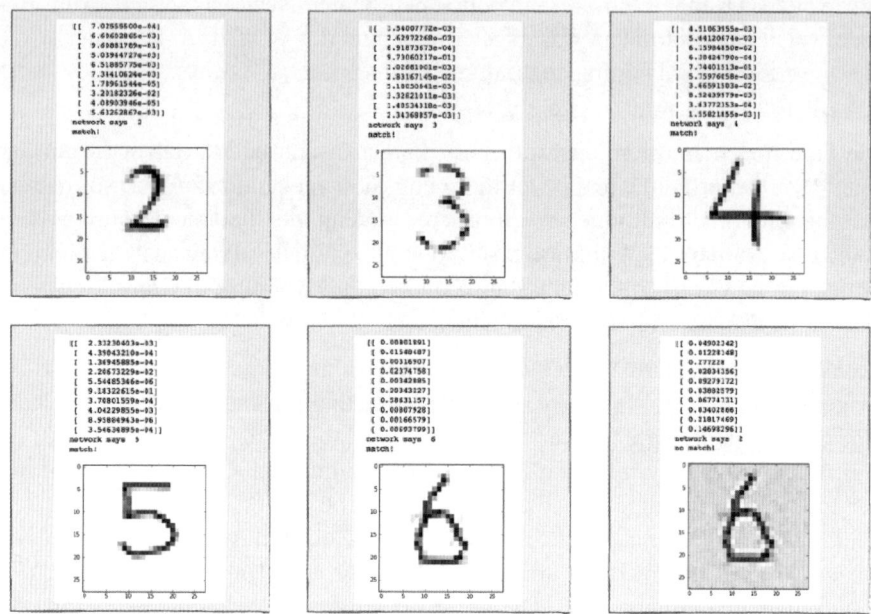

Abbildung 3-2: Die Ergebnisse des neuronalen Netzes für die selbst erzeugten Testdaten

Probieren Sie auch, inwieweit Sie Bilder beschädigen oder verformen können. Sie werden erstaunt sein, wie robust das neuronale Netz ist.

Das Gedächtnis eines neuronalen Netzes

Mit neuronalen Netzen lassen sich Probleme lösen, bei denen wir nicht wirklich wissen, wie wir sie mit einfachen und klaren Regeln lösen könnten. Schreiben Sie doch einmal einen Regelsatz, um Bilder von handschriftlichen Ziffern zu kategorisieren – sprich, die geschriebene Ziffer zu erkennen. Zweifellos ist das keine leichte Aufgabe, und wahrscheinlich wären unsere Versuche auch nicht von Erfolg gekrönt.

Geheimnisvolle Blackbox

Nachdem ein neuronales Netz trainiert ist und auch die Testdaten gut erkennt, haben Sie eigentlich eine geheimnisvolle *Blackbox*. Denn Sie wissen nicht wirklich, wie es die Antwort ermittelt – es liefert sie einfach.

Das ist nicht unbedingt ein Problem, wenn Sie lediglich an Antworten interessiert sind und nicht wissen wollen, wie sie entstanden sind. Gleichzeitig ist es aber ein Nachteil derartiger Methoden des maschinellen Lernens – der Lernprozess manifestiert sich oftmals nicht in einer Erkenntnis oder Weisheit in Bezug auf das Problem, das die Blackbox zu lösen gelernt hat.

Wir wollen das Innere unseres einfachen neuronalen Netzes analysieren, um vielleicht verstehen zu können, was es gelernt hat, um das Wissen zu visualisieren, das das Netz durch das Training angesammelt hat.

Da ja das Netz in der Lernphase die Gewichte anpasst, könnten wir uns die Gewichte ansehen. Allerdings ist das nicht sehr aufschlussreich. Denn die Arbeitsweise neuronaler Netze beruht darauf, dass sie die gelernten Informationen über verschiedene Verknüpfungsgewichte verteilen. Dadurch sind sie gegen Beschädigungen robust, genau wie es bei biologischen Gehirnen zu beobachten ist. Es ist unwahrscheinlich, dass ein neuronales Netz seine Lernfähigkeit vollkommen verliert, wenn ein Knoten oder sogar mehrere Knoten ausfallen.

Was also tun? Hier eine verrückte Idee.

Rückwärtsabfrage

Normalerweise speisen wir eine Abfrage in ein trainiertes neuronales Netz ein, und das Netz gibt eine Antwort aus. In unserem Beispiel ist diese Abfrage ein Bild einer handschriftlichen Ziffer. Die Antwort ist eine Kennung, die eine Ziffer von 0 bis 9 darstellt.

Wie wäre es, wenn wir das umkehren und rückwärtsgehen? Was passiert, wenn wir eine Kennung in die Ausgabeknoten einspeisen und das Signal rückwärts durch das bereits trainierte Netz schleusen, bis an den Eingabeknoten ein Bild herauskommt? Abbildung 3-3 zeigt die normale Vorwärtsabfrage und die verrückte Idee einer Rückwärtsabfrage.

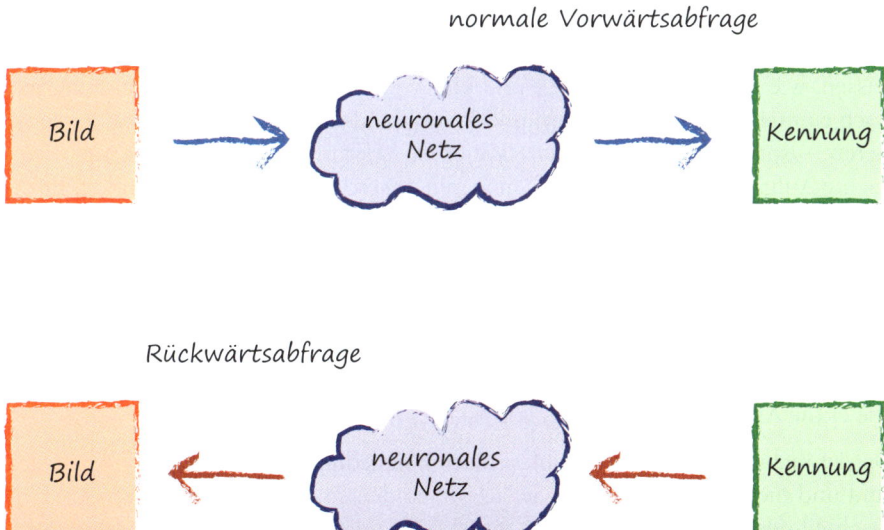

Abbildung 3-3: Schemata der normalen Vorwärtsabfrage und einer angenommenen Rückwärtsabfrage

Wir wissen bereits, wie Signale ein Netz durchlaufen und dabei durch Verknüpfungsgewichte moderiert und an den Knoten zusammengeführt werden, bevor eine Aktivierungsfunktion das summierte Signal transformiert. All das funktioniert auch für Signale, die rückwärts fließen, außer dass hier die inverse Aktivierungsfunktion verwendet wird. Wenn y = f(x) die Aktivierung in Vorwärtsrichtung beschreibt, ist x = g(y) die inverse Funktion. Für die logistische Funktion lässt sich das mit simpler Algebra relativ leicht lösen:

$y = 1 / (1 + e^{-x})$

$1 + e^{-x} = 1/y$

$e^{-x} = (1/y) - 1 = (1 - y) / y$

$-x = \ln [(1-y) / y]$

$x = \ln [y / (1-y)]$

Das ist die sogenannte *Logit*-Funktion. In der Python-Bibliothek `scipy.special` ist diese Funktion als `scipy.special. logit()` enthalten, ebenso wie sie die Funktion `scipy.special. expit()` für die logistische Sigmoidfunktion bietet.

Bevor wir die inverse Aktivierungsfunktion `logit()` anwenden, müssen wir für gültige Signale sorgen. Was heißt das? Wie Sie wissen, übernimmt die logistische Sigmoidfunktion einen beliebigen Wert und gibt einen Wert im Bereich zwischen 0 und 1 (jeweils exklusive, d. h. ohne die Randwerte 0 und 1 selbst) zurück. Die inverse Funktion muss Werte aus demselben Bereich, also Werte zwischen 0 und 1 (wieder exklusive), übernehmen und einen Wert zurückgeben, der jede positive oder negative Zahl sein kann. Um das zu erreichen, wenden wir auf alle Werte der darüberliegenden Schicht die `logit()`-Funktion an und skalieren sie in den gültigen Bereich, für den ich 0,01 bis 0,99 gewählt habe.

Der Code ist online auf GitHub unter dem folgenden Link verfügbar:

- *https://github.com/makeyourownneuralnetwork/makeyourownneuralnetwork/ blob/master/part3_neural_network_mnist_backquery.ipynb*

Die Kennung »0«

Wir führen nun eine Rückwärtsabfrage mit der Kennung »0« aus und sehen uns an, was passiert. Das heißt, wir legen den Wert 0,01 an alle Ausgabeknoten außer an den ersten Knoten, der die Kennung »0« darstellt und an der der Wert 0,99 gelegt wird. Mit anderen Worten: Wir verwenden das Array [0.99, 0.01, 0.01, 0.01, 0.01, 0.01, 0.01, 0.01, 0.01, 0.01].

Abbildung 3-4 zeigt das Bild, das an den Eingabeknoten auftritt.

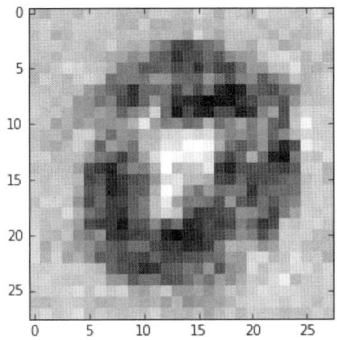

Abbildung 3-4: Das Bild an den Eingabeknoten, wenn in der Ausgabeschicht die Kennung »0«
angelegt wird

Das ist interessant!

Dieses Bild ist ein privilegierter Einblick in das Gedächtnis eines neuronalen Netzes. Was heißt das? Wie interpretieren wir es?

Als Erstes ist im Bild eine runde Figur auszumachen. Das ergibt Sinn, weil wir vom neuronalen Netz wissen wollen, wie die ideale Abfrage aussieht, die in der Antwort »0« resultiert.

Außerdem bemerken wir dunkle, helle und mittelgraue Bereiche:

- Die *dunklen* Bereiche sind die (mit einem Stift markierten) Teile des Abfragebilds, die zur Erkenntnis beitragen, dass die Antwort eine »0« sein sollte. Das ist verständlich, weil sie den Umriss einer 0-Form bilden.

- Die *hellen* Bereiche sind die Teile des Abfragebilds, die frei von jeder Stiftmarkierung bleiben sollten, um den Antwortfall »0« zu unterstreichen. Auch das ist verständlich, denn sie bilden den mittleren Teil einer 0-Form.

- Das neuronale Netz verhält sich weitgehend gleichgültig gegenüber den *grauen* Bereichen.

Damit haben wir einen groben Eindruck davon, was das neuronale Netz über die Klassifizierung von Bildern mit der Kennung »0« gelernt hat.

Sie haben hier einen seltenen Einblick erhalten, da komplexere Netze mit mehr Schichten oder komplexere Probleme vermutlich keine so leicht interpretierbaren Ergebnisse liefern. Experimentieren Sie am besten selbst und versuchen Sie, die Bilder zu interpretieren.

Weitere Hirnscans

Abbildung 3-5 zeigt die Ergebnisse der Rückwärtsabfrage auch für die übrigen Ziffern.

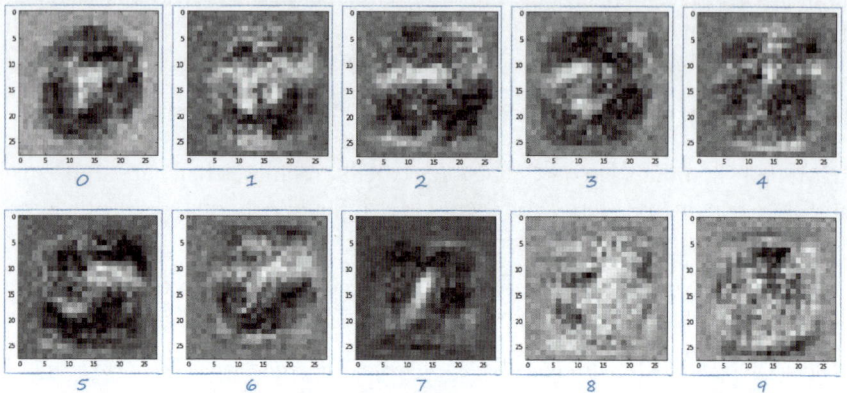

Abbildung 3-5: Ergebnisse der Rückwärtsabfrage für alle zehn Ziffern

Toll! Auch diese Bilder sind wirklich interessant – als wären es Ultraschallaufnahmen vom Gehirn des neuronalen Netzes.

Einige Anmerkungen zu diesen Bildern:

- Die »7« ist eigentlich klar. Wenn man die dunklen Stellen im Abfragebild markiert, ist eine »7« zu erkennen. Deutlich zu sehen ist auch der zusätzliche weiße Bereich, der frei von jeder Markierung sein muss. Beide Eigenschaften zusammen weisen auf eine »7« hin.

- Das Gleiche gilt für die »3« – es gibt dunkle Bereiche, die auf eine »3« hinweisen, wenn sie markiert sind, und es gibt weiße Bereiche, die frei bleiben müssen.

- Die »2« und die »5« treten ähnlich gut hervor.

- Interessant ist die »4«, da ihr Bild wie in vier Quadranten unterteilt aussieht und es auch ausgeschlossene Bereiche gibt.

- Die »8« besteht größtenteils aus weißen Bereichen in Form eines »Schneemanns«, die nahelegen, dass eine »8« durch Markierungen charakterisiert wird, bei denen diese Kopf-und-Rumpf-Bereiche frei bleiben.

- Die »1« ist ziemlich rätselhaft. Sie scheint sich mehr auf Bereiche zu konzentrieren, die frei bleiben müssen, als auf Bereiche, die markiert sein müssen. Das ist durchaus in Ordnung, denn dies hat das Netz ja aus den Beispielen gelernt.

- Die »9« lässt viele Fragen offen. Sie hat einen eindeutigen dunklen Bereich und einige feinere Figuren für die weißen Bereiche. Das Netz hat dies gelernt, und wenn man das alles in Verbindung mit dem sieht, was es für die übrigen Ziffern gelernt hat, erreicht das Netz immerhin eine gute Genauigkeit von 97,5 %. Das Bild lässt aber auch darauf schließen, dass das Netz mit mehr Trainingsbeispielen ein deutlicheres Muster für »9« lernen könnte.

Damit haben Sie einen groben Einblick darin bekommen, wie das Gedächtnis eines neuronalen Netzes arbeitet.

Neue Trainingsdaten erzeugen: Drehungen

Die MNIST-Trainingsdaten bestehen aus einem umfangreichen Satz an Beispielen dafür, wie Personen Ziffern schreiben. Hier sind alle Arten handschriftlicher Stile versammelt – gute und auch schlechte.

Das neuronale Netz muss möglichst viele dieser Variationen lernen. Dabei hilft es auch, dass viele Formen der Ziffer »4« vorkommen. Einige sind gequetscht, andere breit gezogen, wieder andere sind gedreht, manche sind nach oben offen und andere geschlossen.

Wäre es nicht hilfreich, wenn wir noch mehr derartiger Variationen als Beispiele erzeugen könnten? Wie lässt sich das bewerkstelligen? Wir könnten Tausende weiterer Beispiele für handschriftliche Zeichen zusammentragen. Allerdings wäre das sehr mühevoll.

Eine coole Idee ist es, aus vorhandenen Beispielen neue Beispiele zu erzeugen, indem man sie im oder entgegen dem Uhrzeigersinn dreht, beispielsweise um 10 Grad. Somit kämen wir für jedes Trainingsbeispiel zu zwei zusätzlichen Beispielen. Zwar ließen sich noch viel mehr Beispiele mit verschiedenen Drehungswinkeln erzeugen, doch fürs Erste probieren wir mit zwei Drehungen von +10 Grad und –10 Grad, ob diese Idee funktioniert.

Die vielen Erweiterungen und Bibliotheken von Python greifen uns auch hier unter die Arme. So kann die Funktion ndimage.interpolation.rotate() ein Array um einen gegebenen Winkel drehen – genau das, was wir brauchen. Die Eingangssignale verkörpern eine eindimensionale lange Liste mit 784 Elementen, weil unser neuronales Netz darauf ausgelegt ist, eine lange Liste von Eingabesignalen zu verarbeiten. Diese Liste müssen wir in ein 28-mal-28-Array umformen, damit wir es drehen können, und dann das Ergebnis wieder in eine Liste mit 784 auflösen, bevor wir es in unser neuronales Netz einspeisen.

Der folgende Code zeigt, wie die Funktion ndimage.interpolation.rotate() aufgerufen wird, vorausgesetzt, das Array scaled_input ist wie in Kapitel 2 dieses Buchs eingerichtet:

```
# create rotated variations
# rotated anticlockwise by 10 degrees
inputs_plus10_img = scipy.ndimage.interpolation.rotate(scaled_input.
reshape(28,28), 10, cval=0.01, reshape=False)
# rotated clockwise by 10 degrees
inputs_minus10_img = scipy.ndimage.interpolation.rotate(scaled_input.
reshape(28,28), -10, cval=0.01, reshape=False)
```

Der Code wandelt das ursprüngliche Array scaled_input in ein 28-mal-28-Array um und skaliert es. Der Parameter reshape=False verhindert, dass die Bibliothek zu stark eingreift und das Bild zerdrückt, damit es nach der Drehung wieder passt, ohne dass Bildinformationen abgeschnitten werden. Der Parameter cval gibt den Wert an, mit dem die Arrayelemente zu füllen sind, weil sie im ursprünglichen Bild nicht vorhanden waren, jetzt aber sichtbar werden. Statt 0,0 verwenden wir wieder 0,01, weil wir den Bereich verschoben haben, um Nullwerte am Eingang des neuronalen Netzes zu vermeiden.

Der Datensatz 6 (d. h. der siebente Datensatz) der kleineren MNIST-Trainingsdaten ist die handschriftliche Ziffer »1«. Abbildung 3-6 zeigt das ursprüngliche Bild und zwei Variationen, die der obige Code erzeugt hat.

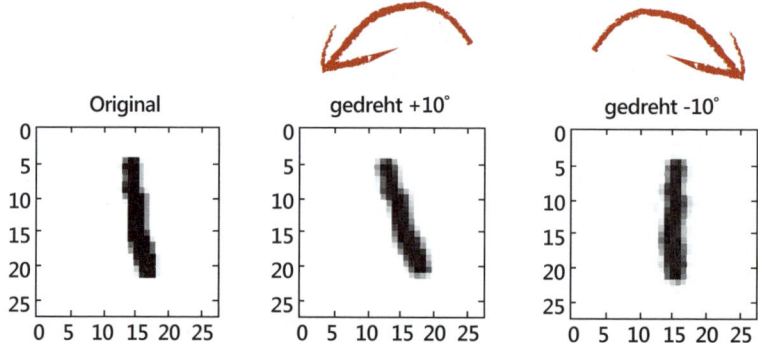

Abbildung 3-6: Ursprüngliche Ziffer »1« und die beiden gedrehten Versionen

Die Vorteile liegen auf der Hand. Die um +10 Grad gedrehte Version des ursprünglichen Bilds liefert ein Beispiel für die Ziffer »1«, geschrieben von einer Person, deren Handschrift nach links geneigt ist. Interessanter ist die Version des um −10 Grad (d. h. im Uhrzeigersinn) gedrehten Originalbilds. Diese Version ist gerader als das ursprüngliche Bild und in mancherlei Hinsicht ein repräsentativeres Bild für den Lernprozess.

Legen Sie ein neues Python-Notebook mit dem ursprünglichen Code für das neuronale Netz an, jetzt aber mit zusätzlichen Trainingsbeispielen, die durch Drehung der Originale um 10 Grad in beide Richtungen erzeugt wurden. Der Code ist online auf GitHub unter folgendem Link verfügbar:

- *https://github.com/makeyourownneuralnetwork/makeyourownneuralnetwork/ blob/master/part2_neural_network_mnist_data_with_rotations.ipynb*

Ein erster Lauf mit einer Lernrate von 0,1 und lediglich einer Trainingsepoche hat eine Trefferquote von 0,9669 gebracht. Das ist eine markante Verbesserung gegenüber 0,954 ohne die zusätzlichen gedrehten Trainingsbilder. Diese Leistung gehört bereits zu den besseren Benchmarks, die auf der Website von Yann LeCun aufgelistet sind.

Führen Sie eine Reihe von Experimenten mit variierender Anzahl von Epochen aus und stellen Sie fest, ob sich die bereits gute Leistung noch weiter verbessern lässt.

Verringern Sie außerdem die Lernrate auf 0,01, weil wir jetzt wesentlich mehr Trainingsdaten verfügbar haben und es uns leisten können, kleinere und vorsichtigere Lernschritte zu unternehmen, da wir die Gesamtzeit für das Lernen erweitert haben.

Denken Sie daran, dass wir keine 100 % erwarten, da es höchstwahrscheinlich eine immanente Grenze gibt, die der spezifischen Architektur unseres neuronalen Netzes oder der Vollständigkeit unserer Trainingsdaten geschuldet ist. Hoffen Sie also nicht darauf, auf über 98 % zu kommen. Mit »spezifischer Architektur unseres neuronalen Netzes« ist gemeint, wie viele Knoten jede Schicht enthält, welche versteckten Schichten es gibt, wie die Aktivierungsfunktion ausgewählt wurde usw.

Abbildung 3-7 zeigt die Trefferquoten bei verschiedenen Winkeln von zusätzlichen gedrehten Bildern. Zum Vergleich ist auch die Leistung ohne die zusätzlichen Beispiele angegeben.

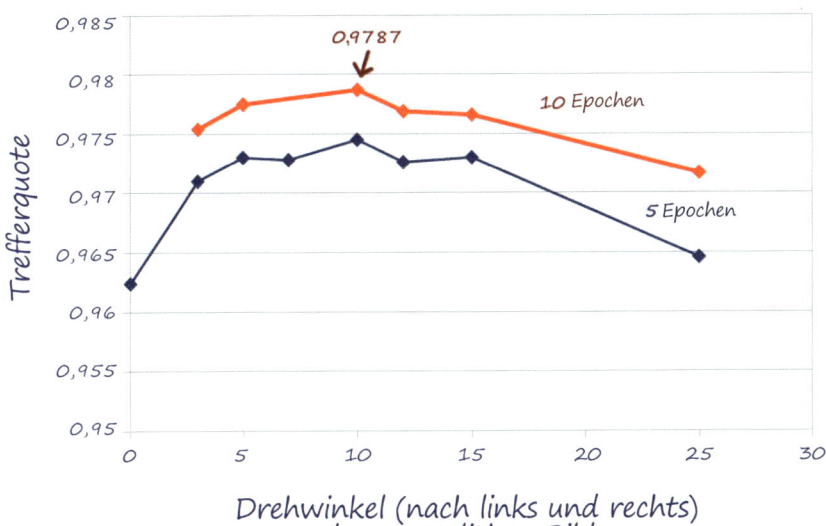

Abbildung 3-7: Trefferquoten bei variierenden Winkeln von zusätzlichen gedrehten Bildern

Wie das Diagramm in Abbildung 3-7 zeigt, wird das beste Ergebnis bei fünf Epochen mit 0,9745 oder 97,5 % Genauigkeit erreicht. Dies ist nochmals ein Sprung nach oben gegenüber unserem vorherigen Rekord.

Es fällt auf, dass die Leistung bei großen Winkeln zurückgeht. Das ist verständlich, da die Bilder bei großen Drehungswinkeln die Ziffern eigentlich gar nicht mehr darstellen. Stellen Sie sich eine »3« vor, die um 90 Grad gedreht auf der Seite liegt. Das ist keine »3« mehr. Zusätzliche Trainingsbeispiele mit zu sehr verdrehten Bildern verringern die Qualität des Trainings durch falsche Beispiele. Eine Drehung von ±10 Grad scheint der optimale Winkel zu sein, beim dem sich die zusätzlichen Daten am meisten bezahlt machen.

Die Trefferquote bei zehn Epochen erreicht einen neuen Rekord mit 0,9787 oder fast 98 %! Das ist ein wirklich beeindruckendes Ergebnis und liegt unter den besten für derartig einfache Netze. Dabei sind wir ohne irgendwelche kunstreichen Tricks am Netz oder an den Daten ausgekommen, wie es manchmal vorkommt. Wir haben alles einfach gehalten und dennoch ein Ergebnis erreicht, auf das man sehr stolz sein kann.

Gut gemacht!

Epilog

Ich hoffe, dass Sie mit diesem Buch gelernt haben, wie manche Probleme für Menschen einfach zu lösen sind, jedoch schwer für den Computer bei herkömmlichen Ansätzen. Die Bilderkennung ist eine der Herausforderungen dieser sogenannten »künstlichen Intelligenz«.

Dank neuronaler Netze sind große Fortschritte bei der Bilderkennung wie auch in einem breiten Spektrum anderer Arten schwer lösbarer Probleme zu verzeichnen. Zu Beginn war ein wesentlicher Aspekt das Rätsel, dass biologische Gehirne – wie die von Tauben oder Insekten – scheinbar einfacher und langsamer sind als die heutigen Supercomputer und dennoch komplexe Aufgaben ausführen können wie zum Beispiel fliegen, fressen und Nester bauen. Diese biologischen Gehirne scheinen auch äußerst robust gegenüber Beschädigungen oder unvollständigen Signalen zu sein. Digitalcomputer und herkömmliche Verarbeitungsmethoden weisen keinen dieser Vorzüge auf.

Heute haben neuronale Netze einen wichtigen Anteil an den herausragenden Erfolgen in der künstlichen Intelligenz. Es besteht weiterhin ein enormes Interesse an neuronalen Netzen und maschinellem Lernen, vor allem am *Deep Learning*, bei dem eine Hierarchie von Methoden des maschinellen Lernens zum Einsatz kommt. Anfang 2016 hat das Programm AlphaGo von Google DeepMind einen Weltmeister im altehrwürdigen Spiel Go geschlagen. Das ist ein hochkarätiger Meilenstein auf dem Weg der künstlichen Intelligenz, weil sich Go durch eine wesentlich komplexere Strategie und eine größere Variantenvielfalt auszeichnet als zum Beispiel Schach. Die Forscher waren eigentlich davon ausgegangen, dass ein Computer, der so gut spielt, noch in weiter Ferne liegt. Neuronale Netze haben bei diesem Erfolg eine Schlüsselrolle gespielt.

Ich hoffe, dass Sie jetzt die Kernideen von neuronalen Netzen beherrschen und wissen, dass sie eigentlich recht einfach sind. Und Sie hatten hoffentlich auch Spaß daran, mit neuronalen Netzen zu experimentieren. Vielleicht sind Sie jetzt auf den Geschmack gekommen, um andere Arten von maschinellem Lernen und künstlicher Intelligenz zu erkunden.

Wenn ich Sie dazu inspirieren konnte, habe ich mein Ziel erreicht.

Eine leicht verständliche Einführung in die Analysis

Stellen Sie sich vor, Sie fahren mit einem Auto ruhig und entspannt bei einer konstanten Geschwindigkeit von 30 Kilometern pro Stunde. Dann drücken Sie aufs Gaspedal. Wenn Sie es gedrückt halten, erhöht sich Ihre Geschwindigkeit auf 35, 40, 50 und 60 Kilometer pro Stunde.

Die Geschwindigkeit des Autos *ändert* sich!

In diesem Abschnitt untersuchen wir veränderliche Eigenschaften – wie zum Beispiel die Geschwindigkeit eines Autos – und wie sich diese Änderung mathematisch ermitteln lässt. Was ist mit »mathematisch« gemeint? Es geht um das Verstehen, wie sich Dinge zueinander verhalten, sodass wir genau herausfinden können, wie Änderungen bei dem einen in Änderungen bei etwas anderem resultieren. Denken wir an die Geschwindigkeit eines Autos, die sich mit der Zeit ändert, oder an die Pflanzenhöhe, die sich mit dem Niederschlagsniveau ändert, oder an die Ausdehnung einer Metallfeder, die sich abhängig von der angelegten Zug- oder Druckkraft ändert.

Der Mathematiker spricht dabei von *Analysis*. Ich habe gezögert, diesen Abschnitt mit Analysis zu überschreiben, weil viele Menschen denken mögen, dass dies ein schwieriges und unverständliches Thema ist, um das man besser einen Bogen macht. Das ist jedoch jammerschade und möglicherweise auf schlechten Unterricht sowie ungeeignete Lehrbücher zurückzuführen.

Am Ende dieses Anhangs werden Sie feststellen, dass es gar nicht so schwer ist, für viele nützliche Szenarios mathematisch präzise zu ermitteln, wie sich Dinge ändern – denn darum geht es in der Analysis.

Selbst wenn Sie bereits mit Analysis oder Differenzialrechnung zu tun hatten, vielleicht auch in der Schule, lohnt sich für Sie dieser Abschnitt, weil Sie dann verstehen, wie sich die Analysis historisch entwickelt hat. Die von den Pionieren der Mathematik kreierten Ideen und Werkzeuge sollten Sie griffbereit haben, denn sie können sehr hilfreich sein, um in Zukunft unterschiedliche Probleme zu lösen.

Wenn Ihnen gute historische Auseinandersetzungen gefallen, sollten Sie sich das Drama zwischen Leibniz und Newton ansehen, die beide für sich beanspruchen, die Analysis als Erster erfunden zu haben!

Gottfried Leibniz   Sir Isaac Newton

Abbildung A-1: Analysis – wer hat sie erfunden?

Eine Gerade

Beginnen wir mit einem sehr einfachen Szenario, um uns dem Thema zu nähern.

Stellen Sie sich wieder dieses Auto vor, das mit einer gleichbleibenden Geschwindigkeit von 30 Kilometern pro Stunde fährt. Nicht schneller, nicht langsamer, einfach nur 30 km/h.

Tabelle A-1 zeigt die Geschwindigkeit zu verschiedenen Zeitpunkten, wobei die Messungen jede halbe Minute erfolgen.

Tabelle A-1: Geschwindigkeit des Autos an verschiedenen Zeitpunkten

Zeit (Minuten)	Geschwindigkeit (km/h)
0,0	30
0,5	30
1,0	30
1,5	30
2,0	30
2,5	30
3,0	30

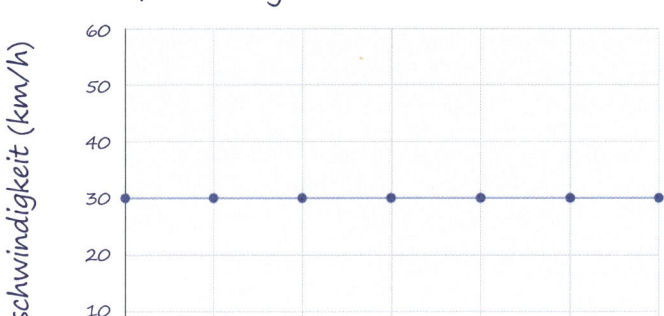
Abbildung A-2: *Verlauf der Geschwindigkeit über die Zeit*

Da sich die Geschwindigkeit im Zeitverlauf nicht ändert, erscheint der Verlauf im Diagramm als horizontale Linie. Sie geht weder nach oben (Auto wird schneller) noch nach unten (Auto wird langsamer), sondern bleibt beständig bei 30 km/h.

Der mathematische Ausdruck für die Geschwindigkeit, die wir s nennen (engl. speed), lautet:

$$s = 30$$

Wenn nun jemand gefragt hätte, wie sich die Geschwindigkeit im Zeitverlauf ändert, hätten wir gesagt, sie hat sich nicht geändert. Die Änderungsrate ist null. Mit anderen Worten, die Geschwindigkeit hängt nicht von der Zeit ab. Diese Abhängigkeit ist null.

Wir haben eben Analysis betrieben! Tatsächlich!

Bei Analysis geht es darum, festzustellen, wie sich Dinge ändern als Ergebnis von Änderungen anderer Dinge. Hier überlegen wir, *wie sich die Geschwindigkeit mit der Zeit ändert*.

Mathematisch formuliert man das wie folgt:

$$\frac{\delta s}{\delta t} = 0$$

Was bedeuten diese Symbole? Man drückt damit aus, »wie sich die Geschwindigkeit ändert, wenn sich die Zeit ändert« oder »wie s von t abhängt«.

Mit diesem Ausdruck sagt der Mathematiker kurz und bündig, dass sich die Geschwindigkeit nicht mit der Zeit ändert – die ablaufende Zeit wirkt sich also nicht auf die Geschwindigkeit aus. Die Abhängigkeit der Geschwindigkeit von der Zeit ist null. Genau das bedeutet die Null im obigen Ausdruck. Beide Größen sind vollkommen unabhängig voneinander. Okay – bis hierher alles klar!

Praktisch können Sie diese Unabhängigkeit auch erkennen, wenn Sie sich den obigen Ausdruck für die Geschwindigkeit, s = 30, ansehen. Hier taucht die Zeit überhaupt nicht auf. Das heißt, in diesem Ausdruck ist kein Symbol t versteckt. Wir brauchen also keine raffinierte Analysis zu betreiben, um herauszufinden, dass $\delta s / \delta t = 0$ ist. Es genügt, sich den Ausdruck anzusehen. Mathematiker nennen dies »by inspection« – dem Augenschein nach.

Ausdrücke wie $\delta s / \delta t$, die eine Änderungsrate erklären, heißen *Ableitungen*. Für unsere Zwecke müssen Sie das nicht wissen, doch gelegentlich werden Sie auf diesen Begriff stoßen. Sehen wir uns nun an, was passiert, wenn wir auf das Gaspedal drücken. Es bleibt spannend!

Eine schräg verlaufende Gerade

Stellen Sie sich dasselbe Auto vor, das mit 50 km/h fährt. Wir drücken sanft auf das Gaspedal, und das Auto beschleunigt. Wir halten das Gaspedal gedrückt und lesen auf dem Tacho des Armaturenbretts die Geschwindigkeit alle 30 Sekunden ab.

Nach 30 Sekunden fährt das Auto 35 km/h. Nach 1 Minute hat das Auto eine Geschwindigkeit von 40 km/h erreicht. Nach 90 Sekunden fährt es 45 km/h, und nach 2 Minuten sind es 50 km/h. Das Auto beschleunigt jede Minute um 10 km/h.

Tabelle A-2 zeigt die Zusammenfassung der Informationen.

Tabelle A-2: Geschwindigkeit des Autos bei Beschleunigung

Zeit (Minuten)	Geschwindigkeit (km/h)
0,0	30
0,5	35
1,0	40
1,5	45
2,0	50
2,5	55
3,0	60

Das Diagramm in Abbildung A-3 stellt diesen Verlauf grafisch dar.

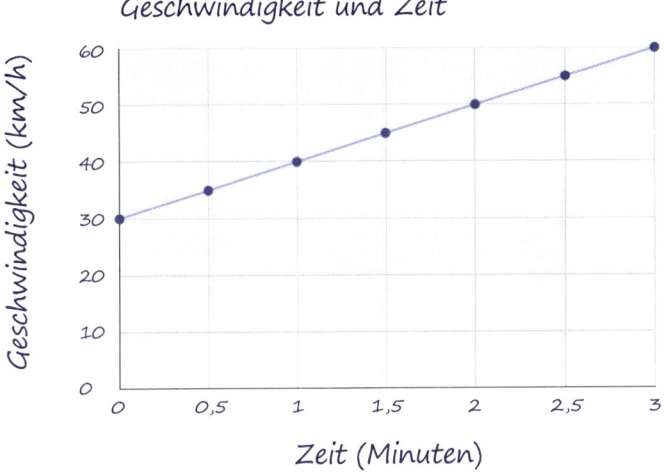

Abbildung A-3: *Verlauf der Geschwindigkeit über die Zeit bei Beschleunigung*

Wie die Daten zeigen, nimmt die Geschwindigkeit von 30 km/h mit einer *konstanten Rate* bis zu 60 km/h zu. Dass es sich um eine konstante Rate handelt, ist daran zu erkennen, dass die Inkremente in der Geschwindigkeit jede halbe Minute gleich groß sind und dies zu einer Geraden für die Geschwindigkeit führt.

Wie sieht der Ausdruck für die Geschwindigkeit aus? Zum Zeitpunkt 0 Minuten muss die Geschwindigkeit 30 km/h betragen. Danach addieren wir in jeder Minute 10 km/h hinzu. Der Ausdruck lautet insgesamt also:

$$speed = 30 + (10 * time)$$

Oder in symbolischer Schreibweise:

$$s = 30 + 10t$$

Dieser Ausdruck enthält die Konstante 30. Außerdem sehen Sie den Term (10 × Zeit), der die 10 km/h für jede Minute addiert. Es dürfte schnell klar sein, dass die 10 der *Gradient* der eingezeichneten Geraden ist. Wie bereits erwähnt, hat eine Gerade die allgemeine Form $y = ax + b$, wobei a der *Anstieg* oder *Gradient* ist.

Wie lautet nun der Ausdruck für die Änderung der Geschwindigkeit mit der Zeit? Darüber haben wir bereits gesprochen: Die Geschwindigkeit nimmt in jeder Minute um 10 km/h zu:

$$\frac{\delta s}{\delta t} = 10$$

Dieser Ausdruck besagt, dass es tatsächlich eine Abhängigkeit zwischen Geschwindigkeit und Zeit gibt. Und zwar, weil δs / δt nicht null ist.

Denkt man daran, dass der Anstieg einer Geraden y = ax + b gleich a ist, können wir »by inspection« sehen, dass der Anstieg von s = 30 + 10t gleich 10 wird.

Gute Arbeit! Wir haben bereits jede Menge Basics zur Analysis behandelt, und es war gar nicht so schwer.

Als Nächstes drücken wir stärker aufs Gaspedal!

Eine gekrümmte Kurve

Nehmen wir an, dass ich das Auto aus dem Stand starte, das Gaspedal dann bis zum Anschlag durchtrete und so halte. Zweifellos ist die Anfangsgeschwindigkeit 0, weil wir uns zu Beginn nicht bewegen.

Wenn das Gaspedal so weit durchgetreten ist, beschleunigt das Auto nicht mehr mit einer konstanten Rate. Stattdessen nimmt die Geschwindigkeit immer schneller zu. Das heißt, wir addieren nicht 10 km/h in jeder Minute, sondern eine Geschwindigkeit, die umso höher wird, je länger das Gaspedal durchgetreten bleibt.

Für dieses Beispiel gehen wir davon aus, dass die Geschwindigkeit jede Minute gemessen wird, wie Tabelle A-3 zeigt.

Tabelle A-3: Verlauf der Geschwindigkeit bei sehr starker Beschleunigung

Zeit (Minuten)	Geschwindigkeit (km/h)
0	0
1	1
2	4
3	9
4	16
5	25
6	36
7	49
8	64

Bei genauem Blick auf die Tabelle haben Sie vielleicht schon bemerkt, dass ich die Geschwindigkeit als Quadrat der Zeit in Minuten gewählt habe. Das heißt, die Geschwindigkeit beim Zeitpunkt 2 ist $2^2 = 4$, beim Zeitpunkt 3 ist sie $3^3 = 9$, beim Zeitpunkt 4 gleich $4^4 = 16$ usw.

Der Ausdruck für diesen Zusammenhang ist ebenfalls leicht anzugeben:

$$s = t^2$$

Zugegeben, dies ist ein sehr konstruiertes Beispiel für die Fahrzeuggeschwindigkeit, doch es veranschaulicht ziemlich gut, wie wir Analysis durchführen.

Das Diagramm in Abbildung A-4 visualisiert diesen Geschwindigkeitsverlauf.

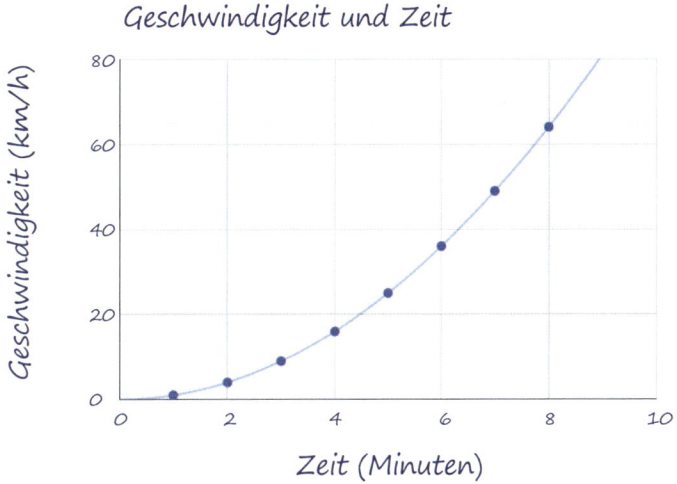

Abbildung A-4: Geschwindigkeitsverlauf bei sehr starker Beschleunigung

Die Geschwindigkeit schießt immer schneller in die Höhe. Der Graph ist jetzt keine Gerade mehr. Man kann sich ausmalen, wie die Geschwindigkeit geradezu explosionsartig zu höheren Werten hin zunimmt. Bei 20 Minuten würde die Geschwindigkeit bereits 400 km/h betragen und bei 100 Minuten 10.000 km/h!

Die interessante Frage ist: »Wie groß ist die Änderungsrate der Geschwindigkeit in Bezug auf die Zeit? Das heißt, wie ändert sich die Geschwindigkeit im Zeitverlauf?«

Das ist nicht das Gleiche, wie zu fragen: »Welche Geschwindigkeit besteht an einem bestimmten Zeitpunkt?« Diese kennen wir bereits, weil wir dafür den Ausdruck $s = t^2$ haben.

Vielmehr fragen wir – zu irgendeinem Zeitpunkt –, wie groß die *Änderungsrate* der Geschwindigkeit ist. Was bedeutet das überhaupt in diesem Beispiel, da der Graph eine Kurve ist?

Nehmen wir noch einmal die beiden vorherigen Beispiele. Wir haben gesehen, dass die Änderungsrate dem Anstieg des Graphen für die Geschwindigkeit im Zeitverlauf entspricht. Wenn das Auto mit einer konstanten Geschwindigkeit von 30 km/h fährt, ändert sich die Geschwindigkeit nicht, und die Änderungsrate ist null. Als das Auto konstant schneller wurde, war die Änderungsrate 10 km/h pro Minute. Und diese 10 km/h pro Minute waren für jeden Zeitpunkt gültig. Zum Zeitpunkt 2 Minuten war die Änderungsrate 10 km/h pro Minute. Und diese Rate galt auch bei 4 Minuten und würde auch bei 100 Minuten gleich sein.

Können wir die gleichen Überlegungen auf diesen gekrümmten Graphen anwenden? Ja, das können wir – doch wir wollen es langsam angehen.

Analysis per Hand

Sehen wir uns etwas genauer an, was zum Zeitpunkt 3 Minuten passiert.

Bei 3 Minuten beträgt die Geschwindigkeit 9 km/h. Wir wissen, dass das Auto nach 3 Minuten schneller ist. Vergleichen wir dies mit der Geschwindigkeit bei 6 Minuten. Zu diesem Zeitpunkt beträgt die Geschwindigkeit 36 km/h. Außerdem wissen wir, dass die Geschwindigkeit nach 6 Minuten größer ist.

Doch es ist auch bekannt, dass der Geschwindigkeitszuwachs einen Moment nach 6 Minuten größer sein wird als zu einem äquivalenten Moment nach 3 Minuten. Es ist sehr unterschiedlich, was am Zeitpunkt 3 Minuten und am Zeitpunkt 6 Minuten passiert.

Abbildung A-5 stellt diese beiden Zustände grafisch gegenüber.

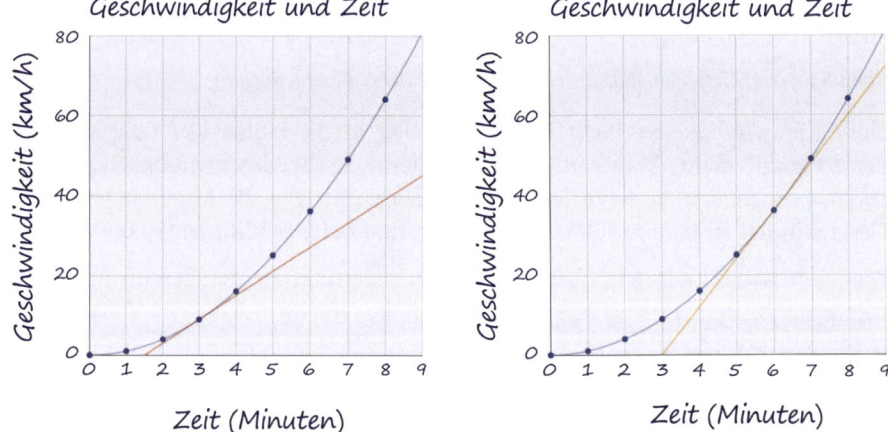

Abbildung A-5: Darstellung des Geschwindigkeitszuwachses bei 3 Minuten und bei 6 Minuten

Wie Abbildung A-5 zeigt, ist der Anstieg bei 6 Minuten steiler als bei 3 Minuten. Diese Anstiege sind die von uns gesuchte Änderungsrate. Das ist eine wichtige Erkenntnis. Also noch einmal: Die Änderungsrate einer Kurve an irgendeinem Punkt ist der Anstieg der Kurve an diesem Punkt.

Aber wie messen wir den Anstieg einer Linie, die gekrümmt ist? Bei Geraden war das einfach, doch bei Kurven? Wir könnten versuchen, den Anstieg zu *schätzen*, indem wir eine Gerade – eine sogenannte *Tangente* – zeichnen, die die gekrümmte Linie gerade so berührt, dass die Gerade möglichst den gleichen Gradienten wie die Kurve genau an diesem Punkt hat. Das ist in der Tat das, was man gemacht hat, bevor andere Methoden gefunden wurden.

Probieren wir diese provisorische Methode aus, nur damit wir ein gewisses Verständnis für dieses Konzept aufbringen. Abbildung A-6 zeigt den Geschwindigkeitsgraphen mit einer Tangente, die die Geschwindigkeitskurve zum Zeitpunkt 6 Minuten berührt.

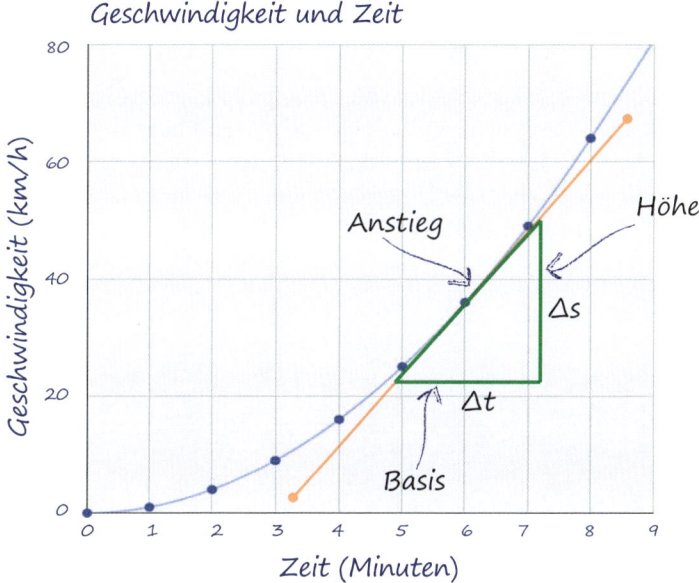

Abbildung A-6: Steigungsdreieck mit Tangente an der Geschwindigkeitskurve beim Zeitpunkt 6 Minuten

Um den Anstieg (den Gradienten) zu ermitteln, wissen wir aus der Schulmathematik, dass wir die Höhe des *Steigungsdreiecks* durch die Basis dividieren müssen. Im Diagramm ist diese Höhe (Geschwindigkeit) als Δs gekennzeichnet und die Basis (Zeit) als Δt. Das Symbol Δ (gesprochen »Delta«) bedeutet einfach eine kleine Änderung. Somit ist Δt eine kleine Änderung in t.

Der Anstieg ist Δs / Δt. Am beliebig groß gewählten Steigungsdreieck messen wir die Höhe und die Basis mit einem Lineal. Bei meinen Messungen habe ich ein Dreieck mit Δs = 9,6 und Δt = 0,8 gemessen. Damit errechnet sich der Anstieg wie folgt:

$$\text{Änderungsrate an einem Punkt} = \text{Anstieg an diesem Punkt}$$

$$= \frac{\Delta s}{\Delta t}$$

$$= 9{,}6 \,/\, 0{,}8$$

$$= 12{,}0$$

Wir haben ein entscheidendes Ergebnis erhalten! Die Änderungsrate der Geschwindigkeit bei 6 Minuten beträgt 12,0 km/h pro Minute.

Wenn man sich auf ein Lineal verlässt und die Tangente per Hand einzeichnet, wird man keine gute Genauigkeit erzielen. Gehen wir also etwas raffinierter vor.

Analysis nicht per Hand

Sehen Sie sich Abbildung A-7 an, in der eine neue Linie markiert ist. Sie ist keine Tangente, weil sie die Kurve nicht nur an einem einzigen Punkt berührt. Doch in gewisser Weise scheint sie um den Zeitpunkt 3 Minuten zentriert zu sein.

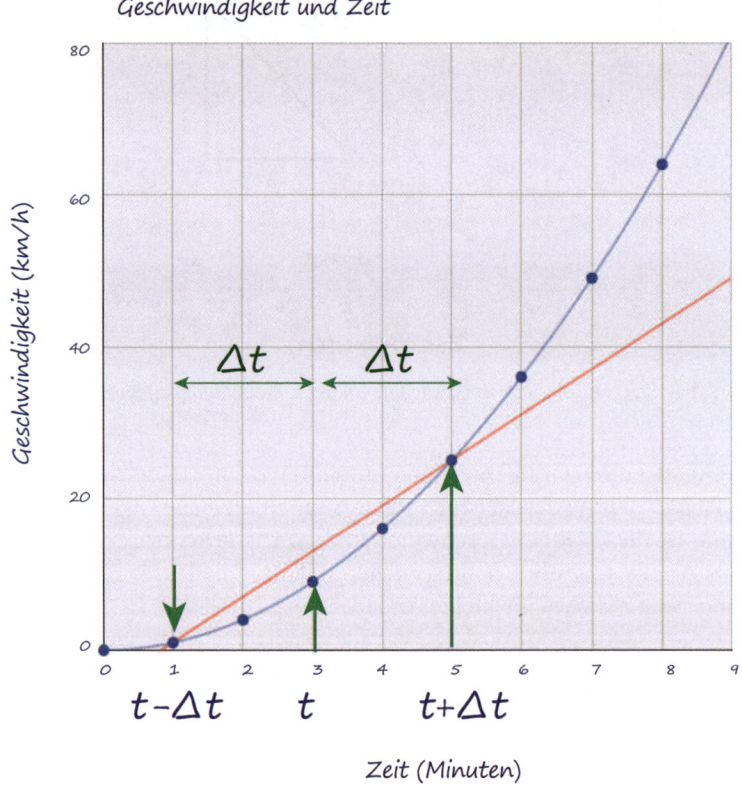

Abbildung A-7: Den Anstieg durch eine Näherung ermitteln

Praktisch besteht aber eine Verbindung zum Zeitpunkt 3 Minuten. Wir haben einen Zeitpunkt oberhalb und unterhalb des interessierenden Punkts bei t = 3 gewählt. Im Beispiel liegen die gewählten Punkte 2 Minuten oberhalb und unterhalb von t = 3 Minuten, d. h. bei t = 1 und t = 5 Minuten.

Mit unserer mathematischen Notation sagen wir, dass wir ein Δt von 2 Minuten haben. Und wir haben die Punkte t – Δt und t + Δt gewählt. Wie bereits erwähnt, bedeutet das Symbol Δ eine »kleine Änderung«, sodass Δt eine kleine Änderung in t bezeichnet. Weshalb haben wir das getan? Das wird in Kürze klar werden – nur noch etwas Geduld.

Betrachtet man die Geschwindigkeiten zu den Zeitpunkten t − Δt und t + Δt und zeichnet zwischen diesen beiden Punkten eine Gerade, hat diese näherungsweise den gleichen Anstieg wie eine Tangente am mittleren Punkt t. Sehen Sie sich dazu noch einmal das Diagramm in Abbildung A-7 an. Zweifellos hat die Gerade nicht den genau gleichen Anstieg wie eine echte Tangente bei t, doch wir bessern hier gleich nach.

Wir wollen jetzt den Gradienten dieser Linie ermitteln. Dazu gehen wir genau wie weiter oben vor, wo sich der Gradient aus der Höhe des Steigungsdreiecks dividiert durch die Basis ergibt. Das Diagramm in Abbildung A-8 macht deutlich, was Höhe und Basis hier bedeuten.

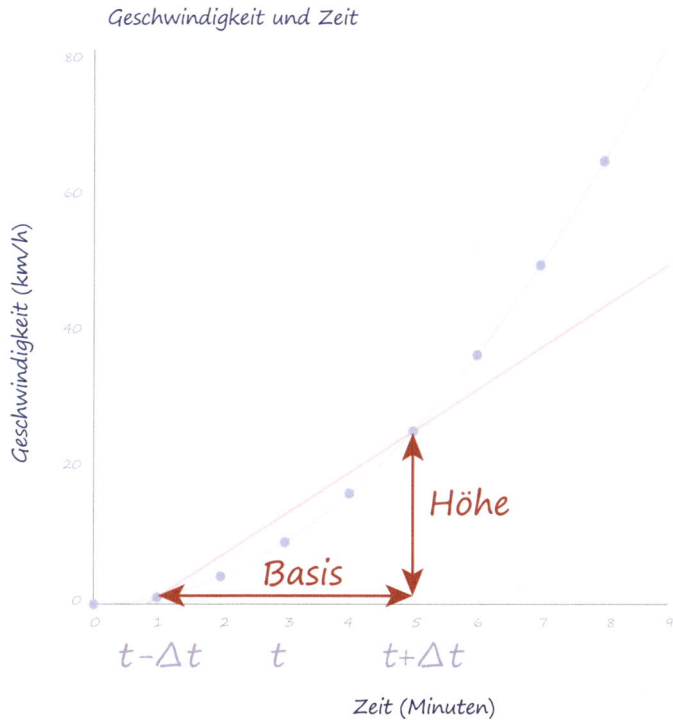

Abbildung A-8: Den Gradienten einer gekrümmten Kurve ermitteln

Die Höhe ist die Differenz zwischen den beiden Geschwindigkeiten bei t − Δt und t + Δt, d. h. zu den Zeitpunkten 1 und 5 Minuten. Wir kennen die Geschwindigkeiten $1^2 = 1$ und $5^2 = 25$ km/h an diesen Punkten. Die Differenz ist also 24. Die Basis ist der einfache Abstand zwischen t − Δt und t + Δt, d. h. zwischen 1 und 5, also 4. Damit haben wir:

$$\text{Gradient} = \frac{\text{Höhe}}{\text{Basis}}$$

$$= 24 / 4$$

$$= 6$$

Der Gradient der Linie, die näherungsweise der Tangente bei t = 3 Minuten entspricht, ist 6 km/h pro Minute.

Wir legen wieder eine Pause ein und überdenken unsere bisherigen Schritte. Zuerst haben wir versucht, den Anstieg einer gekrümmten Kurve manuell mithilfe einer eingezeichneten Tangente zu ermitteln. Dieses Verfahren wird niemals genau sein, und wir können es auch nicht viele Male ausführen, weil wir als Menschen müde werden, gelangweilt sind und Fehler machen. Beim nächsten Ansatz brauchen wir keine Tangente mit der Hand zu zeichnen. Stattdessen folgen wir einem Rezept, um eine andere Linie zu zeichnen, die anscheinend ungefähr den richtigen Anstieg besitzt. Diese zweite Methode lässt sich mit einem Computer automatisieren und sehr schnell sehr oft ausführen, da kein menschliches Eingreifen erforderlich ist.

Das ist zwar gut, aber noch nicht gut genug!

Dieser zweite Ansatz ist nur eine Annäherung. Wie können wir ihn so verbessern, dass er nicht nur eine Annäherung ist? Immerhin ist das unser Ziel, um herausfinden zu können, wie sich die Dinge ändern, d. h. den Gradienten mathematisch zu bestimmen.

Hier wird es spannend! Wir lernen ein komfortables Werkzeug der Mathematiker kennen!

Was würde passieren, wenn wir die Basis kleiner machten? Anders ausgedrückt: Was würde passieren, wenn wir Δt kleiner machten? Das Diagramm in Abbildung A-9 veranschaulicht mehrere Näherungen oder Anstiegsgeraden, die aus der Verkleinerung von Δt resultieren.

Im Diagramm sind die Linien für Δt = 2,0, Δt = 1,0, Δt = 0,5 und Δt = 0,1 eingezeichnet. Es ist zu erkennen, dass sich die Linien immer weiter dem interessierenden Punkt bei 3 Minuten annähern. Man kann sich vorstellen, dass die Linie einer wahren Tangente bei 3 Minuten immer näher kommt, wenn das Intervall Δt immer weiter verkleinert wird.

Wird Δt unendlich klein, kommt die Linie der wahren Tangente unendlich nahe. Ziemlich cool!

Die Idee, eine Lösung anzunähern und zu verbessern, indem man die Abweichungen immer kleiner macht, ist sehr leistungsfähig. Mathematiker haben damit ein Instrument in der Hand, Probleme zu lösen, die sich auf direktem Weg nur schwer angehen lassen. Gewissermaßen schleicht man sich einer Lösung von der Seite an, anstatt frontal auf sie zuzurennen!

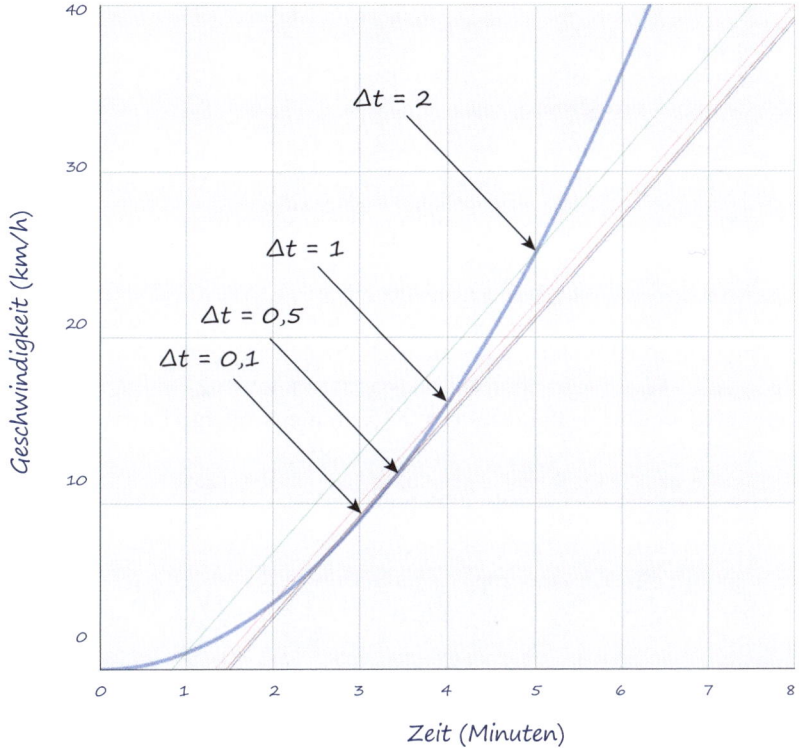

Abbildung A-9: Die Intervallbreite immer weiter verringern

Analysis, ohne Graphen zu zeichnen

Wie bereits weiter oben erwähnt, will man mithilfe der Analysis unter anderem in mathematisch exakter Art und Weise feststellen, wie sich die Dinge ändern. Wir wollen sehen, ob das mithilfe der Methode machbar ist, immer kleinere Δt auf die mathematischen Ausdrücke anzuwenden, die diese Dinge definieren – Dinge wie zum Beispiel unsere Kurven der Autogeschwindigkeit.

Zur Wiederholung: Die Geschwindigkeit ist eine Funktion der Zeit, für die in unserem Beispiel die Beziehung $s = t^2$ gilt. Wir wollen wissen, wie sich die Geschwindigkeit als Funktion der Zeit ändert. Wie wir gesehen haben, ist das der Anstieg der Geschwindigkeit s, wenn man die Geschwindigkeit im Zeitverlauf darstellt.

Diese Änderungsrate $\delta s / \delta t$ ist die Höhe dividiert durch die Basis unserer konstruierten Linien, wobei aber das Intervall Δt unendlich klein wird.

Wie berechnet sich die Höhe? Sie ist $(t + \Delta t)^2 - (t - \Delta t)^2$, wie wir bereits gesehen haben. Dies ist einfach $s = t^2$, wobei t etwas unterhalb und etwas oberhalb des interessierenden Punkts liegt, und zwar um den Betrag Δt.

Wie groß ist die Basis? Wie schon gezeigt, ist das einfach der Abstand zwischen $(t + \Delta t)$ und $(t - \Delta t)$, was $2\Delta t$ ist.

Fast haben wir es geschafft:

$$\frac{\delta s}{\delta t} = \frac{H\ddot{o}he}{Basis}$$

$$= \frac{(t + \Delta t)^2 - (t - \Delta t)^2}{2\Delta t}$$

Wir erweitern und vereinfachen diesen Ausdruck:

$$\frac{\delta s}{\delta t} = \frac{t^2 + \Delta t^2 + 2t\Delta t - t^2 - \Delta t^2 + 2t\Delta t}{2\Delta t}$$

$$= \frac{4t\Delta t}{2\Delta t}$$

$$\frac{\delta s}{\delta t} = 2t$$

Wir haben hier das Glück, dass die Algebra selbst den Ausdruck sehr elegant vereinfacht hat.

Also fertig! Die Änderungsrate ist $\delta s / \delta t = 2t$. Das heißt, wir kennen für jeden beliebigen Zeitpunkt t die Änderungsrate der Geschwindigkeit $\delta s / \delta t = 2t$.

Bei $t = 3$ Minuten haben wir $\delta s / \delta t = 2t = 6$. Das haben wir bereits bestätigt, bevor wir das Näherungsverfahren verwendet haben. Für $t = 6$ Minuten ist $\delta s / \delta t = 2t = 12$, was ebenfalls genau zu unserem vorher berechneten Ergebnis passt. Wie sieht es aus mit $t = 100$ Minuten? Dann ist $\delta s / \delta t = 2t = 200$ km/h pro Minute. Nach 100 Minuten beschleunigt das Auto also mit 200 km/h pro Minute.

Denken wir noch einmal kurz über die Größenordnung und die Coolness unseres Vorgehens nach. Wir haben einen mathematischen Ausdruck, mit dem wir genau die Änderungsrate der Autogeschwindigkeit zu einem beliebigen Zeitpunkt erfahren können. Und gemäß unserer früheren Diskussion können wir sehen, dass Änderungen der Geschwindigkeit s tatsächlich von der Zeit abhängen.

Wir hatten das Glück, dass die Algebra selbst elegant vereinfacht hat, doch das einfache $s = t^2$ hat uns keine Möglichkeit gegeben, das Δt wie beabsichtigt zu reduzieren. Deshalb versuchen wir noch ein anderes Beispiel, bei dem die Geschwindigkeit des Autos lediglich ein bisschen komplizierter ist:

$$s = t^2 + 2t$$

$$\frac{\delta s}{\delta t} = \frac{H\ddot{o}he}{Basis}$$

Welchen Wert hat jetzt die Höhe? Sie ist die Differenz zwischen der Geschwindigkeit s, die bei $t + \Delta t$ berechnet wird, und der Geschwindigkeit s, die bei $t - \Delta t$ berechnet wird. Das heißt, die Höhe ist $(t + \Delta t)^2 + 2(t + \Delta t) - (t - \Delta t)^2 - 2(t - \Delta t)$.

Wie sieht es mit der Basis aus? Sie ist einfach die Entfernung zwischen $(t + \Delta t)$ und $(t - \Delta t)$, was immer noch $2\Delta t$ ist.

$$\frac{\delta s}{\delta t} = \frac{(t + \Delta t)^2 + 2(t + \Delta t) - (t - \Delta t)^2 - 2(t - \Delta t)}{2\Delta t}$$

Wir erweitern und vereinfachen diesen Ausdruck:

$$\frac{\delta s}{\delta t} = \frac{t^2 + \Delta t^2 + 2t\Delta t + 2t + 2\Delta t - t^2 - \Delta t^2 + 2t\Delta t - 2t + 2\Delta t}{2\Delta t}$$

$$= \frac{4t\Delta t + 4\Delta t}{2\Delta t}$$

$$\frac{\delta s}{\delta t} = 2t + 2$$

Das ist ein großartiges Ergebnis! Leider hat die Algebra auch dieses Mal etwas zu leicht vereinfacht. Das war aber keine verschwendete Mühe, weil hier ein Muster auftaucht, auf das wir gleich zurückkommen.

Sehen wir uns ein weiteres Beispiel an, das nicht wesentlich komplizierter ist. Jetzt legen wir die Geschwindigkeit des Autos als dritte Potenz der Zeit fest.

$$s = t^3$$

$$\frac{\delta s}{\delta t} = \frac{H\ddot{o}he}{Basis}$$

$$\frac{\delta s}{\delta t} = \frac{(t + \Delta t)^3 - (t - \Delta t)^3}{2\Delta t}$$

Diesen Ausdruck erweitern und vereinfachen wir:

$$\frac{\delta s}{\delta t} = \frac{t^3 + 3t^2\Delta t + 3t\Delta t^2 + \Delta t^3 - t^3 + 3t^2\Delta t - 3t\Delta t^2 + \Delta t^3}{2\Delta t}$$

$$= \frac{6t^2\Delta t + 2\Delta t^3}{2\Delta t}$$

$$\frac{\delta s}{\delta t} = 3t^2 + \Delta t^2$$

Dies ist nun noch interessanter! Wir haben ein Ergebnis, das ein Δt enthält, während diese vorher alle weggefallen sind.

Denken Sie daran, dass der Gradient nur korrekt ist, wenn das Δt immer kleiner wird, unendlich klein.

Hier kommt der coole Teil des Ganzen! Was geschieht mit dem Δt im Ausdruck $\delta s / \delta t = 3t^2 + \Delta t^2$, wenn Δt immer kleiner wird? Es verschwindet! Falls das überraschend klingt, stellen Sie sich einen sehr kleinen Wert für Δt vor. Dann können Sie sich einen noch kleineren Wert ausdenken. Und einen noch kleineren. Das könnten Sie ewig fortsetzen, wobei Sie immer näher an null kommen. Gehen wir also direkt zu null und ersparen uns die ganze Mühe.

Das gibt uns die gesuchte Antwort:

$$\frac{\delta s}{\delta t} = 3t^2$$

Das ist ein fantastisches Ergebnis, und dieses Mal haben wir ein leistungsfähiges mathematisches Tool genutzt, um Analysis zu betreiben, und es war doch gar nicht so schwer.

Muster

Auch wenn es Spaß macht, Ableitungen mithilfe von Deltas wie Δt zu ermitteln und zu sehen, was passiert, wenn man sie immer kleiner macht, können wir das oftmals auch ohne diesen ganzen Aufwand realisieren.

Probieren Sie, ob Sie irgendein Muster in den Ableitungen erkennen, die wir bisher ermittelt haben:

$$s = t^2 \qquad\longrightarrow\qquad \frac{\delta s}{\delta t} \;=\; 2t$$

$$s = t^2 + 2t \qquad\longrightarrow\qquad \frac{\delta s}{\delta t} \;=\; 2t + 2$$

$$s = t^3 \qquad\longrightarrow\qquad \frac{\delta s}{\delta t} \;=\; 3t^2$$

Hier ist zu sehen, dass die Ableitung einer Funktion von t die gleiche Funktion ist, aber der Exponent von t um 1 kleiner wird, d. h., t^4 wird zu t^3, t^7 wird zu t^6 usw. Das ist wirklich einfach! Und wenn Sie wissen, dass t einfach t^1 ist, dann wird t in der Ableitung zu t^0, was gleich 1 ist.

Allein stehende konstante Zahlen wie 3, 4 oder 5 verschwinden einfach. Allein stehende konstante Variablen, die wir vielleicht a, b oder c nennen, verschwinden ebenfalls, weil auch sie keine Änderungsrate haben. Deswegen bezeichnet man sie auch als *Konstanten*.

Doch das war noch nicht alles, denn t^2 wird zu 2t und nicht einfach zu t. Von t^3 heißt die Ableitung $3t^2$ und nicht nur t^2. Es gibt also einen zusätzlichen Schritt, bei dem die Potenz als Multiplikator dient, bevor sie verringert wird. Die 5 in $2t^5$ wird demnach mit der 2 multipliziert und anschließend zu 4 verringert, sodass sich $5 \times 2t^4 = 10t^4$ ergibt.

Abbildung A-10 stellt diese Potenzregel allgemein dar.

$$y = ax^n \qquad\longrightarrow\qquad \frac{\delta y}{\delta x} \;=\; nax^{n-1}$$

Abbildung A-10: Regel für die Ableitung von Potenzen

Probieren wir noch einige Beispiele aus, um etwas Übung in dieser neuen Technik zu bekommen:

$$s = t^5 \quad \longrightarrow \quad \frac{\delta s}{\delta t} = 5t^4$$

$$s = 6t^6 + 9t + 4 \quad \longrightarrow \quad \frac{\delta s}{\delta t} = 36t^5 + 9$$

$$s = t^3 + c \quad \longrightarrow \quad \frac{\delta s}{\delta t} = 3t^2$$

Diese Regel erlaubt uns also, Analysis für viele Zwecke zu betreiben, und mehr brauchen wir auch nicht. Ja, sie gilt nur für *Polynome*, d. h. Ausdrücke, die aus Variablen mit Potenzen bestehen, wie zum Beispiel $y = ax^3 + bx^2 + cx + d$, und nicht für Funktionen wie sin(x) oder cos(x). Das ist für uns kein größerer Mangel, weil es eine riesige Anzahl von Einsatzfällen für Analysis mit dieser Potenzregel gibt.

Für neuronale Netze brauchen wir allerdings noch ein zusätzliches Instrument, das wir uns als Nächstes ansehen.

Funktionen von Funktionen

Stellen Sie sich eine Funktion

$$f = y^2$$

vor, wobei y selbst eine Funktion

$$y = x^3 + x$$

ist. Wir könnten dies auch als $f = (x^3 + x)^2$ schreiben.

Wie ändert sich f mit y? Das heißt, was ist $\delta f\, /\, \delta y$? Das ist leicht, denn wir wenden einfach die Potenzregel an, die wir eben entwickelt haben, multiplizieren und verringern die Potenz um 1, sodass sich $\delta f\, /\, \delta v = 2v$ ergibt.

Interessanter ist aber die Frage: Wie ändert sich f mit x? Wir könnten den Ausdruck $f = (x^2 + x)^2$ erweitern und die gleiche Methode anwenden. Allerdings dürfen wir sie nicht naiv auf $(x^3 + x)^2$ anwenden, um $2(x^3 + x)$ zu erhalten.

Wenn wir viele solcher Kurven wie zuvor beschrieben mit der mühsamen Methode durcharbeiten, bei der wir immer kleinere Intervalle verwenden, würden wir auf eine weitere Gruppe von Mustern stoßen. Wir wollen hier aber direkt zur Antwort springen.

Abbildung A-11 zeigt, wie das Muster aussieht.

$$\frac{\delta f}{\delta x} = \frac{\delta f}{\delta y} \cdot \frac{\delta y}{\delta x}$$

Abbildung A-11: Ein weiteres Ableitungsmuster

Dieses sehr leistungsfähige Ergebnis wird als *Kettenregel* bezeichnet.

Damit lassen sich Ableitungen in Schichten – wie Zwiebelringe – abarbeiten, wobei jede Komplexitätsschicht entpackt wird. Um $\delta f / \delta x$ abzuarbeiten, ist es möglicherweise leichter, $\delta f / \delta y$ zu ermitteln, und dann ebenfalls leichter, $\delta y / \delta x$ zu lösen. Wenn diese Ableitungen tatsächlich einfacher sind, können wir Analysis auf Ausdrücken durchführen, die sonst ziemlich unmöglich aussehen. Die Kettenregel erlaubt es uns, ein Problem in kleinere und leichtere Probleme aufzubrechen.

Betrachten Sie noch einmal dieses Beispiel und wenden Sie die Kettenregel an:

$$f = y^2 \quad und \quad y = x^3 + x$$

$$\frac{\delta f}{\delta x} = \frac{\delta f}{\delta y} \cdot \frac{\delta y}{\delta x}$$

Wir arbeiten zunächst die einfacheren Teile ab. Der erste Teil ist $(\delta f / \delta y) = 2y$. Der zweite Teil ist $(\delta y / \delta x) = 3x^2 + 1$. Wenn wir diese Teilergebnisse mithilfe der Kettenregel zusammenfassen, erhalten wir:

$$\frac{\delta f}{\delta x} = (2y) * (3x^2 + 1)$$

Wir wissen, dass $y = x^3 + x$ ist, und können somit zu einem Ausdruck gelangen, der nur noch x enthält:

$$\frac{\delta f}{\delta x} = (2(x^3 + x)) * (3x^2 + 1)$$

$$\frac{\delta f}{\delta x} = (2x^3 + 2x)(3x^2 + 1)$$

Zauberhaft!

Vielleicht fragen Sie sich, warum wir nicht einfach zuerst f in Termen von x erweitert und dann die einfache Potenzregel auf das resultierende Polynom angewendet haben. Natürlich hätten wir das tun können, doch hier ging es darum, die Kettenregel zu veranschaulichen, mit der wir viel schwerere Probleme angehen können.

Sehen wir uns noch ein letztes Beispiel an, weil es zeigt, wie sich Variablen verarbeiten lassen, die unabhängig von anderen Variablen sind.

Wir nehmen eine Funktion

$$f = 2xy + 3x^2z + 4z$$

an, bei der x, y und z unabhängig voneinander sind. Was heißt unabhängig? Damit ist gemeint, dass x, y und z jeden beliebigen Wert annehmen können, und zwar ohne sich um die anderen Variablen zu kümmern – sie werden von Änderungen in den anderen Variablen nicht beeinflusst. Das war im vorherigen Beispiel nicht der Fall, wo y gleich x^3 + x und damit abhängig von x war.

Wie sieht das Ergebnis von $\delta f / \delta x$ aus? Betrachten wir jeden einzelnen Teil dieses langen Ausdrucks. Der erste Teilausdruck ist 2xy, seine Ableitung also 2y. Warum ist dies so einfach? Weil y nicht von x abhängt. Wenn wir $\delta f / \delta x$ sagen, fragen wir nämlich, wie sich f ändert, wenn x sich ändert. Da y nicht von x abhängig ist, können wir es wie eine Konstante behandeln. Dieses y kann genauso gut eine andere Zahl wie 2, 3 oder 10 sein.

Weiter geht's. Der nächste Teilausdruck ist $3x^2z$. Hier können wir die Potenzregel anwenden und erhalten 2 × 3xz oder 6xz. Wir behandeln z als ebenso langweilige konstante Zahl wie 2, 4 oder 100, weil x und z unabhängig voneinander sind. Eine Änderung in z wirkt sich nicht auf x aus.

Der letzte Term 4z enthält erst gar kein x. Damit verschwindet der Term komplett, weil wir ihn als eine einfache Konstante wie 2 oder 4 behandeln.

Die endgültige Antwort lautet:

$$\frac{\delta f}{\delta x} = 2y + 6xz$$

Bei diesem letzten Beispiel kommt es vor allem auf die Überzeugung an, Variablen ignorieren zu können, die Ihnen als unabhängig bekannt sind. Die Analysis bei ziemlich komplexen Ausdrücken vereinfacht sich dadurch erheblich, und es ist eine Erkenntnis von vielen, die Sie brauchen werden, wenn Sie sich mit neuronalen Netzen befassen.

Sie können Analysis betreiben!

Wenn Sie bis hierher gekommen sind – bravo!

Sie haben nun einen Einblick in das Wesen der Analysis bekommen und wissen, wie sie mithilfe von immer besser werdenden Annäherungen entwickelt wurde. Diese Methoden können Sie immer auch für andere anspruchsvolle Probleme anwenden, die sich mit normalen Mitteln nicht lösen lassen.

Mit den beiden Techniken, die Sie gelernt haben – der Potenzregel und der Kettenregel –, kommen Sie in der Analysis schon recht weit. Unter anderem werden Sie dann auch verstehen, wie und warum neuronale Netze funktionieren.

Viel Vergnügen mit Ihren neuen Fähigkeiten!

Das Ganze mit einem Raspberry Pi

In diesem Abschnitt geht es darum, IPython auf einem Raspberry Pi einzurichten.

Für dieses Vorhaben gibt es mehrere gute Gründe:

- Raspberry Pis sind recht preiswert und für ein viel größeres Publikum erschwinglich als teure Laptops.

- Raspberry Pis sind sehr offen – auf ihnen läuft das kostenlose Open-Source-Betriebssystem Linux zusammen mit jeder Menge anderer kostenloser Open-Source-Software einschließlich Python. Open Source ist wichtig, weil man verstehen muss, wie die Dinge arbeiten, um die eigene Arbeit mit anderen teilen zu können und anderen zu ermöglichen, auf Ihrer Arbeit aufzubauen. Bei der Ausbildung sollte vermittelt werden, wie die Dinge funktionieren und wie Sie eigene Projekte umsetzen, und nicht, wie Sie proprietäre (closed) Software kaufen.

- Aus diesen und anderen Gründen sind diese Geräte äußerst beliebt in Schulen und zu Hause für Kinder, die sich mit Datenverarbeitung befassen – ob sie nun Software schreiben oder Hardwareprojekte aufbauen.

- Raspberry Pis sind nicht so leistungsfähig wie teure Desktopcomputer und Laptops. Es ist damit eine interessante und lohnenswerte Herausforderung, nachzuweisen, dass sich trotzdem ein brauchbares neuronales Netz mit Python auf einem Raspberry Pi implementieren lässt.

Ich setze einen *Raspberry Pi Zero* ein, weil er noch preiswerter und kleiner ist als die normalen Raspberry Pis. Und die Herausforderung, ein neuronales Netz zum Laufen zu bekommen, ist noch wertvoller! Er kostet etwa 5 Euro – kein Schreibfehler!

Abbildung B-1 zeigt mein Exemplar neben einer 2-Pence-Münze. Er ist winzig!

Abbildung B-1: Raspberry Pi Zero im Vergleich zu einer 2-Pence-Münze

IPython installieren

Wir gehen davon aus, dass Sie einen Raspberry Pi mit Tastatur, Maus, Display und Zugriff auf das Internet betriebsbereit haben.

Es gibt mehrere Optionen für ein Betriebssystem, doch wir bleiben hier beim beliebtesten, dem offiziell unterstützten *Raspian*, einer Version der bekannten Debian Linux-Distribution, die für eine Zusammenarbeit mit Raspberry Pis konzipiert ist. Wahrscheinlich wurde Ihr Raspberry Pi bereits mit dem installierten Betriebssystem geliefert. Andernfalls finden Sie die Installationsanweisungen unter *https://www.raspberrypi.org/downloads/raspbian/*. Sie können sogar eine SD-Speicherkarte mit dem installierten Betriebssystem kaufen, falls Sie sich die Installation selbst nicht zutrauen.

Wenn Sie dann den Raspberry Pi starten, sollte der Desktop bei Ihnen wie in Abbildung B-2 aussehen. Das Hintergrundbild des Desktops habe ich entfernt, da es nur verwirrt.

Links oben sehen Sie die Menüschaltfläche. Daran schließen sich noch einige Shortcuts an.

Abbildung B-2: Desktop nach dem Start des Raspberry Pi

Wir werden IPython installieren, sodass wir benutzerfreundlicher mit Notebooks über einen Webbrowser arbeiten können und uns nicht um Quellcodedateien und Befehlszeilen kümmern müssen.

Um IPython zu bekommen, müssen wir mit der Befehlszeile arbeiten, doch das ist nur dieses eine Mal erforderlich, und der Ablauf ist wirklich einfach und leicht.

Öffnen Sie die Terminalanwendung, deren Shortcut-Symbol ganz oben wie ein schwarzer Monitor aussieht. Wenn Sie den Mauszeiger darüberführen, erscheint eine QuickInfo mit dem Text *Terminal*. Klicken Sie darauf, und es erscheint ein schwarzes Fenster, in dem Sie Befehle eingeben können (siehe Abbildung B-3).

Abbildung B-3: Das Terminalfenster, in dem Sie Befehle eingeben können

Der Raspberry Pi hat den Vorzug, dass er normalen Benutzern nicht erlaubt, Befehle auszuführen, die tief greifende Änderungen bewirken. Hierfür brauchen Sie spezielle Berechtigungen. Geben Sie dazu den folgenden Befehl im Terminal ein:

```
sudo su -
```

Die Eingabeaufforderung endet jetzt mit einem Doppelkreuz (#, auch Raute genannt). Vorher war es ein Dollarzeichen ($). Am Doppelkreuz erkennen Sie, dass Sie spezielle Berechtigungen besitzen und daher besonders vorsichtig mit dem sein sollten, was Sie eintippen.

Die folgenden Befehle bringen zunächst die Liste der aktuellen Software für den Raspberry Pi auf den neuesten Stand und aktualisieren dann diejenigen Programme, die Sie installiert haben, wobei bei Bedarf zusätzliche Software abgerufen wird:

```
apt-get update
apt-get dist-upgrade
```

Sofern Sie die Software nicht erst vor Kurzem erneuert haben, gibt es wahrscheinlich Programme, die aktualisiert werden müssen. Wenn das geschieht, sehen Sie unzählige Textmeldungen auf dem Bildschirm vorbeifliegen. Diese können Sie getrost ignorieren. Gegebenenfalls erscheint eine Aufforderung, die Aktualisierung zu bestätigen. Drücken Sie dann die Taste ⃞J für Ja.

Viele Eingaben sind von der Sprache abhängig, für die das Betriebssystem installiert bzw. lokalisiert worden ist. Bei einer deutschen Version ist ⃞J für Ja zu drücken, bei einer englischen Version ⃞Y für Yes.

Nachdem Sie Ihren Raspberry Pi auf den neuesten Stand gebracht haben, geben Sie den entsprechenden Befehl ein, um IPython abzurufen (siehe unten). Als dieses Buch entstanden ist, enthielten die Raspian-Softwarepakete keine genügend neue Version von IPython, um mit den Notebooks arbeiten zu können, die wir weiter oben erzeugt und auf GitHub gestellt haben, damit sie jedermann ansehen und herunterladen kann. Sollte die Situation inzwischen besser aussehen, würden Sie einfach einen Befehl wie

```
apt-get install ipython3 ipython3-notebook
```

oder ähnlich ausführen.

Wenn Sie diese Notebooks von GitHub nicht ausführen möchten, können Sie ohne Weiteres das etwas ältere IPython und Notebook-Versionen verwenden, die aus dem Softwarearchiv von Raspberry Pi stammen.

Wollen wir die jüngeren Versionen der IPython- und Notebook-Software ausführen, müssen wir neben den apt-get-Befehlen auch noch einige pip-Befehle aufrufen,

---

um die neuere Software vom Python Package Index abzurufen. Der Unterschied besteht darin, dass die Software durch Python (pip) und nicht durch den Software-manager des Betriebssystems (apt) verwaltet wird. Die folgenden Befehle installieren alles, was Sie brauchen:

```
apt-get install python3-matplotlib
apt-get install python3-scipy

pip3 install jupyter
```

Nachdem wieder zahlreiche Textmeldungen über den Bildschirm gehuscht sind, ist alles fertig. Die Geschwindigkeit hängt vom konkreten Raspberry Pi-Modell und Ihrer Internetverbindung ab. Abbildung B-4 zeigt den Bildschirm des Autors während dieser Installation.

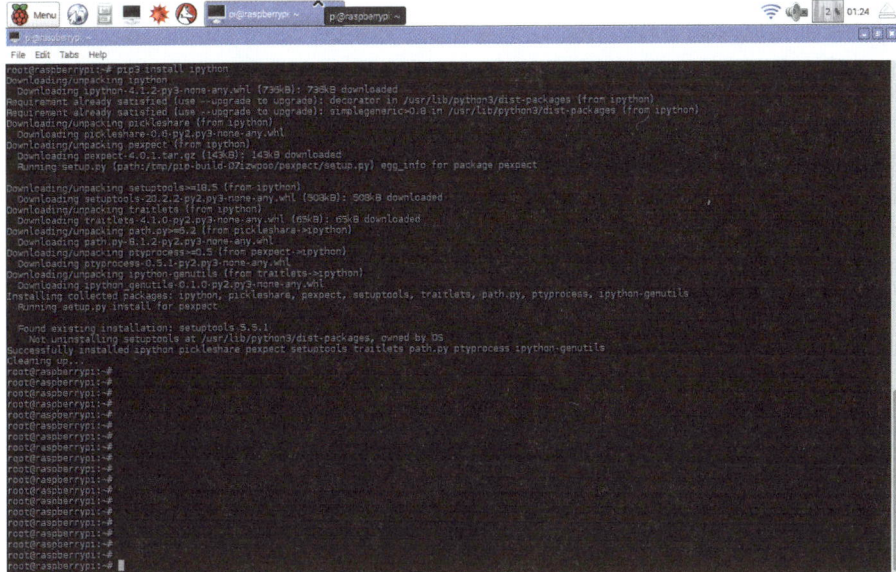

Abbildung B-4: Bildschirm des Autors während der Softwareinstallation

Der Raspberry Pi verwendet normalerweise eine SD-Speicherkarte, wie Sie sie vielleicht von Ihrer Digitalkamera kennen. Die Speicherkapazität derartiger SD-Karten ist wesentlich geringer als die Kapazität von Festplatten, wie sie in einem normalen Computer eingebaut sind. Führen Sie deshalb den folgenden Befehl aus, um die beim Update Ihres Raspberry Pi heruntergeladenen Softwarepakete zu entfernen:

```
apt-get clean
```

Neuere Versionen von Raspian haben den Webbrowser Epiphany durch Chromium (eine Open-Source-Version des bekannten Chrome-Browsers) ersetzt. Epiphany ist wesentlich schlanker als der schwergewichtige Chromium und arbeitet mit dem winzigen Raspberry Pi Zero besser zusammen. Um ihn als Standardbrowser einzurichten, den die IPython-Notebooks später verwenden, führen Sie den folgenden Befehl aus:

```
update-alternatives --config x-www-browser
```

Daraufhin erscheinen der Name des aktuellen Browsers und eine Aufforderung, einen neuen Browser festzulegen. Wählen Sie dann die Zahl, die Epiphany zugeordnet ist. Mehr ist nicht zu tun.

Das war's, fertig! Starten Sie Ihren Raspberry Pi neu für den Fall, dass tief greifende Änderungen stattgefunden haben, beispielsweise ein Kernel-Update. Um den Raspberry Pi neu zu starten, wählen Sie im Hauptmenü links oben den Befehl *Shutdown* und im daraufhin erscheinenden Untermenü den Befehl *Reboot* (siehe Abbildung B-5).

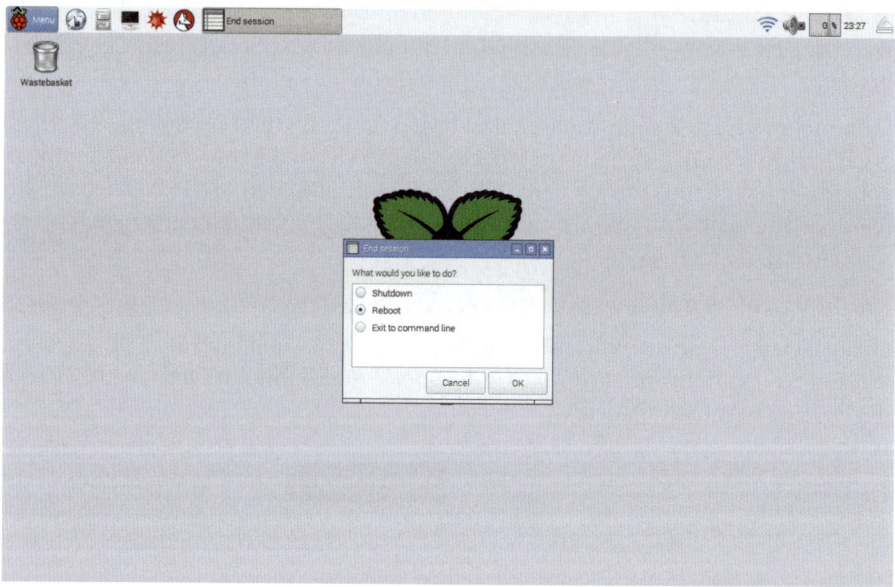

Abbildung B-5: Den Raspberry Pi neu starten

Nachdem Ihr Raspberry Pi wieder läuft, starten Sie IPython mit dem folgenden Befehl vom Terminal aus:

```
jupyter -notebook
```

Daraufhin startet automatisch ein Webbrowser mit der üblichen IPython-Hauptseite, von wo aus Sie neue IPython-Notebooks erstellen können. Jupyter ist die neue Software, um Notebooks auszuführen. Bislang hätten Sie den Befehl

```
ipython3 notebook
```

verwenden müssen, der für eine Übergangsperiode noch funktionieren wird. Abbildung B-6 zeigt die IPython-Startseite.

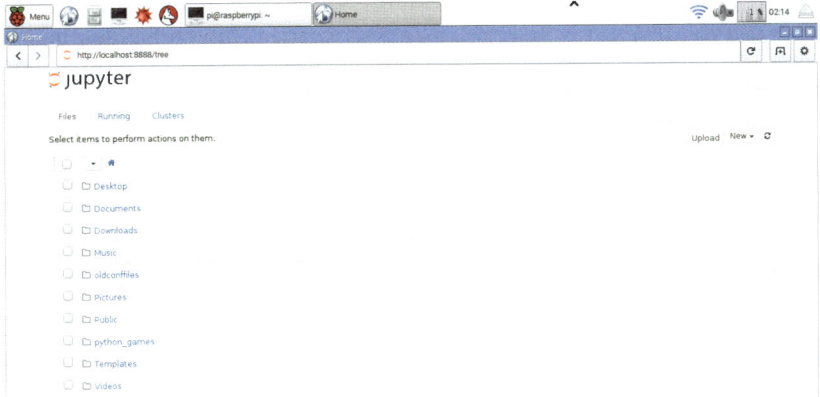

Abbildung B-6: Die Startseite von IPython

Hervorragend! Damit haben wir IPython auf einem Raspberry Pi zum Laufen gebracht.

Sie könnten nun normal fortfahren und Ihre eigenen IPython-Notebooks erstellen, doch wir wollen auch demonstrieren, dass der Code, den wir in diesem Handbuch entwickelt haben, tatsächlich läuft. Die Notebooks und den MNIST-Datensatz für handgeschriebene Ziffern holen wir von GitHub. Gehen Sie auf einer neuen Browserregisterkarte zu folgendem Link:

- *https://github.com/makeyourownneuralnetwork/makeyourownneuralnetwork*

Damit gelangen Sie zur GitHub-Projektseite, die in Abbildung B-7 zu sehen ist. Klicken Sie rechts oben auf *Clone or download* und dann auf *Download ZIP*, um die Dateien herunterzuladen.

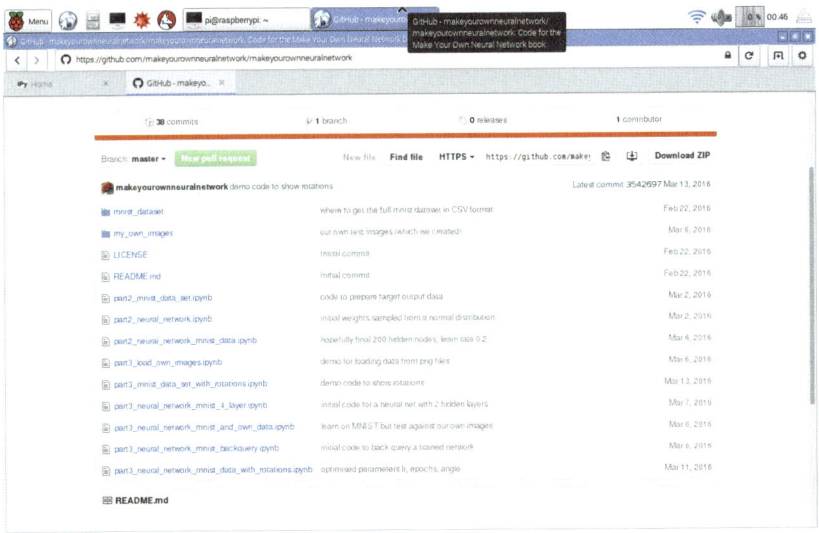

Abbildung B-7: GitHub-Projektseite mit den Dateien, die Sie herunterladen können

Wenn GitHub Epiphany nicht mag, kopieren Sie die folgende URL in Ihren Browser, um die Dateien herunterzuladen:

- *https://github.com/makeyourownneuralnetwork/makeyourownneuralnetwork/ archive/master.zip*

Der Browser informiert Sie, wenn der Download abgeschlossen ist. Öffnen Sie ein neues Terminal und führen Sie die folgenden Befehle aus, um die Dateien zu entpacken und dann das ZIP-Paket zu löschen, sodass wieder Platz frei wird:

```
unzip Downloads/makeyourownneuralnetwork-master.zip
rm -f Downloads/makeyourownneuralnetwork-master.zip
```

Die Dateien werden in ein Verzeichnis namens *makeyourownneuralnetwork-master* entpackt. Wenn Sie möchten, können Sie auch einen anderen, kürzeren Namen vergeben, doch notwendig ist das nicht.

Die GitHub-Site enthält nur die kleineren Versionen der MNIST-Daten, weil es die Site nicht zulässt, große Dateien dort zu hosten. Um den vollständigen Datensatz zu bekommen, führen Sie die folgenden Befehle im selben Terminal aus. Damit navigieren Sie zum *mnist_dataset*-Verzeichnis und laden dann die vollständigen Trainings- und Testdatensätze im CSV-Format herunter.

```
cd makeyourownneuralnetwork-master/mnist_dataset
wget -c http://pjreddie.com/media/files/mnist_train.csv
wget -c http://pjreddie.com/media/files/mnist_test.csv
```

Der Download kann abhängig von Ihrer Internetverbindung und dem konkreten Modell Ihres Raspberry Pi einige Zeit dauern.

Nun verfügen Sie über alle IPython-Notebooks und MNIST-Daten, die Sie brauchen. Schließen Sie das Terminal, aber nicht das andere, über das Sie IPython gestartet haben.

Wenn Sie wieder zum Webbrowser mit der IPython-Startseite gehen, sehen Sie jetzt den neuen Ordner *makeyourownneuralnetwork-master* auf der Liste. Klicken Sie darauf, um ihn zu öffnen. Sie sollten in der Lage sein, beliebige Notebooks zu öffnen, genau wie Sie es von jedem anderen Computer gewohnt sind. Abbildung B-8 zeigt die Notebooks in diesem Ordner.

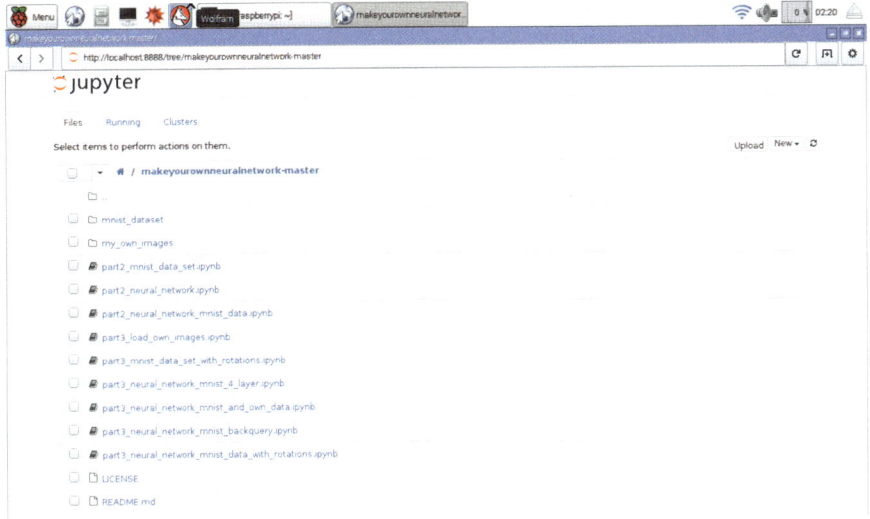

Abbildung B-8: Die Notebooks im Ordner makeyourownneuralnetwork-master

Vergewissern, dass alles funktioniert

Bevor wir ein neuronales Netz trainieren und testen, überprüfen wir zuerst, ob die verschiedenen Elemente – beispielsweise das Einlesen der Dateien und das Anzeigen der Bilder – ordnungsgemäß funktionieren. Öffnen Sie das Notebook namens *part3_mnist_data_set_with_rotations.ipynb*, das für diese Aufgaben vorgesehen ist. Abbildung B-9 zeigt das geöffnete und ausführungsbereite Notebook.

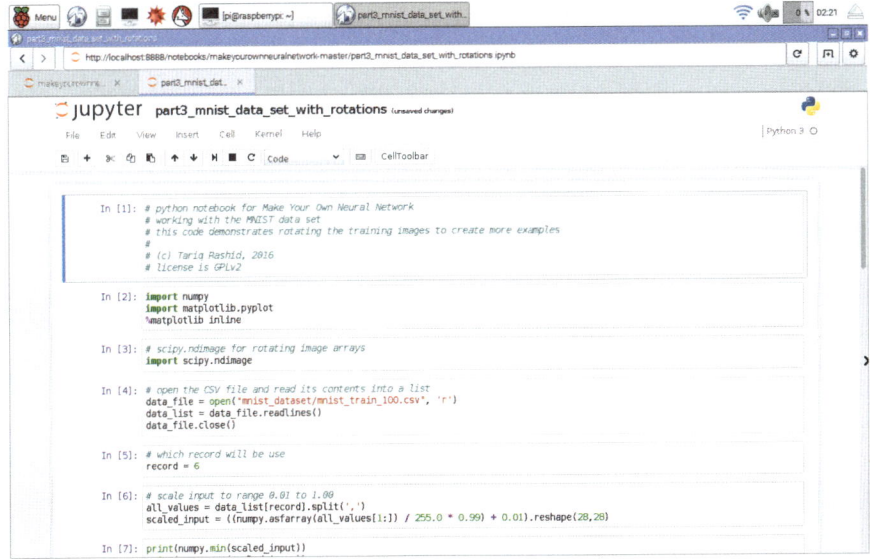

Abbildung B-9: Notebook für das Überprüfen der einzelnen Elemente

Wählen Sie im Menü *Cell* den Befehl *Run All*, um sämtliche Anweisungen im Notebook auszuführen. Nach einiger Zeit, und etwas später als auf einem modernen Laptop, sollten Sie einige Bilder von gedrehten Ziffern sehen (siehe Abbildung B-10).

Das zeigt, dass verschiedene Dinge funktioniert haben, unter anderem das Laden der Daten aus einer Datei, das Importieren der Python-Erweiterungsmodule, um mit Arrays und Bildern zu arbeiten, sowie das Darstellen von Grafiken.

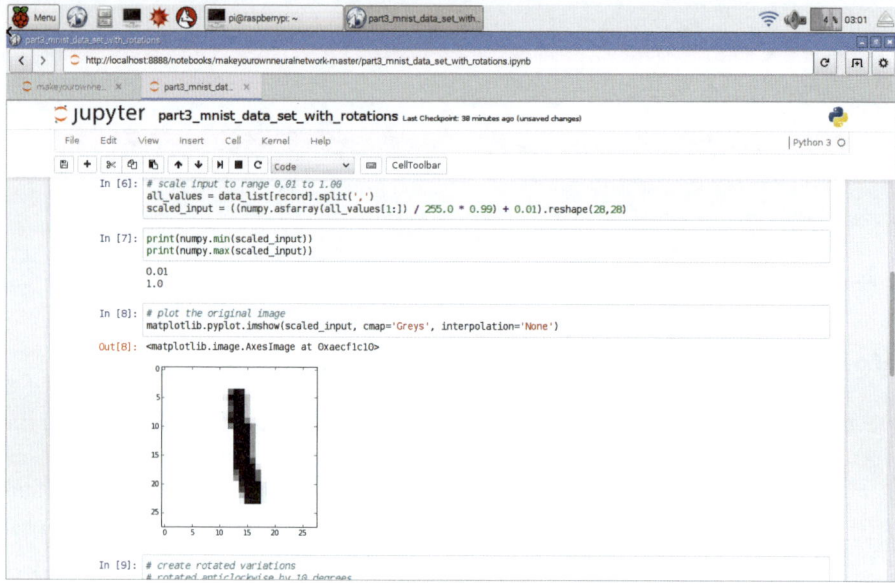

Abbildung B-10: Ausgeführte Anweisungen des Notebooks part3_mnist_data_set_with_rotations.ipynb

Wählen Sie jetzt für dieses Notebook *Close and Halt* aus dem Menü *File*. Notebooks sollten Sie auf diese Weise schließen, anstatt einfach das Browserregister zu schließen.

Ein neuronales Netz trainieren und testen

Wir wollen nun ein neuronales Netz trainieren. Öffnen Sie das Notebook namens *part2_neural_network_mnist_data*. Das ist die ziemlich spartanische Version unseres Programms, die keine raffinierten Dinge ausführt, wie zum Beispiel das Drehen von Bildern. Da unser Raspberry Pi wesentlich langsamer als ein typischer Laptop ist, schrauben wir einige Parameter herunter, um den Umfang der erforderlichen Berechnungen zu verringern. Damit können wir sicher sein, dass der Code funktioniert, ohne stundenlang unsere Zeit zu verschwenden und am Ende festzustellen, dass er nicht läuft.

Ich habe die Anzahl der versteckten Knoten auf zehn reduziert und die Anzahl der Epochen auf eine. Allerdings habe ich die vollständigen MNIST-Trainings- und Testdatensätze verwendet, nicht die kleineren Teilmengen, die wir früher erzeugt haben. Starten Sie das Programm über das Menü *Cell* mit *Run All*. Und dann warten wir …

Auf meinem Laptop würde dies normalerweise etwa eine Minute dauern, doch der Raspberry Pi hat *25 Minuten* gebraucht. Das ist trotzdem nicht zu langsam, wenn man bedenkt, dass der Raspberry Pi Zero etwa 400-mal weniger als mein Laptop kostet. Ich war sogar davon ausgegangen, dass er die ganze Nacht über zu tun hat.

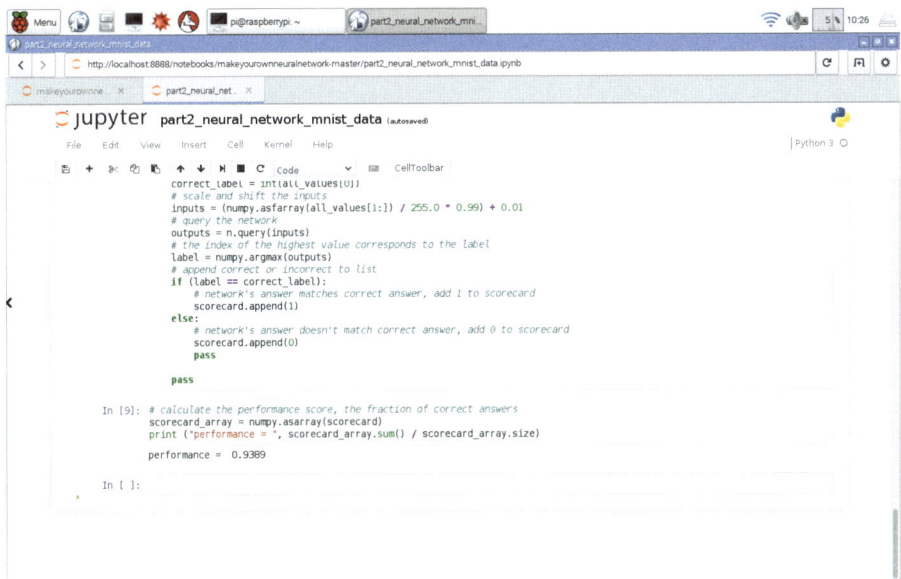

Abbildung B-11: Trainieren und Testen eines neuronalen Netzes mit einem sehr einfach gehaltenen Programm

Erfolg für Raspberry Pi!

Wir haben eben nachgewiesen, dass man selbst mit dem Raspberry Pi Zero für 5 Euro komplett mit IPython-Notebooks arbeiten und Code erzeugen kann, um neuronale Netze zu trainieren und zu testen – es läuft alles nur ein wenig langsamer!

Index

A

Abfragen 119
   Netz, trainiertes 149
   query() 124
   rückwärts 169
   status() 118
Ableitung 182
   Konstanten 195
   Muster 194
   Polynome 196
   Potenzregel 195
Absolutwert 79
Aktivierungsfunktionen
   Eingabeknoten 41
   Schwellwertfunktion 50
   Sigmoidfunktion 33
   skalieren 141
   Stufenfunktion 33
Algorithmen 2, 17
Anaconda 96
Analysis 179
   Tangente 184
AND (UND) 25
Anfangsgewichte, zufällige 92
Anonym 125
Anstieg 183
   Steigungsdreieck 187
argmax() 151
Arrays 107
   argmax() 151
   grafisch darstellen 110
   größtes Element 151
   imshow() 111
   zeros() 144
Asymptotisch 91
Aufrufen, Funktion 106

Ausführen, Code 106
Ausgabeschicht 51
average 105

B

Backpropagierung 61, 64, 128
Benchmarks 174
Betriebssystem, Raspberry Pi 202
Bibliothek, scipy 125
Bilderkennung 134
Blackbox 168
Boolesche Logikfunktionen 24
Browser
   Chromium 205
   Epiphany 205
Brute-Force-Methode 72
By inspection 182

C

Caret 98
Cells 98
Chromium 205
class 112
Code 99
CSV-Dateien 134

D

Dateien
   CSV 134
   lesen 137
   öffnen 137
Daten
   Fehler 22
   Rauschen 22

skalieren 141
  vorbereiten 89
Deep Learning 177
DeepMind XI
def 105
Differenzialrechnung 80
Drehungen 173

E

Einfügemarke 98
Eingaben, Typ 105
Eingabeschicht 51
Einrückungen 102
Epiphany 205
Epochen 155
Errata XIV
Eulersche Zahl 34
eXclusive OR (XOR) 27
expit() 170

F

falsch (false) 25
false (falsch) 25
Faustregel, Gewichte initialisieren 92
Fehler 17, 67
  Daten 22
  zurückführen auf mehrere Schichten 63
  zurückführen von mehreren Knoten 61
Fehlerrückführung 61
  Backpropagierung 64
Feuern 33
Funktionen 104
  Aktivierungsfunktion 33
  anonyme 125
  argmax() 151
  aufrufen 106
  ausführen 106
  boolesche 24
  Dateien 137
  Definition 105
  expit() 170
  len() 138
  logistische 34
  Logit 170
  logit() 170
  Parameter 116
  query() 124
  readlines() 138
  rotate() 173
  Sigmoidfunktion 33
  Stufenfunktion 33

tanh() 92
train() 124, 128
zeros() 144
Fuzziness 30

G

Ganzzahlen 106
Gewichte 37, 121
  Faustregel 92
  initialisieren 92
  lernen von mehreren Knoten 59
  null 94
GIMP 165
Go 177
Google DeepMind XI
  Go 177
Gradientenabstieg 74
  Lernrate 153
Gradientenverfahren 73, 78, 88
  pendeln 75
Grafik
  Arrays 110
  GIMP 165
  imshow() 111
Größe, Listen 138

H

HAL 9000 IX
Handschrifterkennung 133
Hashsymbol 104
Hidden Layer *siehe* Versteckte Schicht

I

import 108
imshow() 111
Initialisierung 119
  Parameter 119
Inneres Produkt 48
Input Layer *siehe* Eingabeschicht
IPython 96
Iterativ 8

K

Kennung 136
Kettenregel 197
  Konstante 198
Klassifizieren 10
Klassifizierer 12
  trainieren 14

Knight Rider IX
Knoten 37
Kommentare 104
Konstanten 195
    Kettenregel 198

L

Label *siehe* Kennung
len() 138
Lernrate 22, 86, 128
    optimieren 153
    Overshooting 153
    Pendeleffekte 153
Listen
    Größe 138
    len() 138
Logikfunktionen 24
Logistische Funktion 34
Logit 170
logit() 170

M

Matrizen 44
    inneres Produkt 48
    Punktprodukt 48
    transponieren 69
    Variablen 45
Matrizenmultiplikation 44, 50
Methoden 115
Mittelwert 105
MNIST 133
    Kennung 136
    Trainingsdaten vorbereiten 141
Moderieren 21
Modus, interaktiver 102

N

Netz
    Gestalt ändern 157
    testen 148
neuralNetwork
    Code, endgültiger 160
    Code, vollständiger 132
    Code, Zwischenstand 126
    Gerüstcode 118
    Lernrate 128
Neuronen XI, 30
    feuern 33
    Knoten 37
Notebooks 97

null 94
numpy 108

O

Objekte 112
    Methoden 115
    self 113
ODER (OR) 25
ODER, ausschließendes 27
Open-Source-Software 165
OR (ODER) 25
Output Layer *siehe* Ausgabeschicht
Overfitting 155
Overshooting 153

P

Parameter 116
Pendeleffekte 153
Pendeln 75, 79
Polynome 196
Potenzregel 195
Prädiktor 8
print 102
print(x) 100
Proportional 67
Punktprodukt 48
Python 95
    Anaconda 96
    Arrays 107
    Cells 98
    Einrückungen 102
    Funktionen 104
    Ganzzahlen 106
    Hashsymbol 104
    import 108
    interaktives 96
    Kommentare 104
    Modus, interaktiver 102
    Notebooks 97
    numpy 108
    Objekte 112
    runden 106
    Variablen 100
    Versionen 96
    Zellen 98
Python Package Index 204

Q

query() 124

R

Raspberry Pi 201
  Betriebssysteme 202
  Browser 205
  Netz trainieren, testen 210
  Python Package Index 204
  Raspian 202
  Software aktualisieren 204
  Zero 201
Raspian 202
Rauschen 22
readlines() 138
rotate() 173
Rückwärtsabfragen 169
Runden 106

S

Sättigung 90
Schachtürke IX
Schleifen 102
Schlüsselwörter
  class 112
  def 105
  print 102
  self 116
scipy 125
self 113, 116
Sigmoidfunktion 33
Signale, verfolgen 39
Skalieren 141
status() 118
Steigungsdreieck 187
Stufenfunktion 33

T

Tabellen, Arrays 107
Tangente 186
tanh() 92
Terminator IX
train() 124, 128
Trainieren 14, 119

Training 129
  Epochen 155
  Überanpassung 155
Trainingsbeispiele, Drehungen 173
Trainingsdaten 14
  skalieren 141
  vorbereiten 141
Transponieren 69
true (wahr) 25
Typ, Eingaben 105

U

Überanpassung 155
UND (AND) 25
Unschärfe 30
Unstetigkeiten 75

V

Variablen 100
  Matrizen 45
Vektorisieren 67
Verfahren des steilsten Abstiegs 73, 88
Verknüpfungsgewichte 121
Versteckte Schicht 51
  Anzahl der Knoten 157
  Lernvorgang 157

W

wahr (true) 25

X

XOR 27

Z

Zellen 98
zeros() 144
Ziffern, handschriftliche 133
2001: Odyssee im Weltraum IX

Über den Autor

Tariq Rashid arbeitet seit dem letzten Jahrtausend mit Daten und Open-Source-Tools, er hat einen Masterabschluss in Machine Learning und Data Mining. Seine lange Reise umfasst die Analyse von Daten aus Kernreaktoren, die Einführung von R in einer Investmentbank, die Verwendung von Python, um Muster aus astrophysikalischen Daten zu extrahieren, und unlängst die Entwicklung von Datenanalysestrategien für die britische Regierung. Er liebt Python und bringt es Anfängern gerne bei – und er ist überzeugt davon, dass mithilfe seines Buchs sogar Oberstufenschüler ein neuronales Netz selbst programmieren können.

Kolophon

Das Tier auf dem Cover von *Neuronale Netze selbst programmieren* ist eine Feuerwalze (*Pyrosoma*). Auch wenn die Feuerwalze im ersten Moment wie ein einzelnes Lebewesen aussieht, besteht sie doch aus Tausenden von winzigen Einzeltieren, die zusammen eine Kolonie bilden. Sie gehören zur Gattung der Salpen aus der Klasse der Manteltiere. Als zarte, gallertartige Gebilde in Glocken- oder Zylinderform treiben diese zum Zooplankton gehörenden Kolonien durch die tropischen Meere – mal nur wenige Zentimeter groß, mal mehrere Meter lang.

Die Atmungsorgane der einzelnen nur wenige Millimeter großen Tiere zeigen nach außen, was dem Ganzen ein zottiges Aussehen gibt, die Kloakenöffnungen zeigen dagegen nach innen. Durch das Ausstoßen von Wasser im Inneren der Kolonie kann sich diese aktiv fortbewegen.

Feuerwalzen durchlaufen abwechselnd eine geschlechtliche und eine ungeschlechtliche Fortpflanzungsphase. Der aus einer befruchteten Eizelle entstehende Embryo bricht aus der Kloakenöffnung heraus und bildet ein asexuelles Ammentier. Durch Knospung entstehen neue Einzeltiere, die den Grundstock für die neue Kolonie bilden.

Der Name *Feuerwalze* leitet sich von ihrer Fähigkeit ab, im Wasser zu leuchten. Bakterien, die symbiotisch im Kiemen-/Darmbereich sitzen, senden bei Anregung ein phosphoreszierendes blaugrünes Leuchten aus, besser bekannt als »Meeresleuchten«.

Viele der Tiere auf den O'Reilly-Covern sind vom Aussterben bedroht. Doch jedes einzelne von ihnen ist für den Erhalt unserer Erde wichtig. Wie man bedrohten Arten helfen kann, erfahren Sie auf *animals.oreilly.com*.

Der Umschlagentwurf dieses Buchs basiert auf dem Reihenlayout von Edie Freedman und stammt von Karen Montgomery und Michael Oreal, die hierfür einen Stich aus *Lydekker's Royal Natural History* verwendet haben. Auf dem Cover verwenden wir die Schriften URW Typewriter und Guardian Sans, als Textschrift die Linotype Birka, die Überschriftenschrift ist die Adobe Myriad Condensed, und die Nichtproportionalschrift für Codes ist LucasFonts TheSans Mono Condensed. Das Kolophon hat Geesche Kieckbusch geschrieben.